高丽末期
政治史研究

张春海◎著

光明日报出版社

图书在版编目（CIP）数据

高丽末期政治史研究 / 张春海著 . -- 北京：光明
日报出版社，2024. 9. -- ISBN 978 - 7 - 5194 - 8266 - 4

Ⅰ. D731. 209

中国国家版本馆 CIP 数据核字第 2024E6M931 号

高丽末期政治史研究
GAOLI MOQI ZHENGZHISHI YANJIU

著　　者：张春海	
责任编辑：章小可	责任校对：郭玫君　李佳莹
封面设计：中联华文	责任印制：曹　净

出版发行：光明日报出版社

地　　址：北京市西城区永安路 106 号，100050

电　　话：010-63169890（咨询），010-63131930（邮购）

传　　真：010-63131930

网　　址：http://book. gmw. cn

E - mail：gmrbcbs@ gmw. cn

法律顾问：北京市兰台律师事务所龚柳方律师

印　　刷：三河市华东印刷有限公司

装　　订：三河市华东印刷有限公司

本书如有破损、缺页、装订错误，请与本社联系调换，电话：010-63131930

开　　本：170mm×240mm	
字　　数：192 千字	印　　张：15
版　　次：2025 年 3 月第 1 版	印　　次：2025 年 3 月第 1 次印刷
书　　号：ISBN 978 - 7 - 5194 - 8266 - 4	
定　　价：95. 00 元	

目　录
CONTENTS

第一章

《高丽史》的编纂与书写

孙正军认为："对于史料批判研究而言，史料真伪并不重要，重要的是史料为什么会呈现现在的样式"[①]。"历史"由人书写，官方史书从一开始就被赋予了"目的"与"任务"，谁书写历史，谁就决定了历史。《高丽史》这一在朝鲜王朝初期被编纂完成的官方史书，其修史意图、原则及史臣们为贯彻这些意图与原则所使用的"笔法"[②]，必然会反映在他们的"作品"中。高丽后期事关君臣关系的重大敏感事件，是这些"笔法"被运用的重要场合。我们可通过分析这些"笔法"在作品中的运用，在无新史料的情况下，挖掘出一些关于历史真相的信息。

一、书写原则：是君非臣

曹顗事件后，高丽王朝的系统性修史工作是从十几年后的恭愍王中期开始的，积累起来的成果便是《高丽史》的基本来源。忠惠王以后的修史工作完全由作为忠惠王主要支持势力的韩宗愈、李兆年、金永旽、李齐贤、金伦等人把持。特别是李齐贤及其门生李穑二人，作为高丽末期的修史主持者，在一定程度上掌控了书写历史的权力。而自忠惠王开始，高丽

[①] 孙正军. 魏晋南北朝史研究中的史料批判研究 [J]. 文史哲，2016（3）: 2.

[②] 法国历史学家米歇尔·德·塞尔托（Michel de Certeau）指出，官方的历史书写，是由国家理性来完成的，"它要依据一些现成的材料，通过专门手法，来'处理'某个'环境'下的各种因素，以构建缜密的叙述。"（塞尔托. 历史书写 [M].北京：中国人民大学出版社，2012: 11.）

王统实际在忠惠王一系中传承,^①故这一时期的历史书写,无论忠惠王多么昏暴,官方史书均不能否认其正统。

恭愍王于其在位之五年,发动了诛杀奇氏一族的武力行动,从元帝国秩序中脱离,强调由本国太祖而来的合法性。他下教说:

> 洪惟我太祖创业,列圣相承,咸能继述,衣冠礼乐,灿然可观。比来国俗一变,惟势是求……日者幸赖祖宗之灵,辙等伏辜……自今伊始,励精图治,修明法令,整顿纪纲,复我祖宗之法,期与一国更始。敷实德于民,续大命于天……太祖及历代先王加上尊号,修其祀事……拨乱反正,宜施宽大之恩;任贤使能,庶致隆平之治。^②

只有在由历代君主相承而非蒙古皇帝任命而来的合法性之下,王权才是本国的最高权力,恭愍王指控奇辙的那些行为才能成为"罪恶"。在此之后开始的修史工作,更要以本国认同为基本原则,稳固包括忠惠王在内的本国王权的正统地位并树立绝对权威。

十余年前发生的曹頔事件恰与奇辙事件有相似之处,也是拥护王权的臣民与认同元帝国的重臣(我们可称为"天下派",与之相对的则称为"本土派")间的武力对决。在这种背景下的历史书写,对曹頔、奇辙等人行为的定性必然是叛逆。朝鲜太宗一年(1401)六月,司宪府上言:"叛逆之罪,万世所不宥……臣等更相考之,前朝忠惠王时,贼臣曹頔结党谋逆,其徒李安射中王鞍;恭愍王时,赵日新擅入君门,杀其近臣金镛,诱集凶

---

① 忠惠王之后,其两个幼子先后继位,是为忠穆王、忠定王。元废黜忠定王后,又立恭愍王,恭愍王为忠惠王亲弟,其继立相当于兄终弟及。《高丽史》卷三十八《恭愍王一》:"恭愍仁文义武勇智明烈敬孝大王……忠惠王母弟……忠惠王后二年五月,元顺帝遣使召入朝宿卫,时称大元子。"(郑麟趾.高丽史[M].重庆:西南师范大学出版社,2014:1179.)"大元子"的称号显示,在忠惠王在世时,恭愍王就获得了王位继承的资格,具有了王储地位。

② 郑麟趾.高丽史[M].重庆:西南师范大学出版社,2014:1206-1207.

徒，欲行弑逆……是皆亲犯恶逆，罪在不宥。"① 司宪府所考之史，只能是高丽时代的实录与国史。

总之，恭愍王五年以后，高丽实质性地脱离了以元为中心的帝国秩序，成为一个自主国家。在这一局面下的历史书写，必须以本国世代相承的王权为中心，通过宣扬与灌输本国范围内君为臣纲的政治伦理，扭转自臣服蒙古后形成的大臣与国王"比肩事天子"②的观念与格局。于是，"是君非臣"就成了书写那些重大君臣冲突事件的基本原则。

同中国类似，高丽官方修史的主要工作是在起居注之类的材料基础上，修成历代国王的实录及国史。实录的编写一般在前代国王去世后的一两代内进行，③国史则是在实录基础上修撰的本国编年体正史。④忠惠王以后，高丽首次大规模系统性地编纂国史，是从恭愍王诛奇辙，实质性地从元帝国秩序中脱离后开始的。这一工作由李齐贤主持，⑤以朱熹《通鉴纲目》为准则，"辨名分，正纲常"是其主要原则。史称："齐贤读史至《则天纪》曰：'那将周余分，续我唐日月'。后得朱子《纲目》，自验其学之正。"⑥朝鲜世宗时，许诩曰："高丽李齐贤修国史，名曰《史略》，乃略述理乱兴衰之大概，欲为当世之龟鉴耳。然具稿而书未成。至国朝，郑道传、权近、

---

① 朝鲜史臣.朝鲜王朝实录·太宗实录：一年六月丁亥条［M］.首尔大学奎章阁藏本.

② 李齐贤.益斋乱稿［M］.首尔：景仁文化社，1996：570.

③ 如元宗八年十月，"命监修国史李藏用，同修国史柳璥，修撰官金丘、许珙修神、熙、康三代实录。"（郑麟趾.高丽史［M］.重庆：西南师范大学出版社，2014：816.）忠烈王三年五月，"命监修国史柳璥、修国史元傅、同修国史金丘修《高宗实录》。"（郑麟趾.高丽史［M］.重庆：西南师范大学出版社，2014：893.）

④ 如忠烈王十二年十一月，"丁丑，命直史馆吴良遇等撰国史，将以进于元也。"（郑麟趾.高丽史［M］.重庆：西南师范大学出版社，2014：956.）

⑤ 《高丽史》卷一百十《李齐贤传》："奇辙等伏诛……（齐贤）撰国史于其第，史官及三馆皆会焉。"（郑麟趾.高丽史［M］.重庆：西南师范大学出版社，2014：3372.）

⑥ 郑麟趾.高丽史［M］.重庆：西南师范大学出版社，2014：3373.

河仑、尹淮等相继撰修，皆袭齐贤之旧，失于疏略，故更命增添。"① 所谓褒贬、龟鉴，君臣之分，树立王权的绝对权威是其重要一面。

作为一代儒宗，李齐贤对当时及后世精英产生了重大影响，从恭愍王十四年（1365）起，执国政的辛旽便对恭愍王讲："儒者称座主门生，布列中外，互相干请，恣其所欲，如李齐贤门生，门下见门生，遂为满国之盗。"② 李穑即李齐贤的门生之一，③ 于李齐贤在恭愍王十六年（1367）去世后主持撰修国史。李穑由恭愍王一手提拔，升到宰相。同李齐贤一样，他亦以儒宗身份，培养出大批政治与文化精英。④ 李穑一生对恭愍王的知遇之恩感激涕零，时时决心誓死相报。⑤ 他在历史书写中对君臣关系，特别是对王权的态度可想而知。

二、书写特征：多避忌

恭愍王时期的修史，除了修《史略》《金镜录》之类的国史外，⑥ 其他

---

① 朝鲜史臣.朝鲜王朝实录·世宗实录：二十年三月乙巳条［M］.首尔大学奎章阁藏本.

② 郑麟趾.高丽史［M］.重庆：西南师范大学出版社，2014：3374.

③ 史载："（李齐贤）以府院君知贡举，取李穑等。"（郑麟趾.高丽史［M］.重庆：西南师范大学出版社，2014：3372.）

④ 史载："（恭愍王）十二年，元授征东行中书省儒学提举。本国授密直提学同知春秋馆事……自是与国政……十六年，重营成均馆，以穑判开城府事兼成均大司成。增置生员，择经术之士金九容、郑梦周、朴尚衷、朴宜中、李崇仁，皆以他官兼教官。先是，馆生不过数十，穑更定学式，每日坐明伦堂分经授业，讲毕相与论难，忘倦于是。学者坌集，相与观感，程朱性理之学始兴。"（郑麟趾.高丽史［M］.重庆：西南师范大学出版社，2014：3525.）

⑤ 李穑自己就对恭愍王讲："臣自布衣谬蒙上知，不有战功，不经吏职，但以文墨小才，骤至宰相，上恩深重，图报无由。"在辛昌王时期，为了挽救行将灭亡的高丽政权，他不顾年迈之躯，主动要求出使明朝。当辛昌王以其"老且病，固止之"的理由拒绝时，他说："臣以布衣，位至极品，常欲以死报之，今得死所矣，设死道路……虽死犹生。"（郑麟趾.高丽史［M］.重庆：西南师范大学出版社，2014：3526-3528.）

⑥ 汴良季《世宗实录》云："（六年五月）癸丑，进《雠校高丽史》，其序文曰：'恭惟我太祖开国之初，即命奉化伯郑道传总修高丽国史。于是，采摭各朝实录及检校侍中文仁公闵渍《纲目》、侍中文忠公李齐贤《史略》、侍中文靖公李穑《金镜录》，汇而辑之。仿左氏编年之体，三年而成。'"（卞季良.春亭集·续集［M］.首尔：景仁文化社，1996：232.）

主要工作是修前几代国王（忠惠王、忠穆王、忠定王）的实录。《柳淑墓志铭》："其后同事玄陵……忠烈、忠宣、忠肃实录既成，命公驰驲藏之海印史库。"[①] 李詹曾上疏恭愍王曰："本朝自统三以来，褒贬可记之事常多，史官笔不停书，易世而后乃编摩……然后掇拾，以为实录。"[②] 讲的均是高丽易世编写实录的传统。《朝鲜王朝实录·太祖实录》太祖七年（1398）六月丙辰条："监艺文春秋馆事赵浚等，欲以前朝恭愍王至恭让君已修实录及自殿下壬申年以来史草收纳。"[③] 既然在朝鲜太祖时期，恭愍王以后高丽各王实录已经修成，位于其前而在位较短的忠惠、忠穆、忠定三朝实录没有不修成的道理。[④]

朝鲜建国后，郑道传与郑总等人之所以能在短短三年内就修成高丽一代之史，是因有高丽时代已完成的"本草"为基础。[⑤] 较为完整存留下来的高丽各朝实录，更是《高丽史》的主要依据。由于朝鲜建国是通过不流血之"易姓革命"的方式完成的，所以统治集团的主体为高丽旧臣，社会结构及与之直接相关的权力与利益格局亦未发生大的变化。[⑥] 这就使对

---

① 李穑.牧隐藁［M］.首尔：景仁文化社，1996：153.

② 郑麟趾.高丽史［M］.重庆：西南师范大学出版社，2014：3591.

③ 朝鲜史臣.朝鲜王朝实录·太祖实录：七年六月丙辰条［M］.首尔大学奎章阁藏本.

④ 实际上，太宗十三年（1413）三月，司宪府上疏曰："前朝实录，既已修撰，愿令刊行，以为龟鉴。"（朝鲜史臣.朝鲜王朝实录·太宗实录：十三年三月壬寅条［M］.［出版地不详］：［出版者不详］.）

⑤ 《朝鲜王朝实录·世宗实录》世宗三年一月癸巳条："前此，以郑道传所撰《高丽史》，间有与史臣本草不同处。"（朝鲜史臣.朝鲜王朝实录·世宗实录：三年一月癸巳条［M］.［出版地不详］：［出版者不详］.）

⑥ 两班贵族仍然垄断了各种政治和社会资源，奴婢制度则是他们赖以维系的经济基础。文宗元年（1451），议政府启："夫奴婢代主之劳，使之如手足，士家之盛衰，实由苍赤之有无，关系匪轻。"（朝鲜史臣.朝鲜王朝实录·文宗实录：元年五月丙辰条［M］.［出版地不详］：［出版者不详］.）宣祖二十六年（1593），备边司启："我国奴婢之法……世代已远，莫之能变，岂无其意乎？华人谓家有公侯之乐云者，良以此也。"朴世采（1631—1695）向国王陈万言书云："如国俗奴婢之法，中朝所无，而上自诸宫家士大夫，下至市井乡曲，凡欲自异于庶民者，莫不以此为重，必务多买而世役之。"（朴世采.南溪集［M］.首尔：景仁文化社，1996：241.）

前朝正史的编纂，不仅直接关系到本朝的合法性，还涉及对当朝大臣的评价，因而与他们及其家族的切身利益有重大利害关系，多忌讳与曲笔就成了这部史书的"胎病"，其客观性备受质疑。总之，各方势力均试图影响史书的写作。

《朝鲜王朝实录·太祖实录》太祖七年（1398）八月己巳条："道传……所撰《高丽史》，恭愍以后笔削，多不以实，识者非之。"①从而有了之后数次改修之事。文宗元年（1451）八月，知春秋馆事金宗瑞等呈新撰《高丽史》，进笺曰：

> 臣等窃闻，新柯视旧柯以为则，后车鉴前车而是惩，盖已往之兴亡，实将来之劝诫……惟王氏之肇兴，自泰封以崛起……迨后嗣之昏迷，有权臣之颛恣。拥兵而窥神器……且自忠肃以来，至于恭愍之世，变故屡作，衰微益深，根本更蹙于伪朝，历数竟归于真主……凡例皆法于迁史，大义悉禀于圣裁……所以严僭窃之诛，忠佞邪正之汇……（臣等）仅能存笔削之公，揭明鉴于后人，期不没善恶之实。②

在王权的严格控制下，这部《高丽史》以说明"真主"崛起的正当性为主旨。而本朝通过军事政变夺权、君臣同为高丽之臣的事实，使王朝更加强调"严僭窃之诛，忠佞邪正之汇"的基本原则，彻底否定这类行为的合法性，以防止有人以同样方式发动改朝换代事件。

质言之，对高丽末期的历史，既要描写其衰亡的必然性，③又要标举君

---

① 朝鲜史臣.朝鲜王朝实录·太祖实录：七年八月己巳条[M].[出版地不详]:[出版者不详].

② 朝鲜史臣.朝鲜王朝实录·文宗实录：一年八月庚寅条[M].[出版地不详]:[出版者不详].

③ 崔岩讲："掌握了政权就掌握了对历史的话语权，通过修史来证明本朝取代前朝的合理性，历史成为政权合法性的来源和统治基础。朝鲜王朝仿中华传统史学纂修《高丽史》，藉以为胜朝纂修正史来宣告新王朝统治的确立。"[崔岩.朝鲜王朝官修《高丽史》与中华传统史学[J].西北师范大学学报（社会科学版），2012，49（4）：42.]

臣之分，彰显王权的绝对性。① 在这样的修史环境中，对忠惠王以来历次君臣冲突的书写，编纂者持有的基本立场与使用的笔法可想而知。② 有学者指出：“《高丽史》中《叛逆传》占很大篇幅，共有6卷……对于那些投靠元朝、危害高丽之人，大多列入《叛逆传》中……《高丽史》以是否忠于高丽作为判定人物的标准。”③ 还有学者通过研究曾因主导拥立沈王、拒绝声援忠惠王而被列入《奸臣传》的权汉功的形象变化，指出，直到《高丽史》被正式修成前的朝鲜世宗时期，权汉功的形象还是正面的，被认为是岭南大族的代表、高丽时期的杰出文士。他的“奸臣”形象是史臣在理学史观的影响下，以特定书写建构起来的。时代越往后，他越成为“不忠”的典型。④

　　可与此同时，包括李成桂（太祖）、李芳远（太宗）在内的朝鲜建国集团，自身就是一批不忠于高丽王朝的“叛逆者”，他们在高丽时代的行为不符合以上标准和原则。这种内在的张力与悖论，越发加重了歪曲、掩饰、忌讳的修史特征。⑤《朝鲜王朝实录·文宗实录》文宗二年（1452）二月丙戌条：“始撰《世宗实录》……皇甫仁、金宗瑞、郑麟趾，总裁监修。

① 李基白称此为“以儒教为基础的道德合理主义史观”。（李基白.高丽史解题［M］//姜万吉.韩国的历史认识：上［M］.首尔：创作与批判社，1976：256.）崔岩也指出：“朝鲜王朝纂修《高丽史》称‘凡例皆法于迁史，大义悉禀于圣裁’……表明朝鲜王朝官方修史贯彻儒家政治伦理观念的决心与彻底性。”［崔岩.朝鲜王朝官修《高丽史》与中华传统史学［J］.西北师范大学学报（社会科学版），2012，49（4）：44.］
② 韩永愚称这样的写法为“亲君主的性格”——“严对君之忠、对叛逆之惩……所有叙述最终归结为忠君爱国，无法摆脱亲君主的道德规范”。（韩永愚.朝鲜前期史学史研究［M］.首尔：首尔大学校出版部，1982：113.）
③ 孙卫国.朝鲜王朝官修《高丽史》对元东征日本的历史书写［J］.古代文明，2017，11（4）：119–122.
④ 이용수.高麗末·朝鮮初 權漢功에 대한 世評의 變化［J］.민족문화연구，2019（85）：251–287.
⑤ 李基白指出，造成《高丽史》从太祖即位年（1392）开始到端宗二年（1454），中间多次改修、重修的最重要原因是要将参加朝鲜建国主要人物的行为正当化（李基白.高丽史解题［M］//姜万吉.韩国的历史认识：上［M］.首尔：创作与批判社，1976：252，256.）。韩永愚也指出《高丽史》在编撰过程中，对高丽末期政治史的“曲笔”问题。（韩永愚.朝鲜前期史学史研究［M］.首尔：首尔大学校出版部，1982：19.）我们认为，这显然只是其中一方面而已。

时史官多避忌，史草或有墨抹涂窜者。"①《世宗实录》的总裁官金宗瑞、郑麟趾等同样是《高丽史》的主要撰修者，由此我们亦可窥知《高丽史》的修撰情形。世宗三十一年（1449）二月，世宗传旨吏曹："前者《高丽史》失于疏略，命权踶等改撰，今观其书，踶任情减削，或听人请嘱，或自己干系紧关节目，皆没其实。安止与踶同心赞成，泛滥莫甚。"②"多避忌"与"任情减削"必然导致历史真相被掩盖、被扭曲。③

---

① 朝鲜史臣.朝鲜王朝实录·文宗实录：二年二月丙戌条［M］.［出版地不详］:［出版者不详］.

② 朝鲜史臣.朝鲜王朝实录·世宗实录：三十一年二月癸酉条［M］.［出版地不详］:［出版者不详］.

③ 一些学者对这一事实显然有所忽视。魏志江认为:《高丽史》"体例严谨，繁简适宜""历来被誉为高丽之'良史'"［魏志江.《高丽史》版本源流与编纂体例考［J］.史学史研究，2020（1）：93.］崔岩也从朝鲜君臣的一些议论中断定:"经世求真，是中华传统史学的主流特征之一。'经世'符合朝鲜王朝士子积极入世的品格，'求真'成为朝鲜王朝君臣在《高丽史》纂修中体认之修史原则……重视信史，直书史事是中华史学早期即已形成的优良传统。而从《高丽史》的纂修过程来看，这一修史原则也为朝鲜王朝君臣所认同。"［崔岩.朝鲜王朝官修《高丽史》与中华传统史学［J］.西北师范大学学报（社会科学版），2012，49（4）：42–43.］

第二章

书写与真相："曹頔之乱"发微

申钦（1566—1628）云："高丽享国延五百年，唯太祖创业雄略为可观……元宗以后则父子争位，君臣相贼……其他叛乱之徒，上自王规，下至曹頔、赵日新、金镛之流，无代无之，不可缕数。"①讲的便是高丽自臣服蒙古后，君臣关系发生显著变化的史实。在忠惠王之前，君臣冲突虽然激烈，但尚未发展到兵戎相见、必欲置对方于死地的地步。从忠惠王开始则发生了质的变化，其开端就是所谓的"曹頔之乱"。

一、"曹頔之乱"中的认同分野与元朝因素

（一）认同分野下的曹頔势力

忠惠王对元帝国秩序与体制的轻视，从其甫一继位即已显现。他亵渎其父正妻庆华公主，"公主耻之，欲还于元，使买马"。忠惠"命李俨、尹继宗等禁马市，不得卖马。"②在帝国秩序下，高丽人被比作汉人。③元朝法

---

① 申钦．象村稿［M］．首尔：景仁文化社，1996：319.
② 郑麟趾．高丽史［M］．重庆：西南师范大学出版社，2014：2805.
③ 延祐二年（1315）二月，颁布圣旨："谕内外百官大小官吏军民诸色人等……今后，汉人、高丽人、南人等投充怯薛者，并在禁限。"（陈高华，等．元典章［M］．北京：中华书局，2011：1028—1029.）又《元典章》卷四十九《诸盗一》"就贼"条："大德元定，配役三年，不刺断交出军；色目人，第二遍做贼，断罪免刺……汉儿、高丽、蛮子，一遍做贼，经刺；再擎获，是第二遍……除汉儿、高丽、蛮子人外，俱色目人经断贼人，先犯后发，其罪相等勿论。"（陈高华，等．元典章［M］．北京：中华书局，2011：1623.）

严禁汉人不同辈分之间的收继婚,这应为高丽人所知,[①]忠惠王对庆华公主的亵渎,其实是蔑视与挑战元的权威,[②]必然会引发国内深度认同帝国的那派精英("天下派")的不满,所谓"曹頔之乱"便由此而发。[③]到目前为止,《高丽史》卷一百三十一《叛逆五·曹頔传》是关于事件全貌的"唯一"史料。在此文本中,书写的不自然与不合情理之处甚多。通过对它们的分析,可探索出一些关于事件真相的线索,先详引如下。[④]

> 1. 时頔称疾不出,公主召之,具道见暴状。頔与洪彬及省官诣忠惠宫,群小当门,不得入乃还。忠惠追召不听,至永安宫,招集百

---

① 在高丽后期,这种行为在半岛也是不被允许的。辛昌元年(1388)八月,"司宰副令文允庆蒸其父妾,又盗官物,法司劾奏,绞允庆及妾,以徇于市"。(郑麟趾.高丽史 [M].重庆:西南师范大学出版社,2014:4146.)

② 萧启庆指出:"由于金代女真人及蒙古人之影响,元代汉人下层平民亦颇盛行收继婚。当时元廷之政策为婚姻依据各族本俗,汉人、南人不可收继:'诸汉人、南人父殁,子收其庶母,兄殁,弟收其嫂者,禁之。'而蒙古、色目人依其本俗收继则为法所不禁。不少卫道之士——包括汉化之蒙古、色目人——对此情况加以攻击并建议明令禁止蒙古人行收继婚,以重伦常。"(萧启庆.内北国而外中国:蒙元史研究 [M].北京:中华书局,2007:691-692.)萧启庆又云:"元廷虽未禁止蒙古人行收继婚,但为迎合宋代以来中原社会风气而不断旌表节妇。但是,即在此方面,元廷仍承认蒙古、色目与汉人风俗之不同。例如,官员所娶为再醮之妇,不得请求封赠,而蒙古、色目人则为例外。然而蒙古人中仍出了若干拒绝改嫁的节妇。"(萧启庆.内北国而外中国:蒙元史研究 [M].北京:中华书局,2007:693.)萧启庆还说:"自婚俗及丧葬二方面言之,蒙古人所受汉人贞节及孝道观念影响不小,因而改采华俗者为数不少。元廷虽始终未曾明令禁止蒙古、色目人实行收继婚,但在元朝季年收继婚遭到各族人士强力批评,斥为有违纲常,'贻笑后世'。也有若干蒙古妇女力拒收继及改嫁。"(萧启庆.内北国而外中国:蒙元史研究 [M].北京:中华书局,2007:696.)

③ 受正史叙述影响,卢启铉把事件的起因归结到曹頔对沈王的支持 ——"因为当了太史的蒙古伯颜支持沈王暠,沈王党的势力重又膨胀,发生了曹頔等袭击王宫的事件"。又对事件定性曰:"曹頔事件,是假借拥立沈王暠,实为掌握实权,而利用蒙古太史伯颜拥立暠,以庆华公主为后援,以从中捕捉忠惠王的乱行而引起的谋反事件。"(卢启铉.高丽外交史 [M].延边:延边大学出版社,2002:535,538.)李定新也认为:"元反对忠惠王继位的消息甫一传来,曹頔之乱便爆发了。所谓曹頔之乱,是以庆华公主被强奸为名,为沈王登上高丽王位而发动的叛乱。曹頔之所以敢如此作为,是因为他判断伯颜一定会支持这一行动。"(이정신.고려 충혜왕의 행적과 정치적 입장 [J].한국인물사연구,2010(13):208.)

④ 为了文本分析方便,笔者将《曹頔传》引文分段,并标上了数字符号。

官，声言逐去群小，而阴为沈王地。忠惠率万户印承旦、全英甫等二十余骑，至永安宫，门闭不得入，乃使尹继宗、丘天佑召頔，又不出。

2. 頔以前护军李安、张彦、吴云为巡军首领官，收国印置永安宫，令前军簿总郎柳衍、左思补、李达衷，军簿佐郎成元度，艺文检阅金得培守之。

3. 会金注庄来自元，诈言："帝许忠惠袭位。"忠惠大喜，赐马二匹，頔党闻之，稍稍遁去。

4. 忠惠榜谕云："頔等不畏朝廷，佩执弓刀，胁聚国人谋逆，罪莫大焉。百官有能归正者，宥。"使前判书李兆年召省官及诸宰相曰："曹頔久为沈王臣仆，潜畜异志，诸君胡为助之？"

5. 頔闻之曰："我为政丞，见王荒淫无道之行，若不闻于朝廷，罪在我身。王虽欲杀我，我不惧。"遂使闵珝连车缀宫门外，以备之。

6. 頔又与彬、申伯、黄谦、白文举、王伯、洪晟、赵廉、全思义、朱柱等，及省官令珝、云安、赵炎辉、李休、李英富、韩升、张巨才、裴成景等，点军千余，剪红绡，贴衣为识，皆执刀杖，夜五鼓，进袭忠惠宫。忠惠率幸臣数骑出射之，頔军败走，追至巡军南桥，安射王中臂。頔使人设布帐于连车上，以防流矢，先锋攻破连车而入，頔势穷，走入永安宫。有亲旧谕以出亡，頔不听，入公主殿，王军追入，射杀之，尸于巡军南桥下。①

庆华既是元朝公主，②又贵为太妃，③竟处于忠惠这一只有王储身份之人

---

① 郑麟趾.高丽史［M］.重庆：西南师范大学出版社，2014：3951-3952.
② 萧启庆指出："忠肃王妃之一的庆华公主伯颜忽都因高丽史仅称之为'蒙古女'，未言明出于帝系，以前史家皆未列入公主计算。但是据李齐贤说，忠肃'尚英王女，又尚魏王二女'。所谓魏王二女，一为曹国大长公主金童，另一当即伯颜忽都；而且伯颜忽都拥有'公主'头衔，亦可为证。"（萧启庆.内北国而外中国：蒙元史研究［M］.北京：中华书局，2007：776.）
③ 关于此，可参见萧启庆.内北国而外中国：蒙元史研究［M］.北京：中华书局，2007：777.

的权势笼罩下，孤立无助。^①这一事实本身已经表明，高丽与元的关系正在发生某种大变化。在此氛围中，深度认同帝国的曹頔，^②虽位居首相，也只能"称疾不出"。他最终之所以在庆华公主的哭诉下挺身而出，主要因为他属于与"忠肃—忠惠王"一系对立的沈王之党，^③他认同以皇帝为顶点的帝国及其政治伦理，^④相信元仍能对半岛实行有效控制。^⑤

作为首相，在国王空缺之时，他当然是王国体制的化身及高丽官僚集团的总首领，可实际上他所能依靠的却非王国的体制与官员，而是元设在半岛的行省机构及其官僚群体。高丽后期，其政治精英^⑥以任职于王国机构还是帝国机构为分野，大致形成两个阵营，在认同倾向上有所不同。从忠惠王对诸宰相"诸君胡为助之"之语可知，以"诸宰相"为首的本国官

---

① 从"反元"与"附元"两条路线斗争的视角出发，金塘泽竟这样为忠惠王的行为辩护："庆华公主是与元连接，反忠惠王的象征性人物。忠惠王对庆华公主的奸淫，是他对元朝反感的间接表露。"（金塘泽. 元干涉下的高丽政治史［M］. 首尔：一潮阁，1998：116.）李定新则认为，忠惠王奸淫庆华公主，既是对其父愤怒的表示，又是因元未任命他为高丽国王而产生的焦虑感所致——由于蒙古社会盛行收继婚，而庆华公主是当时王室中的地位最高者，如果庆华公主成为自己的女人，就可使元尽快任命自己为高丽国王；庆华公主之所以拒绝忠惠王，不是因为道德上的负罪感，而是担心忠惠王的性病。可这反而成了曹頔发动叛乱的借口。（이정신. 고려 충혜왕의 행적과 정치적 입장［J］. 한국인물사연구，2010（13）：213–216.）

② 白仁鎬也指出，当时曹頔是所谓"附元势力"的头领。（白仁鎬. 고려 후기 부원세력연구［M］. 首尔：세중출판사，2003：110.）

③ 这已是学界公认的事实，具体分析见后文。

④ 白仁鎬也指出："忠惠王对忠肃王妃庆华公主的淫行事件，是国王支持势力与沈王派展开全面冲突的决定性契机。"（白仁鎬. 고려 후기 부원세력연구［M］. 首尔：세중출판사，2003：112.）

⑤ 金塘泽提出了这样的问题："庆华公主为什么要向曹頔哭诉被忠惠王奸淫的事实？曹頔又为什么会一听到此事之后就神速地发起了军事行动？"他的解释是："曹頔及协助他的征东行省官吏均与元有密切关系。"（金塘泽. 元干涉下의 高麗政治史［M］. 首尔：一潮阁，1998：115.）

⑥ 如程妮娜所言："武宗撤回征东行省的元人官吏之后，征东行省的长官只任命高丽王一人为丞相，其下平章政事、左右丞、参知政事等官职基本是缺而不任，下属机构的官员一般由高丽人来担任。这以后元朝对征东行省奉行'因俗而治'的统治政策，直至元末未有变化。"（程妮娜. 元代朝鲜半岛征东行省研究［J］. 社会科学战线，2006（6）：157–162.）

僚集团最初曾加入曹頔阵营，参与了曹頔组织的商议废黜忠惠王继承资格的百官会议，但他们在后来却大多倒向忠惠王。相反，省官对曹頔的支持则较为稳定。

上引《曹頔传》第六段出现之人，乃曹頔的核心力量，他们由王国官和省官两部分组成，首先是以省官令珝、云安、赵炎辉、李休、李英富、韩升、张巨才、裴成景等为代表的行省官员。除赵炎辉，他们只出现在有关曹頔事件的记载中。由此我们可大致推测，他们多家世卑微，职务以中下层为主，如无曹頔事件的发生，根本没有进入半岛正史的资格。赵炎辉在史料中的另一次出现是作为忠肃王使节，对忠惠王嬖幸的捉拿，他早已与忠惠王处于对立地位。

虽然"征东行省下属机构官员的任免与内地省不同，一般官员的任命程序，是由行省丞相（高丽王）向元廷保举任官人选，奏请元廷批准备案……出任行省官职的高丽官员，往往是从高丽国官职转迁任职"①，但在身份上，他们是天子之臣，有义务首先效忠帝国，更认同帝国而非王国，②他们认为"征东行省官员属于帝国而非高丽的官僚体制。"③"行省的运作依据的是帝国制度""行省官员中的相当部分为高丽人，在行省这一蒙古制度的框架内，高丽国王和高丽官员都成了蒙古皇帝的臣下。"④崔瀣《送卢教授西归序》中这样描述：

① 程妮娜.元代朝鲜半岛征东行省研究［J］.社会科学战线，2006（6）：4.
② 金塘泽也指出："征东行省官员中的相当数协助曹頔，试图杀害忠惠王……他们是一股亲元势力。"（金塘泽.元干涉下의 高麗政治史［M］.首尔：一潮阁，1998：117-118.）又指出："征东行省官吏的出仕，虽然由作为行省长官的高丽国王推荐，但原则上必须由元朝皇帝任命。因此，他们行动的背后是元朝。"（金塘泽.元干涉下의 高麗政治史［M］.首尔：一潮阁，1998：115.）
③ 이정신.고려 후기 입성론과 국왕의 역할－입성론의 양면성을 중심으로［J］.한국사연구，2017（179）：214.
④ 김보광.고려국왕의 征東行省 保擧權 장악과 그 의미［J］.史叢，2017（92）：10，3.

天子以东国首先向化，世许尚主，委王省权，而其幕属，皆从辟置，非自朝廷选授之也。然则中原子弟，末由致之。而又素贵丘园，不肯屑就者，其可得而笼络哉？凡仕于此者，率是自衒之辈。始焉摇尾，惧不见容；终则饱飏，反憎其主者，比比有之。是以东人见客，虽貌相敬，其心未必有所同也。①

除"天子之臣"的身份，一些行省官员本身就是中原人。因此，在曹頔失败后，忠惠王对参与事件的省官全部赦免，却要追究王国官员的责任。

其次是以申伯、黄谦、白文举、王伯、洪晟、赵廉、全思义、朱柱、闵玶等为代表的王国官员。申伯与洪晟在《高丽史》中仅出现一次，黄谦出现了两次，应是王国官僚系统中的中下层人物。朱柱在忠惠王第一次当政时为其嬖臣，史载："王委机务于嬖臣裴佺、朱柱等，日与内竖为角力戏，无上下礼。"②但当时已失宠，成了忠惠王的反对者。闵玶在此前的史料中从未出现，下次出现于恭愍王九年（1360）四月，"红贼侵黄州铁和浦，牧使闵玶与战，斩二十余级"③。二十余年后，闵玶才升到了牧使的职位，在当时亦应是中下层官员。关于白文举，《高丽史》记："德兴君塔思帖木儿，是忠宣王出宫人嫁白文举所产者也。"④他当时属于沈王一党，在忠定王时跻身宰相行列。全思义在忠肃王时任上护军，亦在忠定王时进入宰相集团。至于赵廉与王伯，《高丽史》卷一百九《赵廉传》这样记载：

忠肃朝登第，又中元朝制科……忠惠初，除正言，与许邕、郑天濡等上书，论崔安道子璟借述登第，韩宗愈取士不公。王欲下廉等

---

① 崔瀣. 拙藁千百［M］. 首尔：景仁文化社，1996：21.
② 郑麟趾. 高丽史［M］. 重庆：西南师范大学出版社，2014：1132.
③ 郑麟趾. 高丽史［M］. 重庆：西南师范大学出版社，2014：1228.
④ 郑麟趾. 高丽史［M］. 重庆：西南师范大学出版社，2014：1259.

狱，嬖臣朴连进曰："谏官不可罪。"乃止。后拜左司议大夫，时诏使入国，诬王以不迎诏，鞫两府甚急，两府皆承。廉与右司议王伯上疏言："君臣一体，祸福共之。且臣为君隐，犹子为父。今两府私躯命，遗君父罪，请论如法。"辞甚剀切，王览其疏，义之，与伯同拜密直副使。由司议入枢府，前此所无有也。[1]

同传："（王）伯忠烈朝登第，忠肃时，以纠正参铨注，寻为左司补。嬖人李仁吉妾父西京郎将崔得和，为随州守，伯与右司补李菁等不署告身，仁吉诉之，杖伯等阙下，流海岛。"[2]二人均为科举出身的直臣，在忠惠王时任台谏官，勇于履职，因弹劾支持忠惠王的韩宗愈等重臣或不署国王嬖幸告身而得罪。从本传不载他们世系的情形看，他们应为寒庶出身，并非王国官僚系统中的代表性人物，影响力有限。本来，他们都有较强的本土认同，但忠惠王政治的"不上轨道"，使他们参与了曹顿事件。

无显赫家世，不居于高级职位，是曹顿一派的显著特征。这从另一层面说明，民生视角、天下观念及对帝国体制的认同，是追随曹顿的半岛精英不认同本国王权的主因。质言之，曹顿势力与王权势力的分野，既是阶层分野，也是制度分野，还是认同分野，乃三重分野的叠加。[3]之所以会出现这种现象，是因为对多数无显赫家世与职位的高丽中下层精英而言，大政治体中的帝国制度比小政治体中的王国制度对他们更有利。至于曹顿、白文举等个别底层出身的高级官员，尽管位高权重，但他们的地位与权力仍主要来自帝国，故在认同心理的作用下，于关键时刻站在了本国王

---

① 郑麟趾.高丽史［M］.重庆：西南师范大学出版社，2014：3343.

② 郑麟趾.高丽史［M］.重庆：西南师范大学出版社，2014：3343.

③ 金塘泽则是在忠惠王因"反元"与"强化王权"而与元发生冲突的视角下进行分析，从而将支持忠惠王与反对忠惠王的人物按照"反元势力"与"附元势力"进行区分。（金塘泽.元干涉下의 高麗政治史［M］.首尔：一潮阁，1998：117–118.）

权的对立面。相反，对多数高丽上层精英而言，半岛由世家大族世代掌权的贵族体制是他们的根本利益所在，而以高丽国王为表征的高丽国这一政治体的存在，是既有体制的基础与保障。因此，尽管在观念上他们同样认同皇帝与帝国，[①] 但当对皇帝与帝国的认同与对王国的认同发生冲突时，他们更认同王国及其体制。

需注意的是，世家大族与寒族的社会分层，只是造成高丽精英认同分野的一方面，儒学信仰是导致他们认同分化的另一方面。一般而言，那些儒学素养深厚之士，因笃信君臣纲常，常保持着较强的传统伦理观念。他们人数虽少，却有强大的影响力与号召力。世家大族是半岛的主要文化载体，儒学阶层和世家大族有相当的重叠。科举是高丽人出仕的主要途径之一，寒士也可通过儒学进入国家权力阶层，在一定的条件下"大族化"，但在他们那一代却非大族。忠惠王的主要支持者李兆年即是如此，其墓志云："曾祖讳敦文，祖讳得禧，考讳长庚，皆为府吏。"而他本人则是高丽儒学的代表性人物，墓志记其谏忠惠王曰：

> 殿下与大臣贵戚，比肩事天子，宜日慎一日，何乃弃礼纵情以速累乎……夫儒者虽朴拙，皆能习经书识廉耻。殿下目之为沙个里，此何等语耶？殿下能远佞幸之徒，而亲儒雅之士，改行自饬则可。不然，天威咫尺，其严乎？[②]

相反，对本土认同弱而对帝国认同强者，则多非儒学之士，故他们受传统伦理观念的束缚较少。在高丽这样的文化之邦，他们的影响力有限。

---

① 在忠惠王时期，本国精英的认同高度分化且复杂化，即使是传统认同较强的精英，也已认为高丽是帝国的一部分，建立起了对中国朝廷与皇帝的高度认同。

② 李齐贤.益斋乱稿［M］.首尔：景仁文化社，1996：570–571.

（二）曹頔方的应对方式与元朝因素

曹頔的行动并非秘密政变，而是公开交涉。这种情况早在忠烈王时就已发生过，最终以忠烈王屈服，其嬖幸与"群小"被抓至帝廷受审告终。曹頔在忠烈王时经历过以上过程，试图进行复制。问题是，彼时官僚集团的行动以元使的到来为契机，有元使的监护与见证；参与者又是以宰相集团为首之王国系统的官员，人数众多，且在半岛有深厚的社会基础。①当时，元帝国正如日中天，敢于行使武力与强权，高丽精英对之认同而畏惧。可此时，帝国势力衰退，本土势力抬头，王国系统的主要官员在宰相集团的主导下，多持观望、犹疑态度，有的甚至成为王权的支持者。在名分上，曹頔所能倚仗的只有软弱无力的庆华公主，局面因此而微妙、复杂起来。

和忠惠王交涉的失败，使曹頔只好采取下一步行动。他在永安宫召集百官会议，试图以"公议"压迫忠惠王屈服。在此情形下，如忠惠王在场，显然更易取得效果。在永安宫这一庆华公主所居之地、曹頔势力的大本营、象征帝国权威的空间，将忠惠王置于受审的位置，不仅能在帝国秩序中名分充足，还可使曹頔一举掌控大局。明乎此，上引《曹頔传》第一段对忠惠王"追召"曹頔，曹頔屡次不应，忠惠王试图进入永安宫与曹頔谈判又被曹頔所拒的种种书写，就显得不合常理。《曹頔传》对关键性会议本身记载的缺位，应当是有意为之。不过，从后文透露的信息，我们可以推知，庆华公主应当在由其主持的会议中，做出了暂时剥夺忠惠王继承人资格，并向元廷汇报的决定，这才有了曹頔"收国印置永安宫"之举。李穑在为金光载所撰墓志铭中提道：

---

① 郑麟趾.高丽史［M］.重庆：西南师范大学出版社，2014：3787-3788.

后至元己卯，忠惠王几为曹頔所废而幸胜之。然其党多附势，必将甘心焉。及王如京师，公曰："吾君危矣，吾忍独免乎哉？"往从之，赖天子圣明，复爵东还。实庚辰秋七月也……明年秋，掌试成均……时称得士。忠惠王素悍公严……乃褫其职，群小益张。癸未冬，岳阳之祸起矣。①

"忠惠王几为曹頔所废而幸胜之"一句意味深长，它至少包含这样的信息：曹頔的目标是废黜忠惠王，这一行动是通过正常程序进行的。他之所以能废黜忠惠王，显然是借助了庆华公主的权威。但如按这样的程序进行下去，不仅忠惠王继承王位的资格，就连整个高丽国都有被废的可能。这就可以解释，为什么以"诸宰相"为首的王国系统官僚的主流，最后选择支持忠惠王而非曹頔。

在高丽后期政治中，"国印"具有极其重要的意义，其如何移转完全取决于帝廷。我们不妨以忠宣、忠肃、忠惠三朝的王位更迭为例，对此略作说明。忠宣王于其继位后五年三月奏请传位，元武宗册忠宣之子焘为高丽国王，是为忠肃王。忠肃王的地位基于其帝室驸马与王室世子的双重身份而获得，他在教文中即称："孤赖皇帝之洪福，荷父王之至恩，已于三月二十四日受传国印。"②在帝国之内，国王已成为由皇帝任命的一个职位，存在与否、如何变动完全取决于皇帝，表征就是国印的予夺。1329年10月，忠肃王奏请传位。五个月后，元文宗册其世子祯为高丽国王。由于忠惠尚在元宿卫，故元"遣客省副使七十坚来取国王印"。同月丁未，"帝御奎

---

① 李穑.牧隐藁［M］.首尔：景仁文化社，1996：149.
② 郑麟趾.高丽史［M］.重庆：西南师范大学出版社，2014：1083.

章阁，授王国印"①。授印仪式举行后，忠惠王才成为名副其实的高丽国王。忠惠王被任命为国王仅两年即被废黜，元采取的关键性行动之一就是"收国玺"——元使蒋伯祥"收国玺，封诸库，王遂如元"②。

总之，国印象征着权力承受的合法性，国印被收即意味着王位的丧失。③曹頔收国印于永安宫，意味着他以公主之命，代表元朝行动，是以帝国秩序内的新伦理否定半岛传统的旧伦理，以新认同代替旧认同。曹頔本人就指明："我为政丞，见王荒淫无道之行，若不闻于朝廷，罪在我身。"④当时的高丽精英，基本同时具有两种认同，服膺两种政治伦理。在帝国秩序内，这两种认同既基本一致，又存在张力。当它们之间冲突激烈，无法协调时，以曹頔为首的部分"天下派"人物，选择的是对帝国与皇帝负责。曹頔的这种倾向，在忠烈王时期就有明显表现，⑤后来又成为以深度认同帝国为特征的"忠宣王—沈王"一系的主力。⑥

忠肃死后，因帝国权臣伯颜的阻止，忠惠迟迟未获帝廷任命——忠肃"遗命袭位。由是，行省左右司转达中书省，（忠惠）王亦遣前评理李揆等，求袭位。而伯颜为太师，寝不奏，且言：'王焘本非好人，且有疾宜死矣。

① 郑麟趾.高丽史［M］.重庆：西南师范大学出版社，2014：1132.

② 郑麟趾.高丽史［M］.重庆：西南师范大学出版社，2014：1139.

③ 《高丽史》卷一百二十五《奸臣一·蔡河中》："忠肃时，拜护军，与曹頔谄事沈王暠，窥觎国衅。頔谋夺王位，潜构万端。及王如元见留，收国印，河中借元使金家奴来，言：'帝以暠为国王'，百官诣暠母安妃贺。"（郑麟趾.高丽史［M］.重庆：西南师范大学出版社，2014：3796.）

④ 郑麟趾.高丽史［M］.重庆：西南师范大学出版社，2014：3952.

⑤ 《高丽史》一百二十五《奸臣一·宋邦英》："（忠烈王三十一年）王如元，邦英、璘等欲从行。曹頔白王曰：'二人得罪上国，不宜扈驾。必欲嬖二人者，请入奏召之。'邦英等谓頔曰：'王不许从行，岂有沮之者耶？'頔曰：'我实沮之。'"（郑麟趾.高丽史［M］.重庆：西南师范大学出版社，2014：3786.）

⑥ 李齐贤《题长安逆旅》："贝锦谁将委豺虎，干戈无奈到参商。"注曰："谓曹頔使兄弟不和"。（李齐贤.益斋乱稿［M］.首尔：景仁文化社，1996：520.）所谓兄弟即忠肃王与沈王。在忠烈王困顿于中国期间"诸从臣皆离散，曹頔最先去"。（高丽史节要（早稻田大学藏本）［M］.［出版地不详］：［出版者不详］.）

拨皮虽嫡长，亦不必复为王，唯暠可王。'揆等百计请之，不得"①。该年五月丙子，忠惠又遣大护军孙守卿、全允臧"赍金银及大顶儿如元赂执事者，求复位"。丙戌，大护军韩不花自元返，传李揆之言曰："丞相固执如初，他省官虽欲申覆，固无可假以为辞者。若有本国耆老上疏陈请，则庶可因以图之。"于是，忠惠王"命耆老宰枢会议"②。就在忠惠一党紧锣密鼓地筹划获得元廷任命的关键时刻，"曹頔之乱"发生了，对忠惠王的打击可想而知。

由于忠惠未获元廷任命，在深入认同帝国的那些高丽精英看来，首相曹頔、征东行省代理长官洪彬才是半岛名正言顺的首脑，曹頔因此才能以首相名义行使包括召集百官会议、收国印在内的种种权力。

帝廷的不任命，本就使王位归属充满变数，③以本国首相与行省长官为首的部分官僚通过会议做出中止忠惠继承资格的决定，又使状况进一步恶化。而曹頔本人的政治倾向，不能不使以"诸宰相"为代表的本国统治集团的主流派担心，事态继续发展下去，很可能导致高丽国本身被废。事实上，当时就出现了曹頔"阴为沈王地"的传言。④就在不久前，沈王派两大代表性人物前宰相柳清臣、吴潜还主导了两次声势浩大的废国立省运动。

> 柳清臣……长兴府高伊部曲人，其先皆为部曲吏。国制，部曲吏
> 虽有功，不得过五品。清臣幼开悟，有胆气，习蒙语，屡奉使于元，

---

① 郑麟趾.高丽史［M］.重庆：西南师范大学出版社，2014：1139.

② 郑麟趾.高丽史［M］.重庆：西南师范大学出版社，2014：1140.

③ 由上引文可知，伯颜支持沈王暠，并有意任命其为高丽国王。

④ 由于轻信这样的记载，金塘泽认为："从曹頔的情况可知，反对忠惠王的势力中有不少沈王的支持者。忠惠王奸淫庆华公主的事件发生后，曹頔和征东行省的官吏们一起袭击王宫，试图杀害忠惠王，其背面就是拥立沈王为高丽国王。"（金塘泽.元干涉下의 高麗政治史［M］.首尔：一潮阁，1998：117.）实际上，当时沈王就在高丽国内，我们并未看到他和曹頔等人有什么牵扯。

善应对。由是为忠烈宠任，补郎将。教曰："清臣……虽其家世当限
五品，且于其身许，通三品。"……从忠肃如元，见沈王暠窥觊王位，
遂与曹頔等背王附暠，诡谋万端。又与吴潜上书都省，请立省本国，
比内地。①

柳清臣本为贱民，之所以能突破森严的阶层限制而跃升至宰相高位，
主要靠个人能力，特别是他习蒙古语及由此与帝廷建立的密切关系，他对
帝国的高度认同由此而来。

立省运动声势浩大，得到了众多高丽人的支持，元廷也不得不正面回
应——"议罢征东省，立三韩省，制式如他省，诏下中书杂议"②。然而，
帝廷内的一些精英对高丽国内认同情势的变化缺乏了解，仍以忽必烈时期
对高丽的认知观察半岛，主张继续维持高丽国及其既有体制，③未看到在
高丽臣服元的几十年间，半岛的政治秩序与伦理已以皇帝为中心进行了重
组。他们把二元体制基本制度化、长久化，不仅不识大势与帝国的根本利
益所在，而且也未跟上高丽人认同变化的步伐。④

废国立省对依赖于高丽国这一国家外壳的既得利益集团（主要是王室、
世家大族及部分王国官僚群体）显然不利，曹頔的出身背景、政治倾向、
党派属性与认同状况和柳清臣相似，作为当朝首相，他对国印的扣押及必
欲剥夺忠惠继承资格的坚决态度，不能不让"诸宰相"集团怀疑他有更深

---

① 郑麟趾. 高丽史［M］. 重庆：西南师范大学出版社，2014：3791.

② 宋濂. 元史［M］. 北京：中华书局，1976：4142.

③ 王约即议曰："高丽去京师四千里，地瘠民贫，夷俗杂尚，非中原比，万一梗化，疲力治之，
非幸事也，不如守祖宗旧制。"（宋濂. 元史［M］. 北京：中华书局，1976：4142.）

④ 英宗去世，泰定帝继位，柳清臣、吴潜等再次挑起了立省运动。崔瀣《崔大监墓志》："泰定
初，朝廷采畔人言，议置征东省官，例同天下。"（崔瀣. 拙藁千百［M］. 首尔：景仁文化社，
1996：39.）废国立省已被提上了正式议程，但最终还是因元廷内部纷争不断等原因，未能
实现。（北村秀人对当时元朝廷内部混乱与复杂的情况做了深入的分析，可参看北村秀人. 高
麗末に於ける立省問題について［J］. 北海道大學文學部紀要，1965（14-1）：151-158.）

的图谋，^①他们的选择最终决定了双方的命运。^②

二、特定书写与武力冲突的真相

严峻的形势促使忠惠王及其党羽冒险一搏，当时半岛内部的整体权力分布与认同态势，也使他们具备了这样做的资本。《闵思平墓志铭》："庚午，永陵即位，颇不喜儒，苟非有得于中者，惟虎（武）是效，为之媚悦。"^③讲的虽是曹頔事件之后的状况，但"惟武是效"还是透露出忠惠王对高丽武力掌控的信息。对此，我们不妨对前文所引《曹頔传》1～2节出现的双方人马做些分析。

忠惠一方人马中有印承旦、全英甫、尹继宗与丘天佑。印承旦在《高丽史》中无传。全英甫在忠肃王时已任至三司使，进入宰相集团，当时则为忠惠心腹，与印承旦同任巡军万户。^④《高丽史》卷七十七《百官二》："巡军万户府：有都万户、上万户、万户、副万户、镇抚、千户、提控……恭让王元年使掌捕盗禁乱"，^⑤乃维持京师治安的主力。印承旦与全英甫为忠惠之党，意味着忠惠一方掌控了京城的武装力量。^⑥在忠惠的嬖幸中，武

---

① 金贤罗就把"曹頔之乱"看成是柳清臣、吴潜主导之废国立省运动的延伸，认为他们的目的均是推沈王登上高丽王位。（김현라.고려 원간섭기 慶華公主의 역할과 위상 [J].역사와 세계，2018（53）：171.）

② 李定新认为忠惠王之所以能在"曹頔之乱"中胜出，和其父忠肃王的"遗命"有重大关系，因为这一遗命含有让其心腹势力帮助忠惠王的暗示。（이정신.고려충혜왕의 행적과 정치적 입장 [J].한국인물사연구，2010（13）：207.）既夸大了忠肃王"遗命"的作用，也忽视了更为深层的因素。

③ 李达衷.霁亭集 [M].首尔：景仁文化社，1996：289.

④ 史载忠肃王死后的八年五月壬申夜，"巡军万户全英甫邀（忠惠）王宴其家"。（郑麟趾.高丽史 [M].重庆：西南师范大学出版社，2014：1137.）

⑤ 郑麟趾.高丽史 [M].重庆：西南师范大学出版社，2014：2453.

⑥ 金塘泽也指出"忠惠王重用武将"，"忠惠王的嬖臣中有大量武将"。（金塘泽.元干涉下의 高麗政治史 [M].首尔：一潮阁，1998：119.）

职人员占大多数，^① 丘天佑即是其一。^② 庆华公主受辱后，"欲还于元，使买马。忠惠命李俨、尹继宗等禁马市"^③，则尹继宗亦应是京城治安力量的掌握者。在曹頔一方，武职出身者只有李安、张彦、吴云，他们只是前护军，虽被曹頔任命为巡军万户府首领官，但根本掌握不了巡军万户府这一要害部门。

明乎此，我们对前文所引《曹頔传》第一段关于双方来来回回的奇异书写便会产生新的认识。曹頔兴师动众率省官到忠惠王处交涉，乃循忠烈王时君臣冲突的模式，要以群体的力量逼迫忠惠王就范，见到国王本人是其中的关键，不可能仅因"群小"阻挡就放弃。况且，按《曹頔传》的描写，这种阻碍很快便被消除，忠惠王主动出来"追召"，可曹頔却不予理会。当忠惠仅率二十余人来到曹頔的大本营永安宫时，曹頔竟闭门不纳，放弃了一举将对手扣留、完全掌握主动权的机会。

史臣对交涉经纬的这种奇特记述，是将整个过程中具体的时间、因果关系抽空，只截取双方行为的几个片段捏合而成。由这种"笔法"形成的文本，巧妙地使那些看似无任何意义的来来回回，在悄然之中被赋予了意义："頔与洪彬及省官诣忠惠宫"传达出曹頔一方以臣逼君，以下犯上的意象；之后，忠惠王一再"追召""至永安宫""召頔"，表明忠惠王已仁至义尽，和平交涉失败的责任全在曹頔，暗示从一开始曹頔就包藏了用武力解决冲突的祸心，为下文曹頔"主动发起"大规模"叛乱"的书写进行了铺垫，使由选择性事件串成的"过程"具有了连续性与因果关系。

---

① 金塘泽也注意到了忠惠王对"武臣"的重用，认为忠惠王培植鹰坊及各种"恶小"辈，是为了强化自主的侍卫部队，乃强化王权的一环。（金塘泽.元干涉下의高麗政治史［M］.首尔：一潮阁，1998：109-110.）

② 忠肃王复位后，"遣闵祥正、赵炎辉下前王（忠惠王）嬖幸政丞尹硕，宰相孙琦、金之镜，上护军裴佺、吴子淳、康庶、朴连……大护军丘天佑，护军崔安寿、金天祐，郎将卢英瑞于巡军"。（郑麟趾.高丽史［M］.重庆：西南师范大学出版社，2014：1123-1124.）

③ 郑麟趾.高丽史［M］.重庆：西南师范大学出版社，2014：2805.

为了达到书写目的，除此以外的真实事件中更具体的过程与细节，及各个节点之间的因果关系等关键性内容全被省略，真相因此而被隐没。不过，由这种书写呈现出的曹頔一方行为的不合理，亦为我们在表面的书写之下寻找历史真相留下了一些线索。

如果《曹頔传》所提供的双方行动的先后顺序是真实的，那么从常理看，可能的情况应当是当曹頔率省官到达忠惠宫时，发现了重大异常，即忠惠一方正在组织大批军力，试图将他们一网打尽，他们只好迅速逃回。忠惠得知这一情况后全力追赶，曹頔闭门不出，以防不测。问题是在此状况下，曹頔如何能做到召集百官开会，做出收国印的决定呢？

这种不可能与不合理，使我们怀疑，史臣故意以其书写改变了事件的时间顺序。召集百官会议，收置王印等举动，应在曹頔彻底闭门不出之前的某个时点，而非之后。据《高丽史·忠惠王世家》，1339年三月癸未，忠肃王薨后，王位一直空缺。忠惠之蒸庆华公主，发生在该年八月甲午（八日），至该月庚戌（二十四日）夜，"曹頔等袭王宫卫士，射杀之，尸于巡军南桥下"[1]，危机整整持续了十六天，《曹頔传》却在将时间抽空的同时，有选择地将多个事件中的一些片段截取、拼接，使它们好像是一个发生在一天之中的连续过程。《高丽史》卷三十六《忠惠王世家》亦仅记："甲午，庆华公主邀王宴。及酒罢，王佯醉不出，暮入公主卧内蒸焉。庚戌夜，曹頔等袭王宫卫士。"[2]中间15天的记载全部空白。

我们推测，在初次交涉发现忠惠王的异动后，曹頔便召集百官会议，向众人通报了这一非常事态。也正因此，才得到了他们的支持，做出了一系列决议，并据此展开收置国印等行动。16天中的大部分时间，当为这一

---

① 郑麟趾.高丽史[M].重庆：西南师范大学出版社，2014：1142.

② 郑麟趾.高丽史[M].重庆：西南师范大学出版社，2014：1142.

过程所消耗。① 在此过程中，以"诸宰相"为首的王国官僚集团成了关键性力量，他们的向背决定了双方的命运。最初，他们在震惊之余选择了支持曹頔，可当他们看到忠惠一方的强大武力及以武力解决的决心，在忠惠王通过李兆年做工作，并以榜谕形式将曹頔一方定性为"谋逆"，又以谣言借助元朝的权威予以胁迫，同时保证赦免"归正者"，特别是在感到沈王继位乃至王国被废的危机后，他们中的大部分人改变了立场。

史臣对忠惠的榜谕只是节选，甚至可能进行了某种改写。即便如此，我们仍可洞悉，它是武力行动之前的最后通牒。从这个角度看，百官会议上所谓曹頔"声言逐群小"，不过是史臣的曲笔，真实的情况应该是商讨如何解决忠惠王试图发动武装暴动的危机。从忠惠一方在武装冲突中展示的强大军力看，组成分子绝非寥寥几个"群小"而已。

由于充分认识到事态的严重性，曹頔一方闭门不出，以死守等待元廷正式解决命令的到来。这使忠惠一党将曹頔诱出、迅速解决的企图落空，武装行动成了唯一选择。在当时的帝国秩序内，忠惠一方为了使自身的行动具有表面上的合法性，必须借助帝国的权威，因而就有了金注庄所谓的自元而来，诈言"帝许忠惠袭位"事件的发生。这种谣言，既动员了自己，又瓦解了对手，产生了"頔党闻之，稍稍遁去"的预期效果。② 忠惠王在榜谕中称曹頔"不畏朝廷"而"胁聚国人"谋逆，将曹頔的行为定性为帝国范围内的叛乱，以此瓦解半岛精英阶层对曹頔的支持。

这种环环相扣的计谋与行动所显示的政治经验与智慧，绝非忠惠这

---

① 卢启铉完全相信了正史的描写，称："曹頔同征东省官洪彬一起到了王宫，但由于诸小官堵住宫门，被迫返回。忠惠王听到消息，便追来招呼。曹頔却未予理会，到永宁宫召集百官，声言要驱逐群小，也即清除沈王的羁绊。"（卢启铉. 高丽外交史［M］. 延边：延边大学出版社，2002：535.）

② 卢启铉丝毫不怀疑金注庄诈言背后的谋略，而是称："正好这时，金注庄从蒙古回来诈称'蒙古泰定帝许忠惠王袭位'，忠惠王听完非常高兴。"（卢启铉. 高丽外交史［M］. 延边：延边大学出版社，2002：536.）

一有勇无谋之"拨皮"所能为。^①结合武装冲突中忠惠一方行动规模之大与组织之严密，我们认为，忠惠王的主要支持势力非以世家大族为主的政治精英中那些传统认同保留较多者莫属。高丽国史的主要撰写者之一李仁复^②在其《韩宗愈墓志》中就提道：

> 至元之季，毅陵薨，曹顿构乱，公至自乡，与我文烈公及诸大臣同侍永陵。顿败，故政丞金公伦与公理其党。狱成，驿闻，丞相伯颜不省，顾奏征永陵赴都，公等实从。行至，则俱系狱，事叵测。我文烈公欲上书以明，会伯颜死得解……明年正月，有诏奉明陵归国，且辅政。^③

墓志明确提到，在"曹顿之乱"中有"诸大臣"站在忠惠阵营，他们应该就是"诸宰相"中的主要人物。这些人大体由两部分组成：一部分是出身世家大族的重臣；另一部分是信奉儒学，以儒学立身的重臣。两者之

---

① 史载："及忠肃复位，燕帖木儿已死，伯颜待王益薄。王与燕帖木儿子弟及回鹘少年辈，饮酒为谑。因爱一回鹘妇人，或不上宿卫。伯颜益恶之，目曰'拨皮'……忠肃常呼王曰'拨皮'，待之少恩。"（郑麟趾.高丽史［M］.重庆：西南师范大学出版社，2014：1139.）

② 《高丽史》卷一百十二《李仁复传》："李仁复，字克礼，星山君兆年之孙……尝修闵渍《编年纲目》，忠烈、忠宣、忠肃三朝实录及古、今《金镜》二录。"（郑麟趾.高丽史［M］.重庆：西南师范大学出版社，2014：3418-3420.）

③ 金龙善.高丽墓志铭集成：第5版［M］.春川：翰林大学校出版部，2012：554-555.

间又常有交叉，韩宗愈、李兆年分别是这两部分人的代表。①金塘泽从"反元"与"附元"两股势力斗争的视角，认为除了武将，支持忠惠王的文臣主要由科举合格者及和元无关系者两类人组成。②

　　忠惠王行动的合法性，主要基于"帝许忠惠袭位"的欺诈之言，在高丽与元广泛、密切交往的环境下，这种谎言的效果不能持久，时间成了时局的关键。曹頔闭门不出，死等帝廷反应的策略，使忠惠一党没有了选择的余地——事件已拖了十几日，忠惠一党必须在诈术被发觉之前解决问

---

① 韩宗愈，世家大族出身，在忠惠王的首个执政期就做到宰相，一直以来都是王权的坚定支持者。在忠肃王与沈王相峙期间，他以所谓"国家传之祖宗"的理由，反对忠肃王传位给沈王，具有强烈的本国认同感（见《高丽史》卷一百十《韩宗愈传》）。金永旽为忠烈王时首相金方庆之孙，"曹頔之乱，侍从有劳，策勋为一等"。忠惠被执于元后，"宰相国老欲上书请赦王罪，议不同。"永旽曰："主辱臣死，请之宜急。"金方庆的另一孙金永煦亦为忠惠之党，"忠惠以侍从功，赐推诚保节同德翊赞功臣号，除三司左使。"（郑麟趾.高丽史［M］.重庆：西南师范大学出版社，2014：3197.）尹桓乃宰相尹秀之孙，"曹頔之乱，侍从有劳，赐输诚亮节辅理功臣号，除赞成事"。他"历事五朝，三为首相"。（郑麟趾.高丽史［M］.重庆：西南师范大学出版社，2014：3485.）尹硕为宰相尹万庇之子，本人在忠惠执政时是排名第二的宰相，"曹頔之乱，侍从有功，赐铁券。"（郑麟趾.高丽史［M］.重庆：西南师范大学出版社，2014：3759.）他们均是"诸大臣"（"诸宰相"）中的重要成员。
另一部分"诸大臣"（诸宰相）中的重要成员虽然非世家大族出身，但是以儒立身的重臣。如李兆年，世代均为府吏出身，但在儒学信仰的影响下，君臣观念深厚。李齐贤为其所撰墓志铭云："曹頔之变，诏征永陵入觐，至则丞相伯颜蓄宿憾，至使与不臣臣两造而置辞。公慷慨发愤谓余曰：'……吾当上书道左。碎首马蹄之下。死明吾君。吾子其把笔书吾书。'"（李齐贤.益斋乱稿［M］.首尔：景仁文化社，1996：569-570.）李齐贤也非大族出身，而是以其文学，做到了宰相，成为一代儒宗，是忠惠王的主要支持者。李穑为其所撰墓志铭云："其（曹頔）党之在都者甚众，必欲抵王罪，人心疑危，祸且不测。公愤不顾曰：'吾知吾君之子而已。'从之如京师，代舌以笔，事得辨折，功在一等。"（李穑.牧隐藁［M］.首尔：景仁文化社，1996：139.）寒族出身的政治精英中支持忠惠王的还有宰相李凌干，《高丽史》卷一百十《李凌干传》："元尝欲立省本国，凌干与金怡、全英甫等奏请于帝，议遂寝……拜政丞。曹頔之乱，侍从忠惠，功在第一，赐铁券。"（郑麟趾.高丽史［M］.重庆：西南师范大学出版社，2014：3376.）寒族进入政治核心层，标志着"世族化"进程的开始，其利益导向随之发生变化。实际上，李兆年与李齐贤家族后来均发展成半岛有名的世家大族。同样，世家大族出身之人，也会因对国王行为与政策的不满而不认同王权。出身与认同之间的分野并非绝对重叠。

② 金塘泽.元干涉하의 高麗政治史［M］.首尔：一潮阁，1998：123-124.

题。质言之，局势发展成这种局面，时间拖得越长对曹頔越有利，^①这将忠惠王一党逼上了绝境，只有使用武力一途。史臣对曹頔"王虽欲杀我，我不惧"之语的记录，泄露了整个事件的玄机。^②忠惠王榜谕的发表，是即将动武的信号。然而，《曹頔传》中关于双方战斗的记述，却有太多蹊跷之处。

首先，时间对曹頔一方有利，曹頔对此亦当有清醒认知。当宰相集团决定支持忠惠后，忠惠的军事行动马上就要开始，曹頔也已知道了消息，积极防备。到此为止的描述是合乎情理的，可本传却笔锋一转，在记载中，他主动发动了攻击。

其次，本传对曹頔一方进攻的记述着意凸显其人马众多，且为正规军的意象。但这与曹頔的追随者以征东行省官员为主，而征东行省机构简单，^③虽有名为都镇抚司的军事机构，却无军队可以统领^④的事实矛盾。

再次，更不合常理的是，如此"众多"而貌似"强大"的军队，居然被忠惠率领由"幸臣"组成的"数骑"出射而战败。除这一戏剧性场景，^⑤史臣将整个战斗过程全部删除。那么，是否发生了曹頔军见到忠惠本人

---

① 如鲁大维指出的那样："大都居住着上万名高丽人，而元朝境内散居的高丽人可能多达25万……这些群体掌握的信息及时准确，发挥了不可估量的作用。有时，蒙古官员发现高丽的情报信息网络发达到危险地步。"（鲁大维.帝国的暮光：蒙古帝国统治下的东北亚［M］.李梅花，译. 北京：社会科学文献出版社，2019：91.）

② 曹頔的这句话非常突兀，接在忠惠王对诸宰相约谈之后，表明曹頔已经得知了忠惠王与诸宰相商议的内容就是采取激烈的武力行动，对之进行清剿。但史官在修史时却将这部分关键内容删除了。

③ 《元史》卷六十三《地理六》："征东等处行中书省，领府二、司一、劝课使五。大德三年，立征东行省，未几罢。至治元年复立，命高丽国王为左丞相。"（宋濂.元史［M］.北京：中华书局，1976：1562.）

④ 恭愍王五年十月所上表章云："世皇东征日本时所置万户，中军、右军、左军耳。其后增置巡军合浦、全罗、耽罗、西京等万户府，并无所领军，徒佩金符，以夸宣命。"（郑麟趾.高丽史［M］.重庆：西南师范大学出版社，2014：1212.）十几年前的忠惠王时期，亦当如此。

⑤ 金塘泽不仅相信忠惠王以幸臣数骑战败1000多人的"事实"，而且将之归为忠惠王重用武臣的结果。（金塘泽.元干涉下의 高麗政治史［M］.首尔：一潮阁，1998：119-120.）

出现而发生倒戈或溃散的情况呢？显然没有。如有的话，以史臣所持的立场，必然会大书特书。忠惠在当时尚非高丽国王，口碑极差，事件已持续了半月，曹頔一方的参与者早已明白他们针对的就是忠惠本人，未出现倒戈现象是正常的。[①]

然后，在叙述曹頔方被忠惠数骑击败后，本传转笔写道："頔使人设布帐于连车上，以防流矢。（忠惠）先锋攻破连车而入，頔势穷，走入永安宫。有亲旧谕以出亡，頔不听，入公主殿，王军追入，射杀之，尸于巡军南桥下"[②]。在从"主动"进攻到"意外"失败，被对手穷追猛打之际，曹頔一方如何能有充分的时间进行复杂的防御活动？这一描写其实泄露了玄机，透露出忠惠王主动发起攻击的信息。从文脉上看，这一段其实应与前文"遂使闵玙连车缀宫门外以备之"连在一起，可史臣为了赋予曹頔叛逆的形象，在中间强行插入曹頔主动发起攻击的描写。从这一关于双方战斗的描述看，曹頔一方进行了顽强抵抗，可力量悬殊，根本无法阻挡忠惠方的凌厉攻势。忠惠一方的人马不仅在数量上远远多于曹頔，且部署严密，计划周详，进退有度——有先锋，有后继，乃充分准备而来。[③]

最后，我们再提出这样的问题：在力量悬殊的情况下，曹頔会率先发动攻击吗？曹頔对忠惠一方的实力不会不知，所以才在危机持续的15天内一直采取死守态势，为何会在紧要关头采取"自杀性"攻击？真实的情况只能是，史臣以其书写，将先后、攻守的顺序改变——当天的军事行动应

---

① 历史上，因皇帝本人出现而导致政变军队溃散的事例时或有之，最著名的就是唐代前期在玄武门发生的几次政变。但这样的政变一般均不以皇帝本人为目标，而皇权当时也有巨大的号召力，与忠惠王当时的情况不同。

② 郑麟趾.高丽史［M］.重庆：西南师范大学出版社，2014：3952.

③ 既有研究亦不怀疑正史记载的这种战斗场景的真实性。比如，卢启铉就说："曹頔又同曹彬、申伯、黄谦及征东省官一起，使闵玙、吴云、李安等动员一千多名军士，于24日夜中袭击王宫，但忠惠王率领数骑侍臣来迎击，曹頔军士便败走。"（卢启铉.高丽外交史［M］.延边：延边大学出版社，2002：536.）

由忠惠一方率先发动，这从他们必欲置曹頔于死地的情形可知；当曹頔躲入公主殿后，忠惠的部队仍"追入射杀之"，不留活口，完全不顾公主的权威。

几十年后，李穑（1328—1396）为李齐贤所撰墓志云："政丞曹頔……阴为沈王地，忠惠王率精骑击杀之。"① 已揭示出忠惠主动发起攻击的真相。他在事件经过多年后提出的这一说法，来自墓主家人提供的信息。② 以李齐贤的地位，这一说法具有相当的真实性。

李穑为曹頔事件中的另一重量级人物洪彬所撰墓志云："公之教提举也，浙东胡仲渊先生馆于公。予先君稼亭公佐幕东省，于公为同僚，又相善也，是以予得同受业焉。日且晚，将归，公辄留之，动踰旬月。公之食我馆我，其恩又深矣……公之道德政事，载在国史。金縢石室，人罕得窥。则撰为家传，播之声诗，此吾责也，况提举（指洪彬之子洪寿山）请之屡乎。"③ 李穑曾与洪彬朝夕相处，墓志中描述的洪彬事迹，除来自洪彬之子洪寿山提供的资料，还有他直接从当事人处了解到的信息：

> 南阳洪氏，三韩名家……其显于中国，则或有反吠者焉……政丞曹頔阴右沈王，将废忠惠王……頔既胁百官矣……且告其谋。公曰："若是则失之又甚矣。从其兄不道，有弟在，沈王何与焉？"拒之益坚。頔虽胁百官疏王罪，公竟止使者不得行。忠惠王骁勇善骑射，率精锐十数人，突出溃围，驰呼于道曰："逆贼，頔也。余人为所胁耳，予悉知之，无恐。"既诛頔，则又呼曰："老贼伏辜矣，余人安心焉。"

---

① 李穑.牧隐藁［M］.首尔：景仁文化社，1996：139.

② 如李穑为金光载所撰墓志铭就说："护军以公行状，征铭于韩山李穑曰：'子宜铭。'乃受而叙之。"（李穑.牧隐藁［M］.首尔：景仁文化社，1996：150.）

③ 李穑.牧隐藁［M］.首尔：景仁文化社，1996：168-169.

忠惠王虽在围中，知公守义，又知公沮（阻）挠迪谋，甚德之。①

　　墓志开头便写了洪氏家族对本国不认同的情形，与前述属于忠惠集团之"诸大臣"的墓志、本传有显著区别，"直书"的特点非常明显。由墓志可知，曹頔欲废忠惠王，是通过让百官上疏元廷，请求元朝废忠惠而立沈王的方式进行。此事未成功的一个重要原因在于，曹頔一方内部出现了分歧，洪彬基于与忠肃王（沈王的对手）的个人情感，主张废忠惠而立忠肃王的另一子即以后的恭愍王。这导致曹頔一方未能及时向元派出信使，不仅延误了时间，还使曹頔一方在名分上落了下风，给对手以假传帝旨的机会。②墓志显示，废旧王立新王是曹頔一方的根本诉求，这一诉求只有帝国与皇帝才能解决，他们没有以武力解决的动机。但正是这一诉求，使忠惠王没有了妥协的余地。

　　像《曹頔传》一样，墓志将事件的关键性细节与中间过程完全留白，亦未记载谁先发难这一关键信息。墓志在叙完曹頔一方赴元信使"不得行"后，马上描写忠惠王在武装行动中的英勇表现，但战斗中被突出描写的忠惠王的两次高呼，显然都是主动进攻一方为瓦解对手使用的手段。

　　值得注意的是，在洪彬的墓志中，关于其在事件期间的记述，完全不被《高丽史》所采纳。考察现存史料可知，《高丽史》中关于高丽末期重要人物的传记大多采自他们的行状与墓志，韩宗愈、李齐贤、李兆年、金伦等人的传记莫不如此。作为一代文豪、儒学宗师的李穑，为当时的众多人物写过墓志，它们基本均被《高丽史》的列传采用，唯独洪彬例外，不同寻常。我们再看《高丽史》卷一百八《洪彬传》的记述：

---

① 李穑.牧隐藳［M］.首尔：景仁文化社，1996：167–168.

② 金塘泽却认为："曹頔未向元朝汇报就直接采取了军事行动，表明元和曹頔之间在军事行动上有事先的默契。元一直在等待除掉忠惠王的机会。"（金塘泽.元干涉下의 高麗政治史［M］.首尔：一潮阁，1998：115.）这是没有根据的臆测之词。

时曹頔作乱，率彬及省官等袭忠惠宫，頔败死，余党皆系巡军，独宥彬及省官。元听頔党诉，遣使执忠惠及彬等以归，囚王于刑部，又械彬等于狱，使中书省、枢密院、御史台、宗正府、翰林院杂讯之。忠惠不能自明，事殆矣，彬曰："頔，王之奴，奴而欲戕其主，王法所不赦。王罪当从末减。彬以先王遗命权行省事，事干邦宪者，彬实当之。王不当坐。"辞气慷忾，人皆为彬危之。彬曰："吾王之子，吾不直之，何以见先王地下乎？"王复位，策勋为一等……初，代言印珰自元将封内帑，急驰驲来，驲骑至毙，彬谓珰曰："君之来，国人皆谓复正三韩，今但封府库耶？"奋袂而出，自后托疾，不肯视事。①

与墓志大不相同的是，《洪彬传》重点记述的是事件后，元廷对两造审讯时洪彬的表现。其中，"忠惠不能自明"一句甚为关键，但对忠惠王何以"不能自明"却未作交代。曹頔一党在首领被杀后仍敢于向元控诉，不认可高丽政府加在他们头上的"叛乱"罪名，而"忠惠不能自明"的事实恰在一定程度上证明了这一点。② 即使是事变之后转向忠惠的洪彬，也不否认忠惠有罪，只是认为他当因其身份而"末减"，事件的主要责任应由作为行省长官的他来承担，而非当时无职的忠惠王。这是对忠惠有罪的有力暗示。

洪彬的表现，看似前后反差很大，但并不矛盾。其参与"曹頔之乱"乃是在不认同王权心理下的作为，是他们这一类人在"复正三韩"目标下的可选项。质言之，在帝国秩序下，洪彬的认同已从传统的王权认同，转为以国家与民众为本位的认同。这在高丽后期具有普遍性，很多不认同王

① 郑麟趾.高丽史［M］.重庆：西南师范大学出版社，2014：3316.
② 卢启铉认为"忠惠不能自明"是因为他"奸污过母后（庆华公主）"（卢启铉.高丽外交史［M］.延边：延边大学出版社，2002：537），恐非如此。

权而认同帝国的高丽精英，均以此为目标。《高丽史》卷一百四《金方庆附金忻传》：

> 忠烈王五年，以秃鲁花入元，本国人庾瞡言于帝曰："以蛮夷攻蛮夷，中国之势也。请令高丽、蛮子征日本，勿遣蒙古军，又令高丽备兵粮二十万石。"帝许之。忻谓瞡曰："汝非黔弼、资谅之孙耶？而欲坏本国如此？"曰："汝王如泥塑佛，尹秀、李贞、元卿、朴义、梁善大等剥民所取，亦足以备军粮。我欲去奸臣，复正三韩也。"①

"复正三韩"，乃在帝国秩序内恢复传统的政治秩序。庾瞡不承认本国王权是本国与民众利益的代表，只有帝国与皇帝才能给半岛带来治理与福祉。忠烈王二十九年（1303），爆发了官僚群体与国王之间的冲突，官僚群体所标榜的也是为了"东国苍生"。《高丽史·吴潜传》：

> 会元使断事官帖木儿不花、翰林李学士等，为执石冑父子来。前护军元冲甲等五十人，欲以潜事告帖木儿不花……遂为书告曰："大德五年四月，帝遣塔察儿、王泰亨谕王曰……又戒臣僚曰……臣僚等祗承圣训，日夜兢兢……伏望广咨国人，制于未乱，东国苍生，骨而再肉也。"②

在帝国秩序下，高丽王权在半岛失去了最高主权者的地位，不再能完全作为高丽国家与民众的象征，故"复正三韩"经常成为那些反对王权而为国家与民众福祉行动之人进行政治动员的口号。洪彬以其特殊经历，认

---

① 郑麟趾.高丽史［M］.重庆：西南师范大学出版社，2014：3195.
② 郑麟趾.高丽史［M］.重庆：西南师范大学出版社，2014：3787.

同与忠肃王之间的主奴关系，在事变过程中主张立忠肃王的另一子为王，并在事变后的审讯中，在一定程度上维护了忠惠王。可当他发现无法实现"复正三韩"的理想时，便坚决隐退了。

三、元对事件的处理及半岛认同分化的加剧

高丽后期，帝国秩序与王国体制间关系紧张。相对而言，帝国实行的普遍性制度对半岛民生更有利；世家大族与官僚集团主体的利益，则又依赖于王国与王权的存在。既有体制的维护者能在短时间内以武力消灭对手，显示他们具有强大的动员力与凝聚力。

"曹頔之变"的社会基础在于"民不乐其生"的现实，只要高丽王权在国内的治理"不上轨道"，半岛人的认同还会进一步分化。曹頔虽败，但由曹頔表征的思潮仍暗流汹涌。然而，由于在帝国秩序内，元廷对半岛的社会与权力结构基本未做改变，王国内的天下派精英无论在社会基础还是动员力上均处下风，必须依靠帝国的强权才能与本土派抗衡。元帝国政治混乱，主政者不断更迭，导致对高丽政策的不一致，[1]使高丽的天下派精英难以稳定地从帝国获得一贯的支持。[2]在事件发生两个月后，元使才姗姗来迟。

> 元遣中书省断事官头麟、直省舍人九通来，王迎于宣义门外。头麟等先至庆华公主宫，进御酒，遂往王邸，授传国印，王拜受。癸

---

[1] 学者指出："帝位不断更迭还给元朝政治带来了其他一些消极影响……在频繁的帝位更迭中，一些大臣居功自重，权力过度膨胀，对国家政治体制的正常运作造成了危害。"（陈高华，张帆，刘晓.元代文化史［M］.广州：广东教育出版社，2009：333.）

[2] 萧启庆云："帝位继承经常引起纷争，两种候选人交替登基，一种立足于中原，正常情况下得到在首都的大臣们的支持；另一种立足于草原，常常统率着强大的驻地军队。这两种利益关系和背景完全不同的候选人的交替，加上一系列皇帝在位时间很短，导致了政府的一般政策，尤其是文化倾向的大幅摇摆，使得这一时期的政治变化无常。"（傅海波，崔瑞德.剑桥中国辽西夏金元史［M］.北京：中国社会科学出版社，2017：502.）

亥，头麟以帝命，使乐安君金之谦、前金议评理金资权管国事。丙寅，头麟等执王及洪彬、韩帖木儿不花、赵云卿、黄谦、白文举、王伯、朱柱、赵炎辉、李安、韩升、张巨才、裴成景以归，盖因頔党之诉也。①

元使先见庆华公主，然后再见忠惠王授国印，随后又将其捉拿。这种看似矛盾情形的发生，当是元廷已掌握了忠惠发动武装事变的证据，深知高丽政治的复杂性及本土势力的强大，在与庆华公主沟通后，先授印于忠惠，消除其戒备之心，然后将其一举擒获。②但诈术的使用亦显示，帝国对半岛的控制力大幅衰落，③再也不能如从前那样自如地废除高丽国王了。

元廷在丞相伯颜的主导下，本打算彻底追查此事、严肃处理。《金伦墓志》：

> 毅陵见留京师五年，沈王得幸天子，群不逞之徒诱胁国人，上言愿得沈王为主。公与弟褕，独不署名状中。或私于公曰：“违众自异，若后悔何？”公骂曰：“臣无二心，职耳。何后悔之有？”曹頔构乱，自速兵死……永陵被征，道召公与偕。公年过六旬，闻命驰赴，数日及之鸭绿江。至则丞相伯颜，奏令五府官杂问，而力右頔党。頔党多

---

① 郑麟趾.高丽史［M］.重庆：西南师范大学出版社，2014：1142-1143.

② 正是因为有这种安排，所以忠惠王被抓到中国后，庆华公主成为高丽暂时的最高权力者，行使摄政权。《高丽史》三十六《忠惠王》载：“十二月戊子，庆华公主命金之谦权征东省，金资提调都金议司事。”（郑麟趾.高丽史［M］.重庆：西南师范大学出版社，2014：1143.）

③ 萧启庆云：“‘元中期’指的是1294—1333年，即元朝的建立者忽必烈（世祖，1260—1294年在位）去世和元朝的最后一个皇帝妥欢贴睦尔（顺帝，1333—1368年在位）即位之间的时期。在这39年中，帝位快速转换，有9个人即位，由此造成了官员的不断变换和国家政策的经常变化。这是一个政治风云变幻无常的时期，在这一时期发生的事件逐渐削弱了忽必烈留下的强大帝国，并为在妥欢贴睦尔统治下王朝的衰亡铺设了道路。”（傅海波，崔瑞德.剑桥中国辽西夏金元史［M］.北京：中国社会科学出版社，2017：498.）

利口，公折以片言，辞理简直，五府官改容。①

就在此关键时刻，伯颜在政治斗争中突然失势，②局势随之反转。③李齐贤为李兆年所撰墓志云：

> 曹頔之变，诏征永陵入觐。至则丞相伯颜蓄宿憾，至使与不臣臣两造而置辞。公慷慨发愤谓余曰："吾面诉丞相前，其意可回。列戟守门，莫叫其阑。幸其出田城南，吾当上书道左，碎首马蹄之下，死明吾君。吾子其把笔书吾书。"夜起沐浴，鸡鸣将行，伯颜适以是日败。④

伯颜败后，元廷因人废言，推翻了伯颜的政策，承认了高丽的现状。郑誧为忠惠王所撰复位谢表曰：

> 须承先臣主器之言，适值仇家射钩之祸（注：谓曹頔乱）……忽见猜于巨室（注：谓太师伯颜力右頔党，事将不利于王），蹈忧危之不测，惧诬罔之难明。⑤

在帝国秩序下，忠惠王只能将曹頔说成仇家，而不能说成乱臣。元在

---

① 李齐贤.益斋乱稿［M］.首尔：景仁文化社，1996：568.

② 《元史》卷一百三十八《伯颜传》："（至元六年二月）戊戌，脱脱悉拘门钥，受密旨领军，阿鲁、世杰班侍帝侧传命。是夜，帝御玉德殿，主符檄，发号令……出伯颜为河南行省左丞相。"（宋濂.元史［M］.北京：中华书局，1976：3339.）

③ 金慧苑则从公主地位的角度分析，认为元廷之所以不将忠惠王的行动太当回事，是因为庆华公主出身于蒙古皇室地位较低的家族；相反，忠惠王之妻德宁公主的地位却甚高，并得到了元皇室的充分信任。（김혜원.여원 완실 통혼의 성립과 특징［J］.대사원（24·25）：190.）

④ 李齐贤.益斋乱稿［M］.首尔：景仁文化社，1996：569-570.

⑤ 郑誧.雪谷集［M］.首尔：景仁文化社，1996：261.

帝国内实行的二元体制,造成了二重的君主观与二重认同,不认同王权的
势力仍大量存在于包括政治核心层在内的高丽官僚系统,元廷对事件处理
的方式与结果,又造成高丽权力阶层的进一步分化,成为之后再次发生君
臣冲突的内因。忠惠王谋主李兆年对此十分清楚。李齐贤为李兆年所写墓
志曰:

> 永陵复国。明年冬,尝步自北宫,弹雀于松冈。公径造跪曰:"殿
> 下宁忘明夷之时乎? 今恶少假威,略妇女,攘货财,民不乐其生,朝
> 夕祸至。恐往者之不窲。此而不恤,顾玩细娱乎?"永陵始甚怒,已
> 而谢遣之。既出,从者为恶少所殴,以其言己事也。公即归卧故园,
> 不交人间事。嗟乎,经曰:"诸侯有诤臣五人,虽无道,不失其国。"
> 公之去也,若有骨鲠之士能继而言之者四五辈,岳阳之辱,其亦庶乎
> 免夫。[1]

忠惠王再登王位,昏暴如故,半岛社会越发混乱,民众困苦不堪,认
同发生了更为剧烈的分化。忠惠王后元年五月,"元遣使召王弟江陵大君
祺入朝,政丞蔡河中、前金议评理孙琦、朴仁干等三十余人从之。闰月甲
午,玄孝道欲鸩王,事觉,伏诛"[2]。江陵大君即其弟,之后的恭愍王。他
在首相蔡河中等人的陪同下入元宿卫,具备了王储资格,传递出元将干涉
高丽政策的重大信号。[3]一些人看到了王位更迭的可能性,竟要迫不及待

---

① 李齐贤.益斋乱稿 [M].首尔:景仁文化社,1996:570.
② 郑麟趾.高丽史 [M].重庆:西南师范大学出版社,2014:1145–1146.
③ 多数韩国学者指出,元这样就是为了牵制忠惠王,造成两者之间的竞争关系。(김현라.고
려 원간섭기 慶華公主의 역할과 위상 [J].역사와 세계(53):173.)

地杀害现任国王，这在高丽史上还是第一次。① "曹頔事件"未因曹頔之死而结束，其余波反而呈越发汹涌之势，类似的政治风暴随时会卷土重来。

忠惠王曾赴洪法寺见僧人罴仙，问长生诀。罴仙对他说："人有定分，无过限之理，但不可为恶以促之。"② 指责他为政作恶，表达的就是一种不认同。忠惠王听信术士之语，欲撤崇教寺。罴仙问其故，忠惠曰："书云观云：'此地有寺，逆臣必生。'予恐曹頔复生，是以毁之"③。书云观乃高丽"掌天文、历数、测候、刻漏"之司，④ 常通过预言阴阳灾异干预国政，"逆臣必生"乃根据政治现实做出的警示。

一年后，居于统治集团顶层的李芸、曹益清、奇辙等人，利用在元的机会，上书中书省，"极言王贪淫不道，请立省以安百姓。"⑤ 忠惠王的恶行，使高丽国内不认同王权的势力快速增长、集结，更多人认识到了曹頔路径的合理性。⑥ 曹頔虽然失败，却成为他们的先驱，使他们吸取教训，避免在国内行动。他们采用了紧密依靠元朝，在中国行动的策略。半岛内部的认同日益两极化，协调难度增大。

《元史·高丽传》对高丽王朝的记录截止于忠肃王，然后又记："是年，其（忠肃王）弟焘立为世子，以其父沈阳王请于朝故也"。并云："自皡传

---

① "玄孝"在《高丽史》中仅出现一次，身份不明，出身下层的可能性极高。这一事件在一定程度上表明，相当部分的高丽人对王权的不认同已经到了临界点。这种不认同以各种方式传播。在作为国家重地的京城，就有讹言说："（忠惠）王将取民家小儿数十埋新宫础下。"结果"家家惊骇，多抱儿逃窜者。恶少乘间，恣行剽窃。"（郑麟趾. 高丽史［M］. 重庆：西南师范大学出版社，2014：3769.）民间对忠惠王的不信任也达到了顶点。

② 郑麟趾. 高丽史［M］. 重庆：西南师范大学出版社，2014：1148.

③ 郑麟趾. 高丽史［M］. 重庆：西南师范大学出版社，2014：1148.

④ 郑麟趾. 高丽史［M］. 重庆：西南师范大学出版社，2014：2433.

⑤ 郑麟趾. 高丽史［M］. 重庆：西南师范大学出版社，2014：1152.

⑥ 李定新将忠惠王的一系列恶政认定为"强化国家财政与王权"，而这损害了奇氏家族的利益，引发了李芸、曹益清、奇辙等人的不满，上书元中书省请废国立省。（이정신. 고려충혜왕의 행적과 정치적 입장［J］. 한국인물사연구，2010（13）：200, 207, 209.）

其子禃，禃传其子旵，旵传其子諿，諿传其子焘，焘传其弟暠。"① 元廷认定高丽王统应在沈王一系，不承认忠惠王一系的合法性。② 这从另一角度说明，元在曹頔事件后知悉了事件的真相。或正由于此，元顺帝才会对李芸、曹益清、奇辙等人的诉求积极回应。然而，自身力量的下降及曹頔事件让元廷感受到的高丽政权自主性与实力的增强，③ 使其无法以一纸诏书就能将忠惠王废黜，而必须使用非常手段。史载，忠惠王后四年十一月甲申，

> （元）托以告郊颁赦，遣大卿朵赤、郎中别失哥等六人来。王欲托疾不迎，龙普曰："帝常谓王不敬，若不出迎，帝疑滋甚。"王率百官朝服郊迎，听诏于征东省。朵赤、乃住等蹴王缚之……使者皆拔刃执侍从群小，百官皆走匿……中刀槊者甚多。辛裔伏兵御外以助之，朵赤等即掖王，载一马驰去。王请小留，朵赤等拔刃胁之……万户权谦、罗英杰为押领官，龙普与朴帖木儿不花及诸军万户李中敏、金珠庆、金上琦等执弓剑搜索势家。④

元使用诈术与武力将忠惠王拿获，立即押赴中国。行动时，元还得到了高丽人辛裔的伏兵相助。事后，又进行了"搜索势家"的行动。这些均是曹頔事件的进一步发展。

> 癸丑，（元顺）帝以槛车，流（忠惠）王于揭阳县，谕王若曰："尔

---

① 宋濂. 元史［M］. 北京：中华书局，1976：4623-4624.
② 忠惠王之后，是其子——忠穆王、忠定王先后继位，之后则是其弟恭愍王立。
③ 庆华公主的弱势，最终使倚信她的曹頔命丧黄泉。曾煊赫一时的元朝公主到了这一时期之所以如此弱势，主要是因为元朝对半岛控制力的下降，故忠惠王在未得到元朝任命的情况下竟能在半岛行使权力，胡作非为。
④ 郑麟趾. 高丽史［M］. 重庆：西南师范大学出版社，2014：1154.

王祯为人上而剥民已甚，虽以尔血啖天下之狗，犹为不足。然朕不嗜杀，是用流尔揭阳，尔无我怨，往哉。"揭阳去燕京二万余里。元子使裴佺献衣一袭。佺献已即行，王使呼之则不及矣，无一人从行者。王手持衣袂而去。[①]

忠惠王的昏暴，在高丽近500年的历史上无出其右。即使是基于高丽官方史料修成的《高丽史》，也记载了其不少恶行。在高丽仍处于帝国强权笼罩的状态下，忠惠王作为帝国体制内一个下级"准国家"的君主竟然肆意妄为，当然要受到惩罚，否则帝国体制便会失去权威，只能崩坍。忠惠王的无道，亦使高丽精英阶层的认同加速分化，一些人对帝国与天子的认同日益增强，这又刺激了以王国体制为根本利益之群体的本国认同的深化。

以世家大族为主的高丽宰相们"会百官及国老，欲署名呈省书"。可是，"国老多不至，事竟未就"。《金伦墓志》载："（公）退与宰相言所以乞哀朝廷者，咸曰：'陪臣犯天威，恐有大谴。'公慷慨责之曰：'君臣，父子也。子而救父，孰以为罪？畏罪不救，可谓子乎？'于是始议上书，卒不果。"[②]

会议成为两种认同的较量，帝国认同暂居上风。重臣李凌干曰："天子闻王无道罪之，若上书论奏，是以天子之命为非而可乎？"[③]权汉功云："今王无道，天子诛之，何得而救乎！"[④]对于这些高丽精英而言，皇帝才是认同的中心，他们以天下为己任，以天子为最高权威，对本国国王的传统效忠义务已流失殆尽。他们与曹頔的差异，不过是五十步与百步的

---

① 郑麟趾.高丽史［M］.重庆：西南师范大学出版社，2014：1155.

② 李齐贤.益斋乱稿［M］.首尔：景仁文化社，1996：568.

③ 郑麟趾.高丽史［M］.重庆：西南师范大学出版社，2014：3376.

④ 郑麟趾.高丽史［M］.重庆：西南师范大学出版社，2014：3796.

关系而已。

朝鲜后期大儒宋时烈论忠惠之事云：“夫不能自强而使敌人制其死命，则鲁连所谓烹醢者，势所必至。胁持流窜，奚可言哉？是皆胜国之自取也。”[①] 他从当时朝鲜与清朝关系的背景出发，将忠惠王被废被流，单纯归结为元朝的强权，未看到当时元帝国对多数高丽人而言并非“敌人”，而是认同中心的事实。这和后世朝鲜与清的关系不同。

忠惠王被押至肃州，“索衾于州守安钧。钧不献，告朵赤等曰：‘王以贪淫得罪，又欲夺我衾，如何？’朵赤曰：‘汝为此州，谁使之耶？汝王怕寒索衾，汝不与，其于人臣之义何？’遂以铁尺击之垂死”[②]。在当时的帝国秩序中，不少高丽人对“天下一体之义”的认识已经超越了元朝人，他们将高丽看作帝国的组成部分，可元帝国却继续承认并维持着高丽的既有体制与王权，这是由帝国的本质决定的。

忠惠王被流放的第二年，薨于岳阳县，“国人闻之，莫有悲之者。小民至有欣跃，以为复见更生之日”[③]。鲁大维评论说：“忠惠王之举更多是为了强化王权，以应对来自国内外的威胁，而不是原型民族主义……当时，高丽国内的主要矛盾是权力分配问题而不是民族主义，这反映在高丽百官听到忠惠王垮台的消息时非常冷漠。”[④] 曹頔虽失败身死，但其目标却在四年后由元朝的强权达成，这是高丽国内认同形势变化的结果。[⑤]

认同的变化要求体制上的跟进，元在当时本有条件废除二元制，但其以少数部族统治多数人群的帝国特性，使之不可能利用这种形势废除高丽

① 宋时烈. 宋子大全［M］. 首尔：景仁文化社，1993：577.

② 郑麟趾. 高丽史［M］. 重庆：西南师范大学出版社，2014：1155.

③ 郑麟趾. 高丽史［M］. 重庆：西南师范大学出版社，2014：1155–1156.

④ 鲁大维. 帝国的暮光：蒙古帝国统治下的东北亚［M］. 李梅花，译. 北京：社会科学文献出版社，2019：103–104.

⑤ 韩国学者崔允精认为，忠惠王的“悲运”乃奇皇后势力所造成的（최윤정.1356년 공민왕의 '반원개혁' 재론［J］. 大丘史学，2018（130）：1，12.），忽视了半岛内部普遍的认同变化。

国，而是仍旧维持了二元制，^①后果相当严重。王国作为一个相对独立的政治体的存在，使高丽人特有的国家认同与群体认同有了维系的纽带与载体，只要帝国的控制力下降，一些精英就会试图主张本国的主体性，并显示其力量。曹頔事件中忠惠王及其支持势力的表现，就是高丽"复兴"的一次预演。曹頔事件展示的武力对决场景，为不同立场的双方提供了示范效应，成为高度分化与两极化之高丽精英阶层日后解决分歧的一种模式。由此显示的帝国控制力的减弱，亦预示了日后高丽人以武力从帝国秩序脱离的前景。

① 萧启庆云："忽必烈成功地将原来以草原为根基的'大蒙古兀鲁思'或'大蒙古国'的重心转到了中原，并使元朝成为第一个统治全中国和内亚草原的征服王朝。他还为庞大的多种族、多文化帝国提供了一个综合汉制和内亚制度的可行的制度构架……正因为如此，忽必烈后来被他的继承者视为最尊崇的王朝创建者和祖先，并且精心保护他的衣钵。"（傅海波，崔瑞德. 剑桥中国辽西夏金元史［M］. 北京：中国社会科学出版社，2017：498.）

第三章

恭愍王初政时的政局与暴力：
"赵日新之乱"发微

《高丽史》关于恭愍王一朝史事的书写，相互矛盾，破绽百出。本章将通过细读史料，从蛛丝马迹中寻出关于"赵日新之变"这一恭愍王执政之初重大事件真相的信息。

一、恭愍王继位的背景

《高丽史》卷八十九《后妃二》：

> 明德太后洪氏，南阳人，府院君奎之女……（恭愍王）十八年夏，旱。王谒后，语及旱灾，后曰："王知天之所以旱耶……民不聊生，王孰与为君？奈何委政臣下，多杀有功无罪之人……王为元子时，百姓属望，唯恐王不为君，怨忠惠无道，我亦以为然。忠惠时，岁屡丰而杀人少，今何反不及耶……"因泣下。王有不豫色，曰："母后何彰子之过若是欤？多杀人，非臣之罪，但禁乱臣耳。"自是王怨后。①

恭愍王时期不正常的君臣关系是此次对话的核心，这种不正常的关系又以"多杀人"的极端方式表现出来。恭愍王之所以多杀人，是因为在他看来，既有官僚集团中存在大量"乱臣"，必须诛杀。可这种杀戮又无正

---

① 郑麟趾.高丽史［M］.重庆：西南师范大学出版社，2014：2805-2807.

当名义，只能假借他人之手，以阴谋手段进行。^① 这当是所谓"委政臣下"的一层内涵。"委政臣下"与"禁乱臣"看似矛盾，实为表里关系，是当时政局的关键。

恭愍王对国内政治的这种"极端"认知，来自帝国秩序内王国君臣关系长期不正常的现实与历史记忆。这种"不正常"，从高丽正式臣服蒙古之时就已开始，是帝国秩序下王国范围内旧政治伦理与认同瓦解，新政治伦理与认同勃发，两者在帝国体制中冲撞、激荡的产物。只是在元帝国的强权控制下，这种日趋激烈的冲突尚未发展到兵戎相见的地步而已。忠惠王为避免被曹頔代表的"天下派"官僚废黜，发起军事行动，开启以武力解决君臣矛盾之端，但如洪太后所言，那只是特例而非常态。可到了恭愍王时期，"多杀人"却成了常态，甚至发展成一种模式。

高丽是贵族社会，"君弱臣强"是其基本特点。^② 恭愍王之所以能史无前例地超越众臣，有能力"禁乱臣"，甚至为此而"多杀人"，与他所处的时代环境，特别是即位时高丽与元帝国关系的变化直接相关。

恭愍王之前，高丽先后经历了忠惠王的昏政及忠穆王、忠定王两代的幼主政治。两位幼王在位总共不到七年，未能从根本上改变忠惠以来的乱局，高丽精英阶层的主流渴望一个有为的长君执政，改变持续已久的混乱局面。于是，恭愍王成了不二之选。就在这一时期，元帝国对高丽的控制出现了松弛迹象，并为高丽的精英们所感知。他们利用幼主当国带来的严

---

① 鲁大维云："据《高丽史》（成书于15世纪中叶）记载，恭愍王聪慧过人，宽厚仁慈，在位初和蒙古博弈，以期为高丽争取更大的独立……20世纪的韩国历史学家对于恭愍王的这些特质非常感兴趣。"（鲁大维. 帝国的暮光：蒙古帝国统治下的东北亚［M］. 李梅花，译. 北京：社会科学文献出版社，2019：11.）指出了现代学者受高丽官方正史书写蒙蔽的事实。

② 这几乎是后世史家一致的观察。史家姜再恒说："盖前朝政刑，失之太宽，君弱臣强……可不戒哉。"（姜再恒. 立斋遗稿［M］. 首尔：景仁文化社，2000：153.）大儒宋时烈曰："臣自时事大变以来，每因胜国之事，而有不胜寒心者。盖胜国之时，君弱臣强。"（宋时烈. 宋子大全［M］. 首尔：景仁文化社，2001：378.）

重政争, 以各种方法引导元廷将政治的焦点转向半岛的民生与治理。此时元顺帝亲政, 以"柔性"的收买与绥靖, 代替之前对高丽实行的强权控制政策。高丽的政治精英们抓住并利用这一机会, 不断向帝廷施加压力, 呼吁立恭愍为王。这在高丽臣服元百余年的历史上还是第一次。[①]《柳淑墓志铭》揭露了恭愍王上台的一些内幕:

> 明陵薨, 王政丞倡议上表, 请玄陵嗣位, 又以耆老众官书达中书省, 稼亭公实执其笔。旦夕命且下, 公闻母病, 即日请归……岁辛卯秋九月, 玄陵即位……有旨参决机务, 然非有召, 未尝诣内。[②]

《尹泽墓志铭》亦载: "明陵薨, 民望归今上, 公倡议拜书都堂, 言本国兄弟叔侄相继之故, 少主不堪保厘之状, 辞甚剀切"[③]。所谓"民望", 即作为半岛传统执政阶层之世家大族集团的主流舆论。这一阶层又被称为"国人"。《高丽史》卷三十八《恭愍王一》: "忠穆薨, 国人欲立王。"[④]重臣王煦与李齐贤是"国人"中的代表性人物。[⑤]忠穆薨后, 德宁公主命奇辙与王煦摄行征东省事, 王煦派李齐贤赴元上表:

---

① 韩国学者也注意到了这一问题, 可参看金炯秀所著《忠惠王的被废及高丽儒者支持恭愍王的背景》。但把这些高丽精英归类为"儒者", 将他们介入国王选拔的原因归于单纯的"现实意识"(即认识到当时半岛的国政运营"不正常", 而试图将其拉到"正常"的轨道), 而忽略了帝国秩序内大政治气候的变化, 则是值得商榷的。

② 李穑.牧隐藁[M].首尔: 景仁文化社, 1996: 153-154.

③ 李穑.牧隐藁[M].首尔: 景仁文化社, 1996: 145.

④ 郑麟趾.高丽史[M].重庆: 西南师范大学出版社, 2014: 1179.

⑤ 王煦是典型的世家大族出身。《高丽史》卷一百十《王煦传》: "王煦, 初姓名权载, 蒙古名脱欢, 政丞溥子也……(忠宣)王在元召之, 一遂遂以为子, 赐姓名王煦, 系属籍。"李齐贤为宰相李瑱之子。李瑱"少好学, 博通百家, 有能诗声", 为"三韩功臣金书之后"。(郑麟趾.高丽史[M].重庆: 西南师范大学出版社, 2014: 3323.)

今有王祺，普塔实里王之母弟，已尝入侍天庭，年十九岁。王眡普塔实里，王之庶子，见在本国，年十一岁。伏望陛下简在帝心，以从民望，特降德音于继绝，得承制命以安边。①

奇辙属于后文所论"元朝权幸"势力，由他和王煦、李齐贤为首的高丽执政集团，史无前例地向帝廷推荐了两个候任国王人选，恭愍王以其年长排在首位，说明这一集团也支持恭愍王上位，甚至还在其中起到了关键性作用。毕竟，奇辙是当时高丽事实上的首脑，不仅在半岛，在帝国也有巨大影响力。韩国学界普遍认为，恭愍王继位是奇皇后支持的结果。②鲁大维也讲："在元期间，恭愍王……与奇氏搭上关系。起初，奇皇后并不同意推举恭愍王为高丽国王候选人，但在1351年恭愍王即位的过程中，她却提供了关键支持……希望后者确保奇氏在高丽的地位。"③奇皇后之所以支持恭愍王，奇辙当起了不小的作用。

不过，元廷最终还是选择了年幼的忠定王。忠定王元年（1349）二月，元廷下令"忠惠王庶子眡入朝"，高丽官僚集团中的一些人竟做出了惊人之举——"台谏、典法官会议，欲沮其行"④。直接明白地表露出对帝国决定的异议。在帝国衰落的背景下，高丽本土势力及自主意识明显抬头，预示着不同于以往的政治局面即将来临。

大概是由于经受不住以奇辙、王煦、李齐贤为首的高丽执政集团施加的压力，仅仅过了两年，元便将忠定王废黜，"以江陵大君祺为国王"。恭

---

① 郑麟趾 . 高丽史 [M] . 重庆：西南师范大学出版社，2014：1171.
② 신은제 . 공민왕 즉위 초 정국의 동향과 전민 변정 [J] . 한국중세사연구，2010（29）：380.
③ 鲁大维 . 帝国的暮光：蒙古帝国统治下的东北亚 [M] . 李梅花，译 . 北京：社会科学文献出版社，2019：119.
④ 郑麟趾 . 高丽史 [M] . 重庆：西南师范大学出版社，2014：1171.

愍王甫一掌权，其性格阴鸷、手段毒辣、猜忌无情的特性便显现出来。在其元年（1352）三月，忠定王"遇鸩薨于江华"①。朝鲜时代史家崔溥论此事云："前史书前王遇鸩而薨，不言鸩之者之名，其辞隐而不白。然既书前王逊于江华，继书遇鸩而薨，比事以观，恭愍不得辞篡弑之罪矣。"②甚有理据。

忠定王之死引发了广泛同情——"及讣至，都人莫不流涕"③。高丽官方的历史书写者也不能不受此情绪感染，试图以特定书写与"笔法"为后世留下些许线索。首先，官方史料虽未明言事件的主谋者，但以不言此为元廷之命的方式，暗示此事由恭愍王主导。其次，又以"史臣赞曰"的方式间接点出忠定王被鸩与恭愍王有关："当忠定之时，江陵君亲为叔父，得国人之心，又有上国之援，诸尹不此之顾，朋比逞欲，酿成祸胎，卒使王不幸遇鸩，悲夫"④。"诸尹"，指忠定外家，使臣可能在引导有心的读者去参看尹氏的事迹⑤："禧妃尹氏，坡平县人，赞成事继宗之女，生忠定王……忠定逊于江华，供膳不充，往来又绝，忧愁号泣"⑥。此乃以"客观描述"的曲笔，对恭愍王进行控诉，虽然他并未出现在叙事之中。

忠定王之死，使元帝国失去了一个控制高丽的有力武器。元廷何以会默认恭愍王鸩杀前王这种挑战帝国秩序的做法？⑦可能的解释是，元顺帝出于他个人的经历及治国理念，将在半岛达成治理作为政策的首要目标。

---

① 郑麟趾.高丽史［M］.重庆：西南师范大学出版社，2014：1183.

② 崔溥.锦南集［M］.首尔：景仁文化社，1996：414.

③ 郑麟趾.高丽史［M］.重庆：西南师范大学出版社，2014：1183.

④ 郑麟趾.高丽史［M］.重庆：西南师范大学出版社，2014：1177.

⑤ 关于"诸尹"及忠定王时政治核心层构成的分析，见白仁鎬.고려 후기 부원세력연구［M］.首尔：세중출판사，2003：125-126.

⑥ 郑麟趾.高丽史［M］.重庆：西南师范大学出版社，2014：2810.

⑦ 鲁大维讲："考虑到恭愍王和蒙古帝国之间如此广泛深入的联系，乍一看恭愍王在其统治初期谋求高丽王权的高度自治似乎出人意料。"（鲁大维.帝国的暮光：蒙古帝国统治下的东北亚［M］.李梅花，译.北京：社会科学文献出版社，2019：104.）

为此，他不仅实行了绥靖政策，还用各种手段排除高丽国内可能对恭愍王执政形成的干扰。[①] 但这也激起了恭愍王的野心，"赵日新之乱"就在这种背景下发生了。

二、"赵日新之乱"发微

（一）事件原因叙事的内在矛盾

赵日新事件看似突然，其间行事多有悖常理，但仔细思考事件前后的人事问题，再结合以后二十余年间恭愍王为政的特点、趋向与行事风格，仔细吟味现存史料的细微之处，事件的真相便呼之欲出。此次事变乃恭愍王利用赵日新清除异己的军事冒险，赵日新是事件失败后的最大替罪羊。明乎此，就可以理解他在事件之中及之后的行为看似乖谬，实有内在逻辑。可这种逻辑又被特定书写所掩饰。《高丽史·赵日新传》：

> 赵日新，从恭愍入元宿卫。及王即位，授参理，还国拜赞成事，录功为一等。日新挟负绁之功，暴横骄恣，请王曰："元朝权幸欲官其族者，既请于殿下，又嘱臣。今使典理、军簿，掌铨选，恐有司拘文法，多阻滞，请复政房，从中除授。"王曰："复旧制，未几又变，必为人笑。卿以所托告我，我谕选司，谁敢不从？"日新愤然曰："不从臣言，何面目复见元朝士大夫！"遂辞职。[②]

这段叙事所要传递的信息是：赵日新与恭愍王就官制（实乃人事）问题产生了分歧，这是他发动"叛乱"的前因；分歧的关键在于，铨选权究竟应归于官僚体系（"有司"），还是应恢复武人执政时期创设的政房。关

---

① 具体分析见下章。
② 郑麟趾．高丽史［M］．重庆：西南师范大学出版社，2014：3953–3954.

于政房,《高丽史》卷七十五《选举三》记载:

> 高宗十二年,崔瑀置政房于私第,拟百官铨注……旧制,吏部掌
> 文铨,兵部掌武选,第其年月,分其劳逸,摽其功过,论其才否,具
> 载于书,谓之政案。中书拟升黜以奏之,门下承制敕以行之。自崔忠
> 献擅权置府,与僚佐私取政案注拟除授,授其党与为承宣,谓之政色
> 承宣。僚佐之任此者,三品谓之政色尚书,四品以下谓之政色少卿,
> 持笔橐从事于其下者,谓之政色书题。其会所谓之政房。①

　　政房设立的目的,是要打破既有制度,侵夺由官僚机构吏部和兵部掌
握的铨选权,将国家的关键性权力掌握在实际掌权的武人首领之手。这被
学者称为"铨注权的私有化"②,其表征就是铨注场所由官府移入崔氏的私
邸——晋阳侯府,相关人员亦由武人执政者的家臣构成。③而所谓"政房",
亦是民间的"私称"④。政房之设,使武人首领彻底掌握了对满朝文武的任
命权。⑤在国王已经成为傀儡的状态下,设立政房的本质,就是将人事权
从官僚机构转移,集中到最高统治者之手。这种打破既有贵族制传统的情
况,只有在出身低微的武人集团执政的情况下才有可能发生。⑥政房同重

---

① 郑麟趾.高丽史 [M].重庆:西南师范大学出版社,2014:2368-2369.

② 金昌贤.高丽后期政房研究 [M].首尔:高丽大学校民族文化研究院,1998:38.

③ 金昌贤.高丽后期政房研究 [M].首尔:高丽大学校民族文化研究院,1998:70.

④ 李齐贤讲:"而其所会之处谓政房,则乃府中之私称也"(李齐贤.栎翁稗说——早稻田大学
藏本:前集一 [M].[出版地不详]:[出版者不详].)

⑤ 金昌贤.高丽后期政房研究 [M].首尔:高丽大学校民族文化研究院,1998:41-42.

⑥ 金成俊也指出:"武人百余年的执政,导致了(高丽)社会所有方面均发生了重大变化。"(金
成俊.韩国中世法制史研究 [M].首尔:一潮阁,1985:210.)李齐贤《栎翁稗说》所载的
一些事例,可谓对此的生动说明:"庚癸之后,宰相多虎(武)人,李义旼与杜景升同坐中
书。李夸于杜曰:'某人自矜勇力,吾一击,仆之如此。'因用拳撞柱,杜答曰……亦撞之,
拳陷于壁。时人为诗曰:'吾畏李与杜,屹然真宰辅;黄阁三四年,拳风一万古。'"(李齐
贤.栎翁稗说——早稻田大学藏本:前集二 [M].[出版地不详]:[出版者不详].)

房、教定别监、马别抄、书房等机构一样，是"武人政治机构"之一。①

正是由于政房的这种"集权化"本质，在武人政权崩溃后，支撑这一政权形式的各种机构，如教定都监、都房、书房等均被裁撤，唯独政房被保留。金成俊称此为"私设政府"向"国家机关"的转化。②因政房的办公地点从武人执政者的私邸迁入宫内的便殿，在王权实行"侧近政治"的过程中起了重要作用，金昌贤又以政房的"侧近机构化"③称之。

忠烈王执政时，大行内僚与嬖幸政治，多数政房成员均非世家大族出身。④政房作为王权的化身，其权力运作，使作为传统执政阶层的世家大族受到了压迫。为此，他们支持忠宣王与其父斗争。忠宣王上位后，"罢政房，以翰林院主选法"⑤。但他很快在忠烈王势力的操控及元朝的压迫下退位。世家大族集团则继续支持他与其父进行斗争。十年后，他成功复位，采取的重要举措之一即"文铨、武选，委之选总部，而首亚相领之"。这在当时被认为"庶几有复古之望"。可实际的运作却是"然一二幸臣以他官兼之，久而不易"⑥。

世家大族集团转而又支持忠肃王与其父展开斗争。在忠宣王被流放吐蕃后，忠肃王为了从其父的党羽中夺回权力，又"复政房"，实行嬖幸政治。这种状况一直延续到忠惠王时期。⑦忠惠王被元流放后，幼主忠穆王在即位后的第二个月，"罢政房，归文武铨注于典理、军簿"，但"寻复政

---

① 金成俊.韩国中世法制史研究［M］.首尔：一潮阁，1985：210.

② 金成俊.韩国中世法制史研究［M］.首尔：一潮阁，1985：214.

③ 金昌贤.高丽后期政房研究［M］.首尔：高丽大学校民族文化研究院，1998：73-74.

④ 金昌贤.高丽后期政房研究［M］.首尔：高丽大学校民族文化研究院，1998：194.

⑤《高丽史》卷七十五《选举三》："忠烈王初，承宣朴恒掌铨注，始留宿禁中，除授讫乃出。故事，政房员每当除授，晨入暮出，干谒填门。至是改之。二十四年正月，忠宣王即位……四月，忠宣罢政房，以翰林院主选法。"（郑麟趾.高丽史［M］.重庆：西南师范大学出版社，2014：2369.）

⑥ 郑麟趾.高丽史［M］.重庆：西南师范大学出版社，2014：2369.

⑦ 金昌贤.高丽后期政房研究［M］.首尔：高丽大学校民族文化研究院，1998：195.

房"①。由此可见政房对王权的重要性。

恭愍王元年（1352）二月，政房再次被废。这当是恭愍王向支持他上位的以奇辙、王煦、李齐贤为首的国内权力集团表达诚意，以此显示他将尊重他们的利益。②在这种氛围下，三月，典理判书白文宝上书，建议实行荐举法——"莫若使在位达官各举所知，则克协至公，野无遗贤矣"③。要求将人事权进一步"下放"到既有权力集团之手。史料未载恭愍王的回应，但应该引起了他及其支持势力的警觉。这或许是促使赵日新建议恢复政房的动因之一。赵日新要求恢复政房的理由是"恐有司拘文法，多阻滞"。所谓"文法"，主要指在贵族制传统下形成的那套用人制度与规则，即上文所引史料中的"旧制"，它们主要是为世家大族集团服务的。而所

---

① 郑麟趾.高丽史［M］.重庆：西南师范大学出版社，2014：2369.

② 恭愍王继位后随即废除政房，很可能就是以奇辙、王煦、李齐贤为首的国内权力集团施压的结果。之前，李齐贤在忠惠王复位，实行嬖幸政治的状况下，不得不退出政坛。两年后，他著《栎翁稗说》，开篇即以栎木自喻——"以不材远害"。他对政房的评价相当负面——"紫泥之封涂抹于宦寺之手，黑册之谤流播于妇儿之口"。（李齐贤.栎翁稗说——早稻田大学藏本：前集一［M］.［出版地不详］：［出版者不详］.）忠穆王继位后，他便上书，要求废除政房："政房之名起于权臣之世，非古制也。当革政房，归之典理、军簿……永为恒规，则可以绝请谒之徒，杜侥幸之门。"（郑麟趾.高丽史［M］.重庆：西南师范大学出版社，2014：3370.）王煦成为首相后，于忠穆王继位年（1344）十二月废政房，但仅仅过了一个月，政房又告恢复，国王的嬖幸势力再度掌握政权。（金昌贤.高丽后期政房研究［M］.首尔：高丽大学校民族文化研究院，1998：199.）金成俊认为，以李齐贤为代表的元老的影响力，是忠穆王继位年废政房的决定性原因。而一个月后政房的恢复，则是因德宁公主的压迫。（金成俊.韩国中世法制史研究［M］.首尔：一潮阁，1985：216.）忠穆王三年（1348），在元朝支持下由王煦主导的"整治"运动失败，李齐贤与金伦、朴忠佐再次上疏："至正七年，天子复命脱欢（王煦）等整治。殿下召脱欢等宰臣、耆老，议所以奉行者。耆老以为'……必先整治选法，中外之官，各得其人……'允忠方为政房提调……且允忠，监传之奴，安知流品清浊？乃为政房提调，擅铨选之权，与夺由己，贿赂公行，门户如市。"（郑麟趾.高丽史［M］.重庆：西南师范大学出版社，2014：3755-3756.）他们代表"宰臣、耆老"的利益，再次将矛头指向政房。当以李齐贤、奇辙、王煦为首的国内实际执政者支持恭愍王回国继位时，必然会将他们的理念与要求以适当的方式传达出去。金昌贤便认为，恭愍王元年（1352）二月废政房的"人事改革"应当是在李齐贤的主导下进行的。（金昌贤.高丽后期政房研究［M］.首尔：高丽大学校民族文化研究院，1998：201.）

③ 郑麟趾.高丽史［M］.重庆：西南师范大学出版社，2014：2370.

谓"多阻滞",应指那些"旧制""文法"妨碍了王权对其支持势力的任用。总之,"旧制"与"文法"对官僚贵族集团维持其既得利益有利,对最高权力者则形成了制度性束缚。

五年后,恭愍王在诛杀奇氏家族后,发布教令说:"政房设自权臣,岂爵人于朝之意?今宜永罢。其三品以下,与宰相共议进退;七品以下,吏、兵部拟议奏闻。"① 他发布这道教令是为了在非常时期获得以宰相为首、以世家大族为核心的既有官僚集团的支持。这与他以前废政房的举措类似。可见,政房与官僚集团运作的国家常规权力之间存在内在张力。

在这里,我们还要指出一个事实:政房在恭愍王元年被废之后,很快又被复设,而这正是赵日新当初的要求。可奇怪的是,《高丽史·选举志》叙政房反复设罢的经纬甚详,唯独不载恭愍王元年二月后于何时被重设。从其时的状况斟酌,当有隐情。我们推测,政房复设很可能就在赵日新提出建议之后。但为了制造恭愍王与赵日新政见分歧的"事实",以此设定所谓"赵日新之乱"的原因,史臣在书写时故意将其漏落。金成俊也注意到政房于恭愍王元年(1352)二月被废,可在同年九月又出现于史料的奇怪现象。对此,他的解释是,恭愍王为强化王权实行的改革政策,以清除早已固化的权臣势力,实现王朝的中兴为目标,但因赵日新之类权臣的跋扈,恭愍王的改革政治未取得成果,政房复设为其中一端。②

如《高丽史·赵日新传》的记载属实,则赵日新与恭愍王产生分歧的关键在于,在即位之初,铨选权究竟是应该交给支持恭愍王上位的国内权力集团——这一势力的关键性人物,恰属下文所论"元朝权幸"集团中的人物,如奇辙和李齐贤——还是应该由国王通过政房进行控制。从史料反映的情形看,赵日新性格躁进,急于强化王权,恭愍王则更深思熟虑。但

---

① 郑麟趾.高丽史 [M].重庆:西南师范大学出版社,2014:2370.
② 金成俊.韩国中世法制史研究 [M].首尔:一潮阁,1985:216.

这不足以成为二人发生根本分歧，甚至决裂的原因。况且，从上文的分析看，恭愍王听取了赵日新的意见，很快便复设了政房。虽不能断定这种复设究竟发生于政变之前，还是政变之后，①但恭愍王与赵日新在政策方向上基本一致则无疑问。关于赵日新极力强化王权的野心，史载：

> 宰相议以五军录事掌都评议司案牍，都评议录事即以案牍传付之，皆弃去。日新听五军录事谍，鞫都评议录事金德麟等，皆除名不叙，锢子孙。王知其不可，不得已从之。于是，都评议录事皆缺，以五军录事及进士学生充之。国人畏其势，莫敢言。其弄权自专类此。②

都评议司为宰相合议机构，乃国政中枢，③对王权形成有力牵制。以五军录事代替都评议录事掌案牍，在相当程度上剥夺了宰相对都评议司文书运作的控制权，削弱了依托于既有体制之官僚集团的权力。既有叙事称该决定由宰相集团做出，但具体描述则透露出其乃赵日新一手操纵。这种做法虽遭到官僚集团的激烈反对，但仍被强行通过。赵日新的这一举措显然于王权有利，所谓“王知其不可，不得已从之”不过是史臣的曲笔。如无恭愍王的直接支持，这一重大制度变革是难以成功的。史云“国人畏其势莫敢言”，亦是讳饰之词。如后文所言，赵日新曾遭到宪司的弹劾，不得

---

① 金昌贤猜测，政房复设应在赵日新发动“政变”的过程中。赵日新这样做，是为了任用“元朝权幸”。（金昌贤.高丽后期政房研究［M］.首尔：高丽大学校民族文化研究院，1998：201-202.）依据我们在后文对事变过程中人事安排的分析，这一说法没有说服力。况且，在赵日新被杀，李齐贤被再次起用后，完全可以将“政敌”的这一举措废除，可他并没有这样做，原因只能是复设政房出于恭愍王本人的意志。
② 郑麟趾.高丽史［M］.重庆：西南师范大学出版社，2014：3954.
③ 《高丽史》卷七十七《百官二》：“都评议使司……忠烈王五年，改都兵马使为都评议使司，凡有大事，使以上会议，故有‘合坐’之名。事元以来，事多仓卒，佥议、密直每为合坐。恭愍王元年，令五军录事管勾都评议使司案牍。”（郑麟趾.高丽史［M］.重庆：西南师范大学出版社，2014：2452.）

不请求与台官对辩，"国人"不会因畏惧他而不敢言，"国人"真正畏惧的是恭愍王。

既有叙事不是将赵日新主张复设政房的原因归于提升与强化王权，而是将之说成为"元朝权幸"谋利。所谓"元朝权幸"，主要指通过婚姻、贡女、充作宦官等"特殊途径"在元取得权势的那些高丽人。①这一集团在当时的代表性存在，无疑就是奇皇后及其家族。奇氏家族正是"赵日新之变"直接针对的目标，并在五年后被恭愍王铲除。恭愍王与赵日新对这一集团的态度一致，赵日新不可能是"元朝权幸"势力的代言人。李穑《廉悌臣墓志铭》：

> 曲城姓廉氏，名悌臣……瑞原大族也……祖讳承益……相忠烈王，与许侍中、赵侍中相次秉政……妣嘉顺宅主赵氏……谥贞肃讳仁规之女……公内外侍中家蒙养已非常人比。年十一，姑夫中书平章末吉召置之左……泰定甲子，晋邸入继大统，末吉公率公迎驾于和林。帝一见奇之，命公宿卫禁中，眷顾异常……请于帝……降香金刚山……父老曰："年虽少，不愧老成人，是真内外侍中孙矣。"……岁辛卯，玄陵即位，欲用公，赵日新者，公外家也，以私憾沮之。日新败之明年，上曰："廉某之贤，吾所知也。日新恶之甚，吾惧其不相能也，故不能用，今其可缓乎？"复赞成事。②

由上述引文可知，廉悌臣既出身于世家大族，又属"元朝权幸"集团，

---

① 这在高丽后期早已成为"惯例"。李齐贤说："中官李大顺有宠于世皇……时忠烈王入觐，请诏王以其兄校尉公世为别将……令从其所自白与王。王曰：'……非旧例也。'大顺不敢复言。后闻上之言如是，乃授之。"（李齐贤.栎翁稗说——早稻田大学藏本：前集一 [M].[出版地不详]：[出版者不详].）《高丽史》中载有类似事例，不赘举。

② 李穑.牧隐藁 [M].首尔：景仁文化社，1996：129-130.

体现了两大势力合流的趋势。赵日新在当政时不用廉悌臣，从侧面表明，他对"元朝权幸"集团持排斥态度。他应该揣摩到了恭愍王的心思，对作为自己外家的廉悌臣，更要避嫌。恭愍王在赵日新被杀后的第二年起用廉悌臣，不过是为了安抚这一集团，同时向元廷示好而已。历史的真实可能是，"元朝权幸欲官其族者，既请于殿下，又嘱臣"的事实，使赵日新与恭愍王越发痛感这一势力对高丽国家与王权的负面作用，决心寻机以某种方式将其铲除。

我们从"元朝权幸"的用语，亦可感知赵日新对元帝国及"元朝权幸"集团的不满。当时，高丽人对元的一般称呼是"大元""圣元""皇元"或"中国"，很少单独使用"元朝"一词，并将它和贬义词汇（如"权幸"）相连。怀有这种情感的赵日新，居然会为这一集团对恭愍王发怒，竟至辞职，不合情理。史料在记赵日新"遂辞职"之后，马上又记："宪司尝劾日新不法，日新请与台官辨。"①从"尝"字的用语看，这一弹劾显然发生在赵日新辞职之前，而赵日新辞职很可能是被宪司弹劾所致。只不过，史臣为了凸显赵日新与恭愍王的矛盾，将"辞职"和两人的对话相连书写，硬在两者之间建立起因果关系。

既有叙事在赵日新提到"元朝权幸欲官其族者"之后，又讲他对恭愍王愤然曰："不从臣言，何面目复见元朝士大夫！"②如从前后文的关系看，"元朝权幸"与"元朝士大夫"应为复指。可从语义本身看，"元朝权幸"与"元朝士大夫"又非同一个群体。"权幸"为贬义词，"士大夫"则为褒义词。在高丽，"士大夫"乃专有名词，特指世家大族阶层。③由于他们是

---

① 郑麟趾.高丽史［M］.重庆：西南师范大学出版社，2014：3954.

② 郑麟趾.高丽史［M］.重庆：西南师范大学出版社，2014：3953-3954.

③ 直到朝鲜王朝时代，依然如此。世祖十四年（1468），梁诚之等上疏："我国家奴婢之法，其来尚矣，而士大夫倚以为生者也。"（朝鲜史臣.朝鲜王朝实录·世祖实录：十四年六月丙午条［M］.［出版地不详］：［出版者不详］.）

官僚集团的核心与主体，官僚集团亦被称为"士大夫"。忠宣王官制改革失败后便下旨说："前者各衙门并省之时，士大夫多无故失职，或有劳降官者，予惟念之不置，可依旧勾当。"① 李齐贤也说："予尝从大夫之后，自免以养拙"②。因此，所谓"元朝士大夫"应主要指通过科举、宿卫等"正常途径"在元为官的高丽人群体，如李谷、李穑父子。他们虽身在元朝，但对国内政局亦十分关心。《高丽史》卷一百九《李谷传》：

> 忠惠后二年，奉表如元，因留居，凡六年，元授中瑞司典簿。时本国官爵猥滥，奴隶亦得轩冕。殿中崔江求为正尹，谷闻之，寄诗云："不妨正尹生前得，犹胜中书死后加。"安就、赵淐死后皆拜中书，故云。忠穆袭位还国，谷寓宰相书曰："惟吾三韩，国之不国，亦已久矣。风俗败坏，刑政紊乱……士君子之进退，皆出于诸公……然则用人又为政之本也……不问邪正，不论高下，唯货是视，唯势是依……宜乎国之不国也。谷之所以离亲戚，去乡国，久客于辇毂之下者，正为此耳。"③

李齐贤曾随忠宣王至大都，"时姚燧、阎复、元明善、赵孟頫等咸游王门，齐贤相从，学益进，燧等称叹不置"④。作为一代儒宗，他还通过"座主—门生"关系，形成了一个以他为中心的文官集团。⑤ 而如后文所论，赵日新对李齐贤非常忌惮，不可能为他及其势力站台。

---

① 郑麟趾.高丽史［M］.重庆：西南师范大学出版社，2014：1065.

② 李齐贤.栎翁稗说——早稻田大学藏本：前集一［M］.［出版地不详］：［出版者不详］.

③ 郑麟趾.高丽史［M］.重庆：西南师范大学出版社，2014：3333-3334.

④ 郑麟趾.高丽史［M］.重庆：西南师范大学出版社，2014：3361.

⑤ 辛旽就曾对恭愍王讲："儒者称座主、门生，布列中外，互相干请，恣其所欲，如李齐贤门生。门下见门生，遂为满国之盗。"（郑麟趾.高丽史［M］.重庆：西南师范大学出版社，2014：3374.）

综合各种迹象，我们认为，恭愍王和赵日新商讨的主要是如何对待迎立有功，可在国内树大根深、势力庞大的奇辙、王煦与李齐贤的势力。如果说"元朝权幸"与"元朝士大夫"分别代指奇辙与李齐贤势力的话，那么王煦及其势力就被漏落。赵日新之语中"元朝权幸"与"元朝士大夫"间的不对应，或许暗示史臣对赵日新之语有删减。如果真如此，删落的应该就是关于王煦的部分，这应该是由于王煦具有宗室身份，敏感而不易找到合适的词汇所致。无论如何，史臣以特殊"笔法"制造的历史叙事，充斥着矛盾，它就如一个露在外面的"线头"，引导我们去探寻历史的真相。

（二）实际人事安排与表面书写的不一致

因"赵日新之乱"由人事问题而起，本节将通过对恭愍王执政之初人事问题的考察，探索关于事件真相的信息。

恭愍王被元顺帝任命为高丽国王时，仍在元宿卫。作为其全权代表，先期回国主持政权交接的正是赵日新。《高丽史》卷三十八《恭愍王一》：

> 赞成事赵日新赍批目还自元，以李齐贤为都佥议政丞，李蒙哥判三司事，曹益清、全允臧为赞成事，赵日新、赵瑜为参理，康得龙、崔天泽为三司右左使，李公遂为政堂文学，韩可贵判开城府事，金逸逢判密直司事，李衍宗为密直使兼监察大夫，金普知密直司事，洪由道、郑敎同知密直司事，金敬直、李成瑞为密直副使，尹泽为密直提学，崔德林、李济为右左代言，金得培、柳淑为右左副代言，孙琦为平海府院君，朴仁柱为咸阳君。①

这一名单主要由两类人组成。首先是以李齐贤为首的前朝重臣。他们

---

① 郑麟趾.高丽史［M］.重庆：西南师范大学出版社，2014：1180.

又分两类：一类是以其威望或行政能力为恭愍王作为过渡性人物所用；另一类则为忠穆王、忠定王时就投靠恭愍王而成为广义的恭愍王集团之人。[①]

李齐贤出身世家大族，从忠宣王时就已进入政治核心层，是五朝元老，不仅在帝廷人脉广泛，亦是王国之内最大权势者奇氏的婚姻之家，同时拥有世家大族与"元朝权幸"的背景。这种两大集团逐渐合流的趋势，对恭愍王集团的执政不利。

李齐贤与恭愍王并无渊源，作为当时半岛最具影响力的人物之一，他虽和奇辙、王煦都支持恭愍王继位，但主要是出于立长君以安国家的考虑，同时也可能被恭愍王的伪装所欺骗，认为可以掌控恭愍王，不太将其放在眼里——他"尝于拜表升陛上，行礼仪卫与王无异，人讥之"[②]。恭愍王并非元朝公主所生，仅是忠惠王之弟，如非忠穆王早死，本无希望成为国王。他在元宿卫多年，国内根基不厚，这应是李齐贤等人支持他上位的重要原因。但他们显然不了解恭愍王的个性与雄心，彼此间的矛盾不可避免。

恭愍王用以赵日新为首的潜邸随从势力来制约李齐贤等人。[③] 史载："赵日新……以齐贤居右，深忌之，相诘，齐贤白王曰：'臣不敢居具瞻之地。'……牢让不已，遂致仕。"[④] 李穑所撰《李齐贤墓志铭》亦云：

---

① 闵贤九教授认为恭愍王即位后，任用的高级官僚主要由三部分人组成：第一部分，以李齐贤、李承老、李谷、权准等为代表的主张拥立恭愍王之人。第二部分，以赵日新、柳淑等为代表的恭愍王的燕邸随从功臣。第三部分，以洪彦博为代表的与恭愍王有血缘关系的外戚势力。他指出，在22位高位官员中，3人为主张拥立恭愍王之人，15人为恭愍王的燕邸随从，外戚势力只有郑敩一人，而奇氏一族的势力则被完全排除在外。［闵贤九．高麗恭愍王의 反元의 改革 政治에 대한 一考察［J］．震檀学报，（68）：53.］闵贤九教授与我们分析的角度不同。

② 郑麟趾．高丽史［M］．重庆：西南师范大学出版社，2014：3372.

③ 李益柱也指出："随着国王侧近势力对权力的掌控，潜邸侍从自然具有了特别的意义。"（李益柱．14세기 전반 高麗元 關係와 정치势力 동향：忠肃王代 瀋王 擁立 運動을 中心으로［J］．한국중세사연구，（9）：148.）

④ 郑麟趾．高丽史［M］．重庆：西南师范大学出版社，2014：3372.

元从功臣赵日新忌公居其上，公知之，三上表固辞。其冬十月，日新聚群不逞夜入宫，害所忌，纵兵诛杀，公以辞位得免。日新伏诛，起公为右政丞……公之孙连姻奇氏，公忌其盛满……[1]

李齐贤家族与奇氏家族的联姻，及以他为中心形成的文臣集团的存在，应是他遭到恭愍王集团猜忌的主因。恭愍王回国实际执政后，李齐贤才真正认清了局势，以其深厚的政治经验，果断功成身退，逃过一劫，他与恭愍王的关系是微妙而冷淡的。[2]

在恭愍王元年（1352）六月发布的"燕邸随从功臣"名单中，[3]金逸逢、金普和赵日新、柳淑、郑桓、申小凤并列为一等上，应是恭愍王心腹。不论是在赵日新事变之中还是在赵日新事变之后的历次任命中，两人一直稳居权力核心层，且有节节上升的趋势。另外，经查各种史料，不难得知，金得培、柳淑、康得龙、韩可贵、洪由道、崔德林、李济等均为恭愍王心腹。

总之，恭愍王的首批执政团队由前朝旧臣（既有官僚集团）与心腹亲

---

① 李穑.牧隐藁［M］.首尔：景仁文化社，1996：139.

② 曹益清、金敬直、尹泽、孙琦、全允臧、赵瑜、崔天泽、李公遂、李成瑞、郑敖、李蒙哥等人的情况与李齐贤类似，均为前朝重臣，与恭愍王无历史渊源，他们被任用主要由于行政能力及出于政府稳定的考量，具有过渡性。其中，金敬直与尹泽以后的仕途一直较为顺畅，其他人则很快退出政治核心层。对此，我们就不详加分析了。

③ 该名单如下："以赞成事赵日新，金议评理金普，判密直司事金逸逢，前代言柳淑，上护军郑桓，宦者大护军申小凤等为一等上；平海府院君孙琦，判三司事李蒙哥，前赞成事曹益清，知密直司事郑敖，前同知密直司事洪由道，判开城府事韩可贵，前平壤尹洪元哲，密直副使姜千裕，密直提学李济，版图判书李宗、全普门，知申事崔德林，鹰扬军上护军金镛，判司仆寺事车蒲温，大护军郑世云，中郎将睦仁吉、郎将金湑、全以道等为一等；上护军李也先帖木儿、姜仲卿，大护军孙袭，亲从李阳，中郎将郑镇，寺承王硕，别将任硕、任用等为二等；判事金元、护军玄瑾、监察掌令许猷、中郎将郑璇、小府注簿辛廉等为三等。"（郑麟趾.高丽史［M］.重庆：西南师范大学出版社，2014：1185.）

信两部分组成，他们在人数上较为接近。由于前朝旧臣的资历与威望，故其排名在前，职位均高，特别是与奇氏一族有关的李齐贤、曹益清分别占据了首相与次相的位置。恭愍王的亲信与心腹则多居后列，发言权受到限制。以世家大族出身为主，且其首脑人物为有"元朝权幸"色彩的既有权力阶层，不太把恭愍王放在眼里，[①]两种势力间的矛盾产生了。恭愍王元年（1352）二月丙子，恭愍王宣宥境内曰：

> 恭惟我太祖，统一三韩，列圣相承……而耆艾之臣，以余为忠宣之孙、忠肃之子，以德以年，合主宗祧，献书天子，愿奉为君。天子俯采其言，故有今日之锡命……若不克己励精，日慎一日……何以报天子之德，保祖宗之业，慰慈闱之心，塞耆艾之望？[②]

教书特别指出了"耆艾之臣"对其继位发挥的关键性作用。以奇辙、王煦、李齐贤为代表的"耆艾之臣"的地位已仅居于天子与祖宗之下，但他们对野心勃勃、一心要重振王权的恭愍王而言，是执政路上的绊脚石，新的危机已在酝酿之中。这就是恭愍王执政初期人事问题的实质。"赵日新之乱"的发动主要就是为了解决这一问题。

由于元帝国的力量仍然强大，时机尚不成熟，事件失败。在高丽王权的笼罩下，史臣必须以曲笔掩饰这一本质——在已然脱离帝国秩序的背景下，将国内的政治斗争转换为本国为获得"自主"而与元帝国"代理人"的冲突，在使元成为罪魁祸首的同时，通过塑造恭愍王的反元形象，赋予

---

① 这从李齐贤的行为可窥一端。李齐贤被任命为首相（都佥议政丞）的当天，不向恭愍王请示，即"下理问裴佺及朴守明于行省狱，流直城君卢英瑞于可德岛、赞成事尹时遇于角山，贬赞成事郑天起为济州牧使，知都佥议韩大淳为机张监务。"（郑麟趾.高丽史 [M].重庆：西南师范大学出版社，2014：1180.）

② 郑麟趾.高丽史 [M].重庆：西南师范大学出版社，2014：1180–1181.

其一系列行动以正当性。

恭愍王上台后，面临三大挑战。首先，元朝的强权。恭愍王通过鸩杀忠定王试探元朝的底线获得成功，于是就有了"赵日新之变"这一后续行动。其次，作为传统执政阶层的世家大族对王权的制约。最后，也是最直接的挑战，则是以奇氏家族为代表之"元朝权幸"势力的挑战。在奇氏家族的鼓动下，台官们发起了对赵日新的弹劾。

> 日新请与台官廷辩，王命衍宗与政堂文学李公遂听两造于内廷。衍宗手执弹章条问之，玔曰："公长宪司，既不弹举罪人，反问我辈耶？"衍宗惭恚。玔、忠秀又囚日新家奴于典法狱，日新破狱出之，反诉台官，命玔等勿仕。①

台官与赵日新冲突的背后，是以奇氏家族为后盾的本国官僚集团给恭愍王的一个下马威。从恭愍王被迫让赵日新赴内廷应诉，及台官囚赵日新家奴等事看，王权力量孱弱，国内既有势力仍试图如从前那样将王权纳入既有政治轨道。他们已经"习惯"了忠肃王以来在帝国强权下相对弱势的王权，不希望看到一个强势国王的出现。推恭愍王上台的大臣们希望他尊重既有秩序，在既有轨辙上对半岛进行治理。《尹泽墓志铭》：

> 岁辛卯，上初政，入密直为提学，慨然自任……上命写无逸篇赐宰臣，命公讲，因陈周公辅成王勤劳曰："愿殿下成法成王，能听周公之训，严恭抑畏，社稷之福。"上为动容。②

---

① 郑麟趾. 高丽史［M］. 重庆：西南师范大学出版社，2014：3260.

② 李穑. 牧隐藁［M］. 首尔：景仁文化社，1996：145-146.

他们要求恭愍王效法周成王，垂拱无为，由他们担负起周公那样的责任，具体行使治权。他们被恭愍王的伪装所欺骗，未料到早已打开了潘多拉魔盒。由他们形成的阻力，激发了雄心勃勃、年轻气盛的恭愍王采取冒险行动的决心。为恭愍王带头冲锋陷阵的就是性格急躁、行动果决的赵日新。只不过，在所谓"赵日新之乱"失败后，恭愍王把打击既有精英阶层的罪责一概推到了赵日新身上而已。

恭愍王提升与扩张王权的行动，是从"人"即官僚队伍的清洗与更替开始的，由于赵日新本身便出身于已经"世族化"的家庭，且世家大族历史悠久，树大根深，在半岛具有被广为认可的合法性，故恭愍王与赵日新针对的首要目标是以"元朝权幸"为代表，以帝国认同为指向的那类精英，而非"士大夫"阶层。但这一势力外有元帝国的支持，内则盘根错节，通过正常方式难以达到目的。敢想、敢做、敢干而又冷酷无情的恭愍王，开始筹划一系列超出常人想象与基本伦理底线的清除行动。这在后来几乎演化为一种"模式"，一直延续到他被弑，先后长达二十余年。

> 恭愍王元年九月二十九日（己亥），"赵日新聚其党郑天起、崔和尚、张升亮杀奇辕，围时御宫，杀宿卫判密直司事崔德林等数人"。三十日（庚子），"日新劫王开印，自除为右政丞，官其党郑天起等有差，又封义成、德泉仓。王与公主移御别宫，卫士稀少，导从皆贼党，国人为王危之。是夜，公主潜移御太妃时御宫"[1]。

继忠惠王之后，高丽再度发生军事事变。这表明元帝国对半岛的控制越来越松弛，高丽的一些精英日益不把帝国因素放在眼里，皇帝与帝国的形象与权威在他们心目中开始坍塌。按以上叙事，赵日新发动政变的目的

[1] 郑麟趾.高丽史［M］.重庆：西南师范大学出版社，2014：1187–1188.

是为他个人及其党羽获得权力，但他本人虽升任首相，却未伤害或废黜恭愍王。如上引李齐贤墓志铭，他只是"害所忌"而已。这才是问题的核心。至于所谓"劫王开印，自除为右政丞"，因当事人在数日内即全被斩杀，死无对证，极有可能是恭愍王为了推卸责任，在事后散布的舆论，之后又为史官的书写所固定而成为"事实"。

从这个角度观察，我们还会发现，这段史料其实还可能有表面之外的意蕴，至少可以从不同角度做解释。首先，"王与公主移御别宫"，既可依文本表面逻辑的引导，理解为赵日新软禁恭愍王夫妇，亦可理解为恭愍王和赵日新在发动事变后，担心反对势力实行刺杀行动而采取的特殊安保措施。其次，"卫士稀少，导从皆贼党"，在赵日新胁迫恭愍王的表面意思外，也可理解为恭愍王和赵日新出于安全考虑，对身边卫士进行了大规模更换，换上了自己的绝对亲信。最后，"国人为王危之"，既可理解为"国人"群体（士大夫阶层）对恭愍王安危的担心，又可理解为他们识破了恭愍王的计谋，担心他掌控不了局势，终遭反噬。

令人不解的是，两天后的十月一日（辛丑），局势却发生了大翻转——"赵日新杀崔和尚，劝王斩张升亮等八九人，枭首于市"。翌日（壬寅），

> 恭愍王"以宋瑞为右政丞，赵日新为左政丞、判军簿监察事，加赐赞化安社功臣之号，洪彦博判三司事，柳濯、郑乙辅、赵瑜为赞成事，金普、金逸逢、崔天泽为评理，姜得龙、洪元哲为三司右左使，安震为政堂文学，金信知都金议司事，姜之衍金议评理商议，韩可贵判开城府事，俞真为密直使，姜千裕知密直司事，高忠节、李成瑞、黄顺同知密直司事，金龟年为密直副使商议，李宗、洪开道、孙佛永为密直副使，李济为密直提学，金玑、申辑为开城尹，

任君辅为密直司知申事，田大有、元松寿为右左代言，李君常、朴曦为右左副代言"①。

在事变发生后短短两天内，赵日新便将其同党诛杀殆尽，并对政府进行了大改组。"政变"当天的人事安排只是仓促而为，两天后的这次系统性任命，才是最终方案。

崔和尚，《高丽史》无传，但史料中留有不少踪迹。史载，忠穆王继位后，"元流忠惠王嬖人崔和尚于靖州路"②。宦者李伯告忠穆王曰："请令（朴）允文速署奴家兄告身。"王曰："若是，则何异前代崔和尚之所为乎？"③史又载："（洪）戎于忠惠为舅，戎卒，内竖崔和尚誉黄氏美。忠惠夜至其家，私焉"④。崔和尚乃忠惠王宠信的内竖，是造成忠惠王一朝乱政的人物之一，在忠惠王被废后失势。作为一股乐祸思乱的势力，他有了某种被利用的价值，在"赵日新之乱"中，地位仅次于赵日新与郑天起。细查史料，不难得知，郑天起、张升亮亦和崔和尚是一类人物。

作为忠惠嬖幸，现实政治的失意者，他们和恭愍王无历史渊源，出路渺茫，只能企望借助政治动荡东山再起，非常容易被利用。⑤可一旦被利用之后，马上就成了新政治势力的负担，必须被清除。赵日新杀崔和尚后，又劝恭愍王"斩张升亮等八九人"。这"八九人"应该就是《赵日新传》提到的张升亮、高忠节、林没轮、张降注、韩范、孙奴介、朴西磴、廉伯

---

① 郑麟趾.高丽史［M］.重庆：西南师范大学出版社，2014：1188.

② 郑麟趾.高丽史［M］.重庆：西南师范大学出版社，2014：1159.

③ 郑麟趾.高丽史［M］.重庆：西南师范大学出版社，2014：1160-1161.

④ 郑麟趾.高丽史［M］.重庆：西南师范大学出版社，2014：3278.

⑤ 崔允精也说："从举事人物为忠惠王嬖幸及清除对象为奇氏一族的情况看，让人怀疑恭愍王也介入了事件（'赵日新之乱'）。"但旋即又讲："尽管存在恭愍王对赵日新之清除奇氏具有共感，予以默认的可能性，但难以断定恭愍王直接介入了事件。"（최윤정.1356년 공민왕의 '反元改革' 재론［J］.大丘史学，2018（130）：25.）

颜帖木儿、李松景、郭允正一众中的主要人物。①

在政变后的第二轮任命中，赵日新退居次相，宋瑞被任命为首相。②宋瑞曾在忠惠王元年八月被任命为监察大夫，③他在史料中的下一次出现，是恭愍王元年九月一日的一次任命——"以宋瑞为都佥议政丞、判典理事，赵日新判三司事"④。从此之后，他总和赵日新同时任同一级别的职务，当是备位的傀儡。从他在恭愍王二年即去世的情形看，事变之时他可能已年迈，只能任人摆布。

在赵日新与宋瑞之下第二层次的人员⑤中，洪彦博、柳濯均为恭愍王的绝对心腹。郑乙辅、赵瑜为前朝元老在当时的代表性人物。在第三层次人员⑥中排前两位的金普、金逸逢同赵日新一样，为恭愍王的燕邸随从，崔天泽则为前朝大臣。在第四层次的人员中，洪元哲、姜千裕、李宗、李济均为恭愍王燕邸随从，在恭愍王元年六月所录燕邸随从功臣中列第一等。⑦姜得龙、李成瑞、黄顺、金龟年、金玏当是以行政专家身份入选执政班底。安震、姜之衍、田大友、元松寿、朴曦、任君辅、韩可贵七人，一直被恭愍王信任，长久居于政治核心层，亦当为恭愍王心腹。俞真、申

① 《高丽史》卷一百三十一《赵日新传》："日新召其党前赞成事郑天起及崔和尚、张升亮、高忠节、林没轮、张降注、韩范、孙奴介、朴西磴、廉伯颜帖木儿、李松景、郭允正聚于其家。"（郑麟趾.高丽史［M］.重庆：西南师范大学出版社，2014：3954.）

② 《高丽史》卷七十六《百官一》："成宗置门下侍中……忠惠王复改中赞，后复改右左政丞。"（郑麟趾.高丽史［M］.重庆：西南师范大学出版社，2014：2405.）

③ 郑麟趾.高丽史［M］.重庆：西南师范大学出版社，2014：1137.

④ 郑麟趾.高丽史［M］.重庆：西南师范大学出版社，2014：1187.

⑤ 《高丽史》卷七十六《百官一》："成宗置内史侍郎平章事、门下侍郎平章事……忠宣改中护定三人，秩仍正二品。后复称赞成事。恭愍王五年，复文宗旧制。"（郑麟趾.高丽史［M］.重庆：西南师范大学出版社，2014：2405.）

⑥ 《高丽史》卷七十六《百官一》："穆宗时有参知政事……忠宣改评理，增为三人。忠肃王十七年，复改参理。恭愍王五年，复参知政事。"（郑麟趾.高丽史［M］.重庆：西南师范大学出版社，2014：3405.）

⑦ 郑麟趾.高丽史［M］.重庆：西南师范大学出版社，2014：2405.

辑、高忠节、李忠长、金信、洪开道、孙佛永等人因史料缺略，情况不明，也当是为恭愍王信任之人。在此轮任命中的个别人，后来被当作赵日新之党诛杀，但从赵日新是恭愍王亲近心腹的事实看，这些被杀之人也应是恭愍王的亲信与心腹，只是不幸做了替罪羊而已。总之，既有历史叙事将"赵日新之变"描述为赵日新因对恭愍王人事安排不满而发动的针对国王的武装政变，可事变过程中的具体人事安排却显示，恭愍王的亲信势力大举进入政治核心层，彼此存在矛盾。

（三）对事件过程描写的内在张力

《赵日新传》中对赵日新"叛乱"原因的叙述与事实不相称，对接下来叛乱本身的描述存在张力。

> 日新召其党前赞成事郑天起及崔和尚、张升亮……郭允正聚于其家，募闾里恶少，谋去奇辙、奇轮、奇辕、高龙普、朴都罗大、李寿山等，乘夜遣人杀之。唯辕见杀，余皆逃。时王在星入洞离宫，日新率其党围离宫，杀直宿判密直司事崔德林、上护军郑桓、护军郑乙祥等，卫士惊骇，日新曰："毋恐！但除恶辈耳。"……令忽赤、巡军大索辙等，捕其母妻，逮系满狱，剑戟盈路。[①]

赵日新"叛乱"本质上是一场以奇氏家族为目标的暗杀行动。然而，一击不中，以奇氏在国内的权势、威望与号召力，赵日新等虽"大索辙等，捕其母妻"，但已无机会将奇氏一网打尽。为掩人耳目，应对之后由帝国而来的追查危机，赵日新只好使出苦肉计，顺便"袭击"王宫，杀掉几个无关紧要之人，把对奇氏的暗杀行动伪装成针对国王的政变。因此，恭愍

---

① 郑麟趾.高丽史［M］.重庆：西南师范大学出版社，2014：3954-3955.

王与其心腹（如金镛）才会毫发无损。

这种突然变化的事态，意味着参与暗杀行动之人必然会成为替罪羊而被灭口，从而使恭愍王摆脱嫌疑，免于被元废黜的命运。于是，看似不可思议的事情发生了——仅仅两天之内，赵日新便将同党赶尽杀绝。暗杀奇氏的当天，赵日新作为首相，隐于幕后，并未出头，这使他产生了通过杀尽同党、退居次相以免祸的幻想。但他的存在，对恭愍王而言始终是一个威胁，故很快亦被恭愍王当作叛乱首领杀害。

赵日新针对的是奇氏一族，这一家族又"恰好"成为五年后恭愍王武力清除的对象。这种"巧合"之处，透露了事件本来的逻辑与真相——"赵日新之乱"不过是五年后所谓"奇氏之乱"的预演；或者说，恭愍王诛杀奇氏是完成了赵日新的未竟之业。

恭愍王由于刚刚回国执政，对国内情况不熟，经验不足，未能准确掌握情报、选择时机，同时又低估了奇氏在国内的威信与号召力，致使行动未获成功，主要人物全部逃脱。这在元帝国尚有控制半岛能力的情况下，后果相当严重。为了善后，参与人员的悲惨下场就不言而喻了。

> 日新欲归罪其党以自免，夜与和尚入直离宫，至晓，徐谓和尚曰："公所佩剑甚良，请观之。"和尚曰："此剑多杀人。"与之，日新以其剑斩和尚，遂劝王出讨贼。王疑不许，日新固请曰："安有无头而济事者乎？"王不得已，带剑幸十字街。百官始聚，斩升亮等八九人，枭首于市，下天起狱，斩其子前总郎明道。日新自为左政丞，加赞化安社功臣号，授忠节同知密直，乙辅赞成事，洪开道密直副使，李君常、朴曦代言。[①]

---

① 郑麟趾.高丽史［M］.重庆：西南师范大学出版社，2014：3955.

赵日新在斩崔和尚后"遂劝王出讨贼",史臣用"遂"字这一特定表达,透露出从入夜到至晓,恭愍王一直与赵日新、崔和尚在一起的信息。因此,事件的真相应该是,为了商讨应对元朝的方案,赵日新与崔和尚连夜入宫,与恭愍王商讨对策。由于与崔和尚等人观点不同,商讨了一夜都无结果,赵日新与恭愍王决定舍车保帅——杀本来并非本集团的崔和尚、张升亮等人——既能给元朝一个交代,又可杀人灭口,一箭双雕。在整个事件中,恭愍王一直是自由的,不仅未受到人身控制,且从他主持夜间紧急会议,并在事后"带剑幸十字街",聚百官,号令斩杀张升亮等人的情形看,他始终处于主导地位。"安有无头而济事者乎"一语,亦透露出这样的信息,史料中所谓"疑不许",不过是讳饰之词。

在事件反转的过程中,赵日新的作用渐渐为外人所知,不对他进行处置,想妥为善后几乎不可能,故恭愍王又须杀赵日新灭口。

> 王移御丹阳大君第,日新献觞于马上,于大妃、公主亦如之。王用李仁复言,决意诛之。幸行省,会耆老大臣密议。翼日,复幸行省,命金添寿执日新,引出门外斩之。囚乙辅、英杰、权、忠节、君常、曦、李宗、蔡河老等二十八人。贼党赵波回闻老母系狱自来,遂斩之。是时,连日阴霾,及斩日新,天日开霁。[①]

见一击不中,恭愍王只能弃车保帅,转而依靠世家大族集团("耆老大臣"),通过和他们达成妥协,共同应对元朝的追责。在这里,我们还要指出的是,史臣这一叙述欲传达的信息是李仁复先献策诛杀赵日新,为恭愍王采纳,即以特定书写掩盖恭愍王诛杀奇氏而有深刻反元倾向的事实,可《李仁复墓志》对此事的记载却是:

---

① 郑麟趾.高丽史［M］.重庆:西南师范大学出版社,2014:3955.

赵日新聚群不逞，用夜半杀皇后兄奇辕，入王宫，又杀宿卫、近臣，自为政丞，号令内外。朝臣汹惧，噤无一言。上密召先生曰："事已至此，何为则可？"先生曰："人臣敢倡乱，固有常刑。况今天朝堂堂法令彰明，如其犹豫，臣恐累及于上。"上遂决意诛日新。①

恭愍王才是要杀赵日新的主导者，李仁复不过是一个附和者而已。李仁复"况今天朝堂法令彰明，如其犹豫，臣恐累及于上"之言，意思非常明确，恭愍王才是事件的主谋，一旦元廷启动法律程序进行调查，真相必然暴露无遗，因此他才顺势劝恭愍王早下决断。由此我们亦可感知，当时高丽统治集团中的一些人对事件内情应该是清楚的。文本中的"朝臣汹惧，噤无一言"，亦足以证明我们在上文对"国人为王危之"一语的解读。所谓"国人"，主要就是以"耆老大臣"为首的官僚集团（"朝臣""士大夫"）。由于事发突然，他们只能静观其变，这就是"噤无一言"的实质。

无论如何，在整个事件过程中，恭愍王可以召集大臣、举行会议、处理政务、下达命令，牢牢掌控政局，行使最高权力，以至于群臣噤言，他只能采取密召的方式，释放风声，寻求支持。这些均与史臣给赵日新事件贴上的"叛乱"标签矛盾。这种"奇特的叛乱"本身，就是追寻事件真相的线索。而事件之所以显得"奇特"，不过是在特定政治背景下由书写导致的扭曲，并非事件本身真有什么奇异之处。

恭愍王之所以要向李仁复传达诛杀赵日新的信息，是因为李仁复出身世家大族，既是国内权力集团中的一员，又与元朝精英有广泛联系，②可透

---

① 李穑.牧隐藁［M］.首尔：景仁文化社，1996：127.

② 《高丽史》卷一百十二《李仁复传》："李仁复，字克礼，星山君兆年之孙……忠肃朝，年十九登第，调福州司录，选补春秋供奉。忠惠时除起居舍人，中元朝制科，授大宁路锦州判官。"（郑麟趾.高丽史［M］.重庆：西南师范大学出版社，2014：3418.）

过他向元廷传达自身无辜的信息，同时又达到拉拢为事件震动而生惊惧之心的既有权力阶层的目的。李仁复对恭愍王的意图是清楚的，也做到了这一点，故他及其一家以后飞黄腾达。《李仁复墓志》：

> 事定，命先生誊书以闻。上素重公，将大用。及是对，益重之……朝廷赦使回，当进表谢恩，难其使。上曰："今宰相知大体，守节义，无如李某。"乃以使事命之……先生尝谓稿曰："予猥以不才，摄行台事者至于再三，未尝振举纪纲。自念琐碎不足烦上听，大事又在庙堂，不可中挠，于是乎无一事可言矣。"……先生之谦退，皆此类也……铭曰：星山之英，入贡天庭……室家相庆，我公归兮。惟是我国，如骨而肉……①

恭愍王对李仁复有"知大体，守节义"的评价。李仁复深知恭愍王竭力提升王权，且残忍、猜忌、好杀的本性，故以谦退为务，不尽其宰相与御史台长官的责任。他对时局的核心——"大事又在庙堂，不可中挠"——有深刻把握，作为宰相，竟无一事可做，一言可发。其叔平章事李承庆不明此理，对恭愍王讲："臣以李仁复为奸。"恭愍王问："何谓也？"对曰："仁复平生所学经济之术，何不一陈于王乎？"②在对元关系上，李仁复亦深知恭愍王对帝国的认同下降而追求本国自主的事实，故刻意与元保持距离，维护本国的利益与尊严。

为了彻底推卸责任，在诛杀赵日新之后，恭愍王又开始制造归责于赵日新的舆论。他指示半岛的"耆老"们上书都金议司曰：

---

① 李穑. 牧隐藁 [M]. 首尔：景仁文化社，1996：127.
② 郑麟趾. 高丽史 [M]. 重庆：西南师范大学出版社，2014：3419.

　　　　窃见赵日新心怀僭踰……自度罪盈，为众指目，夜募其党郑天
　　起、崔和尚等，大备兵刃，阑入王所，杀卫士，迫胁左右，擅开御
　　宝，署置官职……机要之地，皆委其党……日新恐奸谋败露，斩其徒
　　和尚，扶王上马，反害其党，扬言己功，大加名号，阳退为左政丞，
　　居王左右，露刃使气，人莫不寒心，曰："自我肇邦，四百有余年，人
　　臣败逆，未有如此者。"……今我王天资粹美，禀性仁明，臣民爱戴
　　如父母。日新狂妄一小孺，敢称乱如此……其党多是某年间恶辈，圣
　　德宽洪，犹保性命，罔有悛心，其恶逆又至此……伏望仰告天庭，承
　　明断以惩后来。①

　　所谓"心怀僭踰"，即把"赵日新之乱"定性为针对国王的政变。之
后关于事件的叙述，完全以此为中心展开，为此服务。因此，上书对恭愍
王称赞有加，以与赵日新的"恶逆"行为形成对照，刻意而为的痕迹十分
明显。为转移视线，彻底撇清恭愍王的嫌疑，这一文本还利用崔和尚等人
与前朝有关联的事实，有意将事件向已经死亡的前代国王（忠惠王、忠穆
王与忠定王）引导。②

　　总而言之，在帝廷正式开启调查程序前，恭愍王先下手为强，力图形
成一种事件完全由赵日新主导的舆论，既以之压制王国内部的不同声音，
又先声夺人，影响帝国的调查工作。这一上书主要针对的是国内人群，在
将所有罪责归之于赵日新的同时，又要撇清恭愍王与事件的关系，故其叙
述以赵日新与恭愍王之间的矛盾为中心线索展开，同时又刻意隐蔽赵日新
"政变"乃针对奇氏一族的事实，使恭愍王成为整个事件的"受害者"。为
了影响帝国的调查工作，恭愍王又动员百官上书征东行省：

---

① 郑麟趾.高丽史［M］.重庆：西南师范大学出版社，2014：3955–3956.
② "自某王至某王"及"其党多是某年间恶辈"等话语的用意在此。

　　窃惟本国归附皇元，于今八十余载……岂有干名僭踰，谋为逆乱者乎！不意有贼臣赵日新，潜图不轨，擅自起兵，谋去奇氏，攻破其家。参政逃匿，院使见害，阑入王宫，杀害左右……夫日新者，潜畜异谋，多结党援，亲戚厮养，寔繁有徒。方其作乱，捕之若急，祸不可测。赖我王默干神机，假以辞色，以伺其变，不劳兵刃而日新就戮……若非我王含弘之德，英断之谟，焉能一朝剪除凶丑，易于反掌！①

　　该文主要针对元朝，重点有二。其一，因为当时奇氏在帝国的地位要超过高丽国王，帝国使节来到高丽后，必然要首先拜见奇氏，听取他们的意见，事件针对奇氏的事实难以掩盖，故该文未回避事件与奇氏一族相关的事实，而是在重点讲述这一问题的同时，将赵日新的行为定性为对帝国权威与秩序的挑战。

　　其二，竭力为恭愍王在事件中的反常表现弥缝，将其在事件过程中拥有充分自由与权威而"不作为"的行为，描述为"默干神机，假以辞色，以伺其变"，又将其杀人灭口之举称颂为"含弘之德，英断之谟"，以此证明恭愍王对事件处置的合理性。

　　总之，根据我们的分析，赵日新事件的主谋就是恭愍王。他秘密策划，让赵日新出面诛杀以奇氏为代表的"元朝权幸"集团。②赵日新自恃与恭愍王关系深厚而不疑，结果成为政治斗争的牺牲品。知子莫如母，如

① 郑麟趾.高丽史［M］.重庆：西南师范大学出版社，2014：3956-3957.
② 对此，《高丽史》卷一百三十一《叛逆五·奇辙传》也以一段叙事隐晦地予以暗示："恭愍将幸行省贺圣节，辙欲并马而语，王命卫士分卫前后，使不得近。赵日新谋除诸奇，分遣人杀之。辙被杀，辙亡匿免。"（郑麟趾.高丽史［M］.重庆：西南师范大学出版社，2014：3961.）

前文所引明德太后洪氏所言,恭愍王比忠惠王更加阴鸷狡诈,残忍嗜杀,在他执政期间,众多为其卖命的文臣武将在被利用之后遭到杀害,赵日新只是个开头而已。

三、元朝对事件的处置及其后果

日益走下坡路的元帝国已不能如从前那样得心应手地在高丽行使强权了。尽管赵日新事件对帝国的秩序与权威形成根本性挑战,可元廷并未如高丽人预想的那样进行彻底调查,而是采取了息事宁人的策略,处理基本按恭愍王的预料进行。

> 元遣宗正府常判梁烈帖木儿、吏部尚书不花帖木儿来鞫,执送日新孽子丑厮在燕都者。又遣宗正府断事官哈儿章、兵部郎中刚升等来,斩天起、忠节、廉伯颜帖木儿、允正、君常、李龟龙,籍其家……又斩西磴、陈英瑞等十四人,杖广大、英杰、寿长等十七人。震济以年老,免杖赎铜。顺以子也先帖木儿有宠于帝,得免。贬洪铎桧原县令,乙辅光阳监务权济州牧使。流仇天祐、元硕、闵桓、朴良衍、孙袭于外。铎,日新妻父也。[①]

按以往惯例,处置这类重大事件的一般程序,应将关涉事件的主要人员全部押送到帝廷,由帝国的司法机构审理。双方要进行对辩,国王也需接受审讯,时间持久。可本次事件的处理,元廷只派遣了几个使节在高丽国内进行,不可避免地会受到高丽一方的影响。审理时间短促,过程草率,快刀斩乱麻式地处理了一批官员。

郑天起、郑乙辅乃忠定王时宰相,与恭愍王无历史渊源。朴良衍为忠

---

① 郑麟趾.高丽史[M].重庆:西南师范大学出版社,2014:3957.

惠王嬖臣，在忠惠被元流放后失势。洪铎为赵日新岳父，为忠惠王时宰相之一，其女为忠惠王"和妃"①，是当时政治斗争的失败者。孙袭为忠惠王亲信，虽出现在恭愍王的"燕邸随从功臣"名单上，但仅列第三等。高忠节在《高丽史》中无传，史仅载他在赵日新事变中被任命为"密直副使商议"，接着就被恭愍王作为赵日新之党囚禁，然后被元使所杀。从他不载于恭愍王燕邸随从功臣名单的情形看，应非恭愍亲信。廉伯颜帖木儿、郭允正、李君常、李龟龙、罗英杰的情况与高忠节类似，与郑天起一样是政治斗争中的失意者，试图东山再起而被人利用。

除此次之外，李寿长在史料中的另一次出现，是在赵日新发动事变后的第一次任命中——被任命为义州防御使。他不在恭愍王的燕邸随从功臣名单中，非恭愍亲信。刘广大、张元硕的情况与李寿长类似，他们在史料中的另一次出现亦是在赵日新发动事变后的第一次任命中，分别被任命为大铁岭防护使、江陵道存抚使，均不在恭愍王的燕邸随从功臣名单中。他们三人应是地方官员，被动地卷入事件。震济、西磴、陈英瑞、仇天祐、闵桓在《高丽史》中仅出现一次，事迹不明，应非恭愍亲信。

总之，这些被处罚之人有一个共同特点，即均非恭愍王的基本盘，而是被恭愍王和赵日新利用的一些前朝失势者及个别不明真相的地方官员。与之形成对照的是，在事变中大举进入权力核心层的恭愍王势力无一人受牵连。

忠惠王以武力发起的挑战，使日趋衰微的元帝国一改从前处理半岛事务的惯例。在忠惠王之后，元连续两次任命孩童为高丽国王，以便控制。但元的矛盾之处在于，既维持了半岛的王国体制，又将高丽视为帝国的一部分；既要对半岛进行强权控制，又试图在半岛达成治理。任命孩童为国

---

① 《高丽史》卷三十六《忠惠王世家》："（忠惠王后三年）二月，册评理洪铎之女为和妃，将纳之，林氏妒之，乃封为银川翁主，以慰其意。"（郑麟趾.高丽史［M］.重庆：西南师范大学出版社，2014：1146.）

王固然有助于控制，却难以达成治理。于是，元廷又改变初衷，任命恭愍王这一长君为国王，试图通过让半岛社会走上正轨的方式，增强高丽人对帝国的向心力。然而，这种做法在大大增强了高丽国自主性的同时，削弱了帝国的控制力，反而弱化了半岛人群对帝国的认同。元帝国维持了高丽的国家形态及既有体制，本身就为半岛融入帝国设置了决定性障碍，使高丽人对帝国的认同始终难以跨越由传统国家认同而来的政治与心理界限。在此情形下，元不可能同时在半岛达成既控制又治理的目标，两个目标本身就存在张力。就元自身的利益而言，作为一个缺乏强力意识形态支撑，以武力与强权为统治基础与主要手段的帝国，在实力下降的情势下，只能以控制为首选。帝廷未认清这种形势，采取的各种以半岛利益为导向的措施，最终只是增强了高丽国自身的实力与其精英阶层的自主意识，使两个目标均告落空。

元帝国强权与控制力的衰减及由此产生的对半岛政策的变化，被一些高丽精英感知，他们趁机主张本国的主体性，明显表现出对帝国的离心倾向。以奸佞著称的李衍宗即其一。李衍宗在忠穆王时先任掌监察的左司议，后升任军簿判书。据称，他为人奸诈，"善揣摩伺候，屡言时事，或称其铁石肝肠"[1]。忠定王时，他任监察大夫，"王宴元使双哥，忠惠公主南面，王东面，衍宗上书言其非礼"。恭愍王继位后，"用元制，辫发胡服，坐殿上"，衍宗谏曰："辫发胡服，非先王制，愿殿下勿效"，恭愍王悦，"即解辫发，赐衣及裤"[2]。

在引用这一段文字后，鲁大维讲："这位新君之所以在如此细微之处表现出摆脱蒙古主君的意图，在很大程度上是因为他不断地意识到，昔日伟大的大元兀鲁思正步入穷途末路……大元兀鲁思的衰落诱导恭愍王及其幕

---

① 郑麟趾.高丽史[M].重庆：西南师范大学出版社，2014：3259.

② 郑麟趾.高丽史[M].重庆：西南师范大学出版社，2014：3259.

僚提出争取更大程度的自治。"①白仁鎬也以此证明，在当时的高丽，出现了反元的苗头。②对帝国的离心倾向，最初只是以固有文化及对自身地位诉求的方式表现出来，但只要时机到来，它一定会发展为政治运动，最终从帝国秩序中脱离。

朝鲜时期史家崔溥云："衍宗，奸谀柔佞，憸邪之尤者也。其谏王解辫，皆欺世盗名，非出于忠谠……不有后日赵日新之变，安知衍宗一生之真伪也哉。"③李衍宗在恭愍初政时被任命为密直使兼监察大夫，应是发挥其所长。恭愍王返国时，李衍宗迎谒于金郊驿，恭愍王叮嘱他："闻卿名久，貌尚未老，努力善辅我。"④他揣摩到了恭愍王的心思，弹劾"赞成事全允藏受人金……不宜擢置宰辅。二相曹益清受人马，又行淫祀，请皆罪之。"⑤他所弹之人均是由前朝重臣而为宰相者，对恭愍王真正的心腹则不敢置一言。史载："日新恃功专恣，衍宗置不劾"。院使奇辕讥之曰："此老罔闻知耶？何不察是非？"结果"执义金珥、持平郭忠秀乃劾日新"。见到赵日新被弹劾，李衍宗"恐祸及己，弃官归田里"⑥。可见其政治嗅觉相当敏锐。

作为恭愍王心腹中的心腹，赵日新的反元倾向自不待言，而其行事的专横更引起了官僚集团的公愤，奇辕利用这种不满，发起了弹劾赵日新的运动，对刚继位的恭愍王形成威胁。李衍宗对此局面是清楚的，所以才一味偏袒赵日新。或许正是由于官僚集团对恭愍王与赵日新集团的强烈反弹，才使他们决心效力于忠惠王，以武力（暗杀）诛杀其背后的奇氏一族，

---

① 鲁大维.帝国的暮光：蒙古帝国统治下的东北亚［M］.李梅花，译.北京：社会科学文献出版社，2019：105.
② 白仁鎬.고려 후기 부원세력연구［M］.首尔：세중출판사，2003：133.
③ 崔溥.锦南集［M］.首尔：景仁文化社，1996：413.
④ 郑麟趾.高丽史［M］.重庆：西南师范大学出版社，2014：3259.
⑤ 郑麟趾.高丽史［M］.重庆：西南师范大学出版社，2014：3259.
⑥ 郑麟趾.高丽史［M］.重庆：西南师范大学出版社，2014：3260.

在政府的关键岗位安插自己的党羽及一些恭顺的行政官僚，彻底摆脱既有官僚集团的制约。这就是赵日新之变后第二次政府组成名单的隐情所在。

以高丽国史、实录等史料为基础形成的包括《高丽史》在内的各种现存史料，均讳言赵日新的出身，这与半岛重视世系、族姓的风习及《高丽史》其他传记的写法完全不同，越发显示赵日新之变的诡异与反常。半岛史料之所以这样处理，是由赵日新的特殊地位决定的。根据一些蛛丝马迹，我们认定他应是忠烈王时的宰相赵仁规之孙。赵氏家族在高丽盘根错节，是高丽后期新崛起的大族之一。[①] 赵日新虽被杀，但赵氏家族在半岛仍有巨大的影响力。由上文所引《廉悌臣墓志铭》中"内外侍中孙"的记事可知，赵仁规为廉悌臣外祖，赵日新又为廉悌臣的"外家"，当是赵仁规的孙辈。《赵仁规墓志铭》记载：

> 生五男四女。男一曰瑞，以羽林登第，今为银青光禄大夫，知枢密院事宝文阁大学士，上将军，宣授管高丽军征东左副都元帅，生二子，及公眼前开收科官至犀级。二曰琏……三曰延……高丽军万户，兄弟三人一时，俱带三珠虎符，真稀有事也……五曰玮……女一适荣列大夫枢密院左副承宣判秘书寺事翰林侍读学士，充史馆修撰官知制诰卢颖……四适朝奉大夫龙虎军大将军廉世忠公……睡斋居士侍中洪公奎作诗哭之曰："历事三朝，冢宰臣分茅，居右更谁人？"又继之曰："满堂子壻已为相，继踵贤杂可保民。"盖实录也。[②]

由"满堂子壻已为相"之语，可以窥见赵氏家族势力之大。赵氏人丁兴旺，赵日新就是其中之一。闵贤九教授断定，赵日新就是与廉悌臣有婚

① 金光哲.高丽世族层研究［M］.釜山：东亚大学校出版社，1991：83-84.
② 金龙善.高丽墓志铭集成：第5版［M］.春川：翰林大学校出版部，2012：681.

姻关系的赵玮之子赵兴门，^①有充分的理据。

赵日新之后，赵氏家族在高丽地位不减，涌现出不少人物，最著名的赵浚为朝鲜王朝的开创者之一。赵家的命运和奇氏等其他被恭愍王诛杀的世家大族的命运有重大不同，赵日新的替罪羊性质是明显的。时人对此亦有所知，故在为文时对赵日新之事提及甚为简略，几乎从不涉及其家族。

为了应对舆论，特别是帝廷的问责，恭愍王对政府进行了改编，^②出现了重视与帝国交涉的倾向，恭愍王的亲信势力有所缩减。对此，恭愍王当然不能满意。因此，在之后的几年内，恭愍王进行了多次眼花缭乱的人事改编。但在元的强权笼罩与国内以奇氏一族为首的权势集团的牵制下，无论怎样调整，在政府的核心成员中，总有关键的两部分人存在，一是以洪彦博、柳濯等为核心的恭愍王心腹，二是以蔡河中及奇轮、奇完者不花等奇氏家族成员为代表的"元朝权幸"势力。两者之间在认同、利益与执政理念上难以调和。另一方面，元廷对事件的处理方式，使恭愍王再次感知其虚弱，越发不把帝国放在眼里，开始策划更大的事件，这就是五年后所谓的"奇辙之乱"。

---

① 闵贤九.赵仁规와 그 家门（中）[J].震檀学报，1977（43）：30-31.
② 赵日新于恭愍王元年十月乙巳（日）被杀。丙午（日），恭愍王发布了新的任命："以李齐贤为右政丞，曹益清为左政丞、赐纯诚直节同德赞化功臣之号，柳濯判三司事，洪彦博、金承泽为赞成事，赵瑜为都佥议评理，李公遂为三司右使，文伯、金光铉同知密直司事，金镛、崔源、朴寿年为密直副使，安辅为密直提学，金玒、田大有为右左代言，元松寿、金光利为右左副代言。"壬子，又"以高仲瑞为开城尹，李达衷全普门为典理判书，车蒲温、安祐为军簿判书，李也先帖木儿、许禧为版图判书。"（郑麟趾.高丽史[M].重庆：西南师范大学出版社，2014：1188-1189.）

第四章

元对高丽政策的转变与所谓 "奇辙之乱"

奇辙事件的发生与元对高丽政策的转向直接相关,对奇辙事件在当时及在历史上意义的理解与评价,必须建立在真实的基础上。这种真实长期被特定的历史书写与话语所掩盖,直到现在都未被人们充分察觉。

一、事件前的元顺帝与恭愍王

(一)元顺帝的高丽情结

自高丽于1259年臣服以来,元朝一直对之实行强权统治。在元廷的直接操作下,从忠烈王到忠惠王,连续出现了三次父子重祚现象——同时存在两个国王,王位在父子之间反复交换——致使半岛的传统政治伦理瓦解,王室之内、王室与官僚集团之间及官僚集团内部矛盾重重、四分五裂。这既深化了高丽统治集团对皇帝与帝国的认同,又使半岛内部政局始终处于不稳定状态,难以达成治理。

元顺帝(1333—1370)亲政时,帝国对半岛的统治已近百年,加之高丽人外在表现出的对帝国的高度认同,使统治集团几乎遗忘了高丽与其激烈抗争的历史及彼此间在政治、文化,乃至族群上的分野,一视同仁地将半岛视为帝国的一部分,试图在半岛同时达成控制与治理的双重目标。废黜忠惠王后,顺帝颁诏曰:

> 不谓近者高丽国王宝塔实里,肆为无道,荼毒境内,民不堪命……又念海隅苍生,皆朕赤子……乃命其子八秃麻朵儿只,仍袭征

东行省左丞相、高丽国王，布朕德泽，辑宁吾民。其宝塔实里所行虐政，并从厘革……劝农兴学……俾尔有众，各保生业，共兹升平之乐，岂不伟哉。其或荒亟朕命，邦有常宪，宁不知惧？^①

他视半岛人为帝国子民，对继任的忠穆王提出了明确的治理要求，抱以很高的期待。^②这种对高丽政策的重大转变，与元顺帝本人的经历直接相关。^③亲政后，他曾派奇辙回高丽降香，诏曰："邈尔东邦，朕尝践莅。灵岳仁祠，所至而有。锡尔名香，尔颂朕志。非为朕躬，惟民受祉"^④。表露出对高丽及高丽人的深厚感情。

所谓"朕尝践莅"，指他在至顺元年（1330）被流放大青岛之事。当时，他年仅11岁，^⑤刚在大青岛生活一年，元文宗又诏告天下，"言明宗在朔漠之时，素谓非其己子"^⑥，使他失去了继承大统的资格，处境相当艰难。

顺帝在高丽的具体生活状况，由于史料缺略，已不得而知，但从他亲政后封奇氏为皇后，及对高丽实行的友善政策看，高丽人对他是善待的，这给他灰暗的心境以相当的慰藉与温暖。他在即位时，"还只是一个惶恐

---

① 郑麟趾.高丽史［M］.重庆：西南师范大学出版社，2014：1158–1159.

② 大概正是这种急于在半岛达成治理的心情，使元顺帝晓谕被流放的忠惠王曰："尔王祯为人上而剥民已甚，虽以尔血唦天下之狗，犹为不足。"（郑麟趾.高丽史［M］.重庆：西南师范大学出版社，2014：1155.）

③ 韩国学者李益柱认为"废立忠定王，支持恭愍王即位的元政治势力是顺帝，而不是奇皇后，奇皇后与元顺帝有矛盾，因此恭愍王随从功臣赵日新才能试图清除奇皇后家族和高龙普等。恭愍王的改革，是在元顺帝的容忍和默认下实现的。"［이익주 .1356년 공민왕 반원정치 재론［J］.历史学报，2015（225）］注意到了元对恭愍王的支持，但夸大了元顺帝与奇皇后的矛盾，忽视了元顺帝本人的经历对他高丽政策的影响。

④ 李达衷.霁亭集［M］.首尔：景仁文化社，1996：286.

⑤ 《高丽史》卷三十六《忠惠王》："（忠肃王十七年、忠惠王即位年）秋七月丁巳，元流明宗太子妥欢帖睦尔于我大青岛，年十一岁。"（郑麟趾.高丽史［M］.重庆：西南师范大学出版社，2014：1133.）

⑥ 宋濂.元史［M］.北京：中华书局，1976：815.

不安的男孩"①，身边的奇氏等高丽人亦会影响他的态度与政策。

其实，高丽人几乎对所有被流放到高丽的蒙古贵族②都会尽力予以优遇，魏王阿木哥就是一例。忠肃王四年（1335）闰正月壬申，"元流魏王阿木哥于耽罗，寻移大青岛"。阿木哥来到高丽王京的第三天，"魏王馆庭砖日照霜润，光彩斓斑"。有人向忠肃王汇报说："魏王馆庭中光彩，皆成牡丹诸花卉状，岂天降祥以表圣德。"忠肃王大喜，厚赏其人，并命画工图其形状。③

魏王有专门的馆庭，专人照料，阿木哥对高丽充满好感。忠肃王七年十月，阿木哥被召还，高丽德妃亲自设宴庆祝，高丽朝廷还派赵延寿与行省郎中兀赤护送其回国。途中，他们遇到元仁宗的使节，延寿、兀赤以为情况有变，竟亡匿。元使大怒，"欲以逆命诛延寿等"。阿木哥挺身而出，"力请得免"④。

四年后，阿木哥又将其女下嫁给忠肃王。⑤恭愍王之妻，也是阿木哥

---

① 鲁大维.帝国的暮光：蒙古帝国统治下的东北亚［M］.李梅花，译.北京：社会科学文献出版社，2019：18.

② 有元一代，将高丽海岸众多的岛屿当成了帝国主要的流放地。其中，大青岛就是主要的岛屿之一，一些重要的帝室成员被流放于此。

③ 郑麟趾.高丽史［M］.重庆：西南师范大学出版社，2014：1094.

④ 郑麟趾.高丽史［M］.重庆：西南师范大学出版社，2014：3245.

⑤ 《高丽史》卷八十九《后妃二》："曹国长公主金童，元顺宗子魏王阿木哥之女。忠肃十一年，王在元娶之。明年，与王来，从王幸汉阳龙山，生子，是为龙山元子。"（郑麟趾.高丽史［M］.重庆：西南师范大学出版社，2014：2805.）乌云高娃讲："忠肃王又娶了魏王阿木哥的两个女儿。1324年8月5日忠肃王与魏王阿木哥之女曹国长公主金童在大都成婚。1325年5月13日忠肃王与曹国长公主从元朝回高丽，百官张灯结彩、搭戏台相迎。10月20日公主死于龙山行宫。后来忠肃王又与魏王阿木哥之女庆华公主伯颜忽都结婚，其结婚年代不详。"［乌云高娃.高丽与元朝政治联姻及文化交流［J］.暨南学报（哲学社会科学版），2016（10）：113.］

的后人。[①]由此我们联想到，元顺帝册封奇氏为皇后，除了生子[②]及她本人的妇德，顺帝本人对高丽的好感也是原因之一。奇氏即使在被封后之后，仍遭到朝野的强力反对，但顺帝对她的呵护贯穿了一生，他对高丽的情感在其中起到了相当大的作用。[③]

（二）元顺帝对高丽政策的调整

至元六年（1340），元顺帝在脱脱等人的协助下，打倒权臣伯颜后亲政，采取了一系列举措，史称"至正新政"，对高丽政策的调整亦在其中。他先是将被扣押的忠惠王放回继位，结束了半岛王位长期空缺的状态。看到忠惠王胡作非为，半岛生灵涂炭，他又废忠惠王而立忠穆王，直接出面支持高丽重臣王煦、金永旽等人在国内主持名为"整治"的改革运动，[④]大量高丽人回国，其中就包括日后成为恭愍王心腹的洪彦博、李府令、黄石

---

① 《高丽史》卷八十九《后妃二》："恭愍王徽懿鲁国大长公主宝塔失里，元宗室魏王之女。王在元，亲迎于北庭。元封承懿公主。王即位，与之东还，置府曰肃雍。"（郑麟趾.高丽史［M］.重庆：西南师范大学出版社,2014：2811.）鲁大维云："恭愍王的蒙古新娘是阿木哥（死于1324年）的孙女……1324年，阿木哥之女嫁给了恭愍王之父忠肃王。"（鲁大维.帝国的暮光：蒙古帝国统治下的东北亚［M］.李梅花，译.北京：社会科学文献出版社，2019：95.）

② 李谷《金刚山长安寺重兴碑》："圣天子龙飞之七年，皇后奇氏以元妃生皇子，既而备壸仪居于兴圣之宫，顾谓内侍曰：'予以宿因，蒙恩至此，今欲为皇帝、太子祈天永命，非托佛乘，其何以哉？'凡其所谓福利者，靡所不举。"（李谷.稼亭集［M］.首尔：景仁文化社，1996：137.）

③ 关于经历与情感的关系，历史上唐中宗与韦后之间的故事非常具有启发性。《资治通鉴》卷二百八神龙元年二月条："初，韦后生邵王重润、长宁、安乐二公主，上之迁房陵也，安乐公主生于道中，上特爱之。上在房陵与后同幽闭，备尝艰危，情爱甚笃。上每闻敕使至，辄惶恐欲自杀，后止之曰：'祸福无常，宁失一死，何遽如是！'上尝与后私誓曰：'异时幸复见天日，当惟卿所欲，不相禁御。'及再为皇后，遂干预朝政，如武后在高宗之世。"（司马光.资治通鉴［M］.北京：中华书局，1956：6584-6585.）

④ 如今韩国学界对高丽后期历史的研究，基本集中于两大主题：一是反元，二是改革，两者之间又被建立起联系，即改革的目的被设定为反元。然而，就这些所谓"改革"中最为重要的忠穆王时期由王煦主导的改革而言，他们却都忽视了其原动力与最主要的支持者是元顺帝与元朝廷的事实。

奇（黄桧山）等。① 李谷《送洪阳坡提举赴征东儒学》："偶到京华却久留，挑灯夜夜说归休……不知林下谁先去，君政求官我欲休"②。洪阳坡即洪彦博。忠穆王继位后，洪彦博回国求官，意图在国内的政治舞台有所作为。李谷为同一时期归国的李府令所作送序即云：

> 传曰："为臣不易，可不慎之哉？"虽得之君，不得之民，爵禄之丰则有之，不能不取怨于民矣……古之为臣者宁不得于君，不敢取怨于民……其取怨取讥，而惟爵禄功业是急是计，已非为臣之道……今新嗣王将之国，既戒其行矣，上选于从臣，命李君先驱……予作臣说以勖之，且问之曰："吾民引领新君，拭目新政，若饥渴之待食饮，其吾子将务丰其爵禄欤？务多其功业欤？"所望吾子者，不在此而在彼，可不慎之哉。③

这种言说，参透了元顺帝欲在半岛达成治理，以高丽民众的福祉而非强化帝国控制（或以为这样可强化帝国的控制）为旨归的政治意图。这种对帝国政策的认识，应是高丽精英群体的共识。大量的高丽精英回国，轰轰烈烈的"新政"开始了。李谷送韩宗愈诗云：

> 不是才难用是难，喜闻新政属儒冠。朝鲜礼乐今时鲁，吏部文章旧姓韩。此日托孤心更赤，几回临变胆曾寒。皆言鼎轴宜苍发，为报时人洗眼看。
>
> 东方民瘼着医难，为是当年倒屦冠。直语莫嫌员外李，重兴正赖

---

① 김윤정.李穀의 사회관계망과 在元 고려인 사회 —《稼亭集》에 대한 분석을 중심으로 [J].학림, 2019（44）: 54-55.

② 李谷.稼亭集 [M].首尔: 景仁文化社, 1996: 210.

③ 李谷.稼亭集 [M].首尔: 景仁文化社, 1996: 143-144.

侍中韩。只缘皮在毛犹附，不待唇亡齿已寒。发政之初尤未易，耳争倾听眼争看。①

大幅放松控制，给高丽人以更充分的自主权，由高丽人治高丽，实行治理的本土化，是元顺帝对高丽政策转变的核心。元廷对高丽政府充分放权与授权，包括征东行省、皇亲国戚及各种与元有特殊关系的人，都被置于高丽本国机构的管理与权威之下。②《高丽史》卷一百十《王煦传》：

（忠穆王三年，1347年）煦与左政丞金永旽奉帝旨来告王曰："帝问先王失德……帝然之，敕臣等曰：'汝其往治之。'"……永旽传帝密旨……于是置整治都监……元遣使赐煦、永旽衣酒及钞，敦劝整治。煦等以奇皇后族弟奇三万倚势夺人田，恣行不法，杖之，下巡军狱，死。行省理问所收都监官佐郎徐浩、校勘田禄生讯问。煦与永旽呈书于金议府曰："我等亲奉帝命，整治本国。今行省理问所以三万之死归咎都监，囚浩、禄生，理问河有源挟私枉问，必欲诬服，自今不能整治，冀转达中书省。"……会帝遣中书省右司都事兀理不花等赐衣酒于王及煦、永旽，以赏整治……帝仍降玺书复置整治都监，令煦判事。③

① 李谷.稼亭集［M］.首尔：景仁文化社，1996：208.
② 有学者不见于此，将下文所引整治都监的活动定性为"反元"的"改革"运动，奇氏一族则是反改革的"附元势力"。（白仁镐.고려 후기 부원세력연구［M］.首尔：세중출판사，2003：121–122.）
③ 郑麟趾.高丽史［M］.重庆：西南师范大学出版社，2014：3357–3358.

　　这种改革最终是否有助于半岛民生的改善不得而知，[①]但却实实在在地损害了帝国在半岛的利益与支持基础，其初衷是善良的，结果是致命的。[②]首先，这种改革使高丽国内存在的一些"帝国派"[③]对元朝丧失了信任，势力分化、衰减，由认同元朝转向认同本国。其次，对各种与元有特殊关系人群的打击，极大地削弱了他们在半岛的实力，使之作为一个特定的认同中国的集团在半岛逐渐消失，[④]即元顺帝"帮助"恭愍王铲除了帝国在半岛最坚定的支持基础。最后，在二元体制存在，半岛与帝国存在政治、社会，乃至族群区隔的现实下，元顺帝推动的改革强化了半岛以国王为顶点的权力体系，而此种权力体系不仅和资源的分配直接相关，在族群存在分野的情况下，又涉及认同问题。

　　权力格局的改变导致了半岛认同格局的变化——伴随着国王君主地位强化的是皇帝地位的虚化。由此，半岛精英阶层的"本土认同"持续增强，"帝国认同"则不断削弱，在观念上削弱了元对半岛统治的根基与合法性。质言之，在不改变对半岛的"不改土风"政策，继续维持高丽王国及其既

---

① 李岭认为："脱脱从罢相到流放，奇后势力大大削弱。高丽方面出现了反应。至正七年正月，高丽设整治都监，整饬法度，忠穆王任命白文宝、安轴、王煦等人为整治都官……这是奇氏家族遭受的第一次打击，这决非偶然的巧合，而是高丽王室配合顺帝打击后党必然举措……是顺帝对奇后的又一警告。"又云："元顺帝和恭愍王都再次感受到奇后势力的威胁，打击奇氏势力遂成元、丽最高统治者的共同心愿。"[李岭.丙申之祸及元丽关系［J］.广播电视大学学报（哲学社会科学版），2006（3）：79.]把顺帝对"天下"的治理视为与其妻的斗争，没有说服力。

② 鲁大维讲："1351年，奇皇后的弟弟奇万三被高丽朝廷处死，罪名是仗势夺人田地和其他莫须有罪名……整治都监是为了制约高丽新贵（特别是与元朝有关系的人）设立的。"（鲁大维.帝国的暮光：蒙古帝国统治下的东北亚［M］.李梅花，译.北京：社会科学文献出版社，2019：118.）

③ 这是本书设置的一个与"本土派"相对的概念，指高丽政权内希望通过将半岛与帝国"一体化"而一视同仁地实行更公平合理的中国制度的广大平民与出身寒门的官僚群体。

④ 崔允精认为整治都监的设立源于帝、后之间的斗争，元顺帝试图通过这一机构镇压奇氏一族。之所以有此看法，主要是因为他看到了这样一个现象：元采取的措施与元自身的利益是存在冲突的，元在打击"附元势力"。[최윤정.1356년 공민왕의 '반원개혁' 재론［J］.대구사학，2018（130）：13-23.]

有体制，半岛与中国存在政治与族群分野的前提下，元顺帝推动的新高丽政策存在内在张力，无论是给高丽还是给元朝，都带来了灾难性后果。

忠穆王在位四年后去世，元顺帝立忠惠王庶子为忠定王。但忠定王并非元朝公主所生，作为一个庶出的幼童，又不能迎娶元朝公主，权力基础极为薄弱，无力完成元顺帝欲在半岛达成治理的目标。这种心理被高丽精英阶层所感知，他们前所未有地直接出面影响元廷对本国国王的任命。

> 《高丽史》卷三十八《恭愍王一》："恭愍……忠惠王母弟……元顺帝遣使召入朝宿卫……忠穆薨，国人欲立王……忠定元年，泽与李承老献书中书省请立王。是岁，王尚鲁国公主。三年十月元封为国王，遣完者不花收国玺，忠定逊于江华。"[1]《柳淑墓志铭》亦载："明陵薨，王政丞倡议上表，请玄陵嗣位，又以耆老众官书达中书省，稼亭公实执其笔。"[2]《李齐贤墓志铭》："由属官至两府封君未尝去职，唯忠定三年不与焉，以公尝奉表请立玄陵故也。"[3]《尹泽墓志铭》："初，明陵薨，民望归今上，公倡议，拜书都堂，言本国兄弟叔侄相继之故，少主不堪保厘之状，辞甚剀切。"[4]

高丽精英阶层的诉求与元顺帝欲在半岛达成治理的目标一致，元顺帝将忠定王废黜，改立年长的恭愍王。这等于肯定了半岛精英阶层要求更大自主性与发言权的合理性，进一步增大了他们对帝国的离心力，成为恭愍王日后能发动诛杀奇辙的一个有利因素。

为了让恭愍王在国内顺利执政，元顺帝还一反退位国王必须赴大都

---

① 郑麟趾.高丽史［M］.重庆：西南师范大学出版社，2014：1179.

② 李穑.牧隐藁［M］.首尔：景仁文化社，1996：153.

③ 金龙善.高丽墓志铭集成：第5版［M］.春川：翰林大学校出版部，2012：590.

④ 金龙善.高丽墓志铭集成：第5版［M］.春川：翰林大学校出版部，2012：577.

宿卫以对新任国王进行牵制，并在一定时间后将新王废黜，使旧王复位，新旧国王反复交替的重祚惯例，①将忠定王流放至高丽，任恭愍王将其鸩杀。帝国失去了一个控制半岛政局的有力武器。总之，元顺帝为了在半岛求治，几乎采用了一切手段以排除恭愍王执政的干扰，而不认真考虑这种"善意"对帝国根本利益及半岛的长治久安是否真正有利。

（三）恭愍王对元顺帝的"利用"

红巾起义爆发后，对恭愍王的期望及国内情势的变化，使元顺帝对高丽的政策又为之一变，采取了前所未有的绥靖策略，在赋予恭愍王以更充分权力的同时，却未设置相应的制约机构与机制，一味地通过赐酒、赐物等柔性手段加以笼络，同时还试图以奇氏一族作为两国联系的纽带。②

这样做的结果：一方面，因奇氏权势与地位的抬升，引起了恭愍王的愤怒；另一方面，又刺激了恭愍王的政治野心。恭愍王利用这一前所未有的有利时机，在以阴谋手段迎合与麻痹元顺帝的同时，对统治集团中的"帝国派"进行肃清，在政治核心层安插自己的势力，同时又以种种手段提升王权，使本国最终从元的帝国秩序中脱离。

如前文所述，由于摸透了元顺帝的心理及政策底线，恭愍王在执政之初，便发动了针对奇氏一族的所谓"赵日新之乱"，因其根基未稳及当时元朝与国内帝国派的力量尚强，未获成功。在顺帝的绥靖政策下，元廷将

---

① 忠烈王与忠宣王父子，忠宣王与忠肃王父子，忠肃王与忠惠王父子就是这样反复退位、上位，已成为高丽臣服蒙古国后的一种政治惯例，甚至传统。这是元朝控制半岛的一个主要方法。

② 关于奇氏的纽带作用，李齐贤《上征东省书》："又念皇后奇氏生自小邦，上配至尊，诞毓元良，为天下所庆赖。朝廷之视小邦，不应与诸蕃同焉。"元顺帝太相信高丽人这类言说的真实有效性了。

此事草草了结,[①] 不仅未及时抑制恭愍王的野心,反而将其放大,刺激他开始新一轮的策划。

在赵日新之变中,奇氏一族的重要成员奇辕被杀,恭愍王担心已打草惊蛇。在初步度过危机并看到元廷仍持续采取绥靖政策的基本态势后,他采取了一系列麻痹奇氏的行动。比如,他利用元顺帝对其妻族的深厚情感,[②] 大打荣安夫人(奇皇后之母)牌,竭力屈尊、巴结奇氏。他不仅屡幸荣府第,还向元请求为李氏举行字儿扎宴。[③] 在这种重大的仪式性场合,他充分施展其表演才能,以展示甘愿屈从于元廷之下的姿态——"公主、太子南面,王坐西,李氏坐东。王行酒,先跪献太子,太子立饮。太子行酒,献李氏,次王、公主……宴罢,皆下庭连袂立。使者在西,辙、权谦等在东,各奏胡歌,蹈舞而进"[④]。恭愍王表现得极为谦卑,完全屈服于奇氏之下。如鲁大维所言:"在今天的一些韩国学者看来,恭愍王的谦卑,例如恳请蒙古皇帝,屈膝向蒙古使节敬酒,向奇皇后之母献殷勤,所有这些都令人恼火。但事实上,恭愍王非常清楚自己在做什么。"[⑤]

元顺帝不仅未察觉到事态的不同寻常,反而自作聪明地利用恭愍王的

---

① 白仁鎬也指出:"对于恭愍王这一连串的反元政策,元采取了与从前完全不同的措施,显示了极度怀柔的立场。"(白仁鎬 . 고려 후기 부원세력연구 [M]. 首尔:세중출판사,2003:149.)

② 当时的高丽大臣李穑在诗中就提道:"天子曰我奇中宫,世显东方多巨公。可来京师一会晤,兄弟之情难不通。公虽外氏甚和睦,如凤从虎云从龙。"(李穑 . 牧隐藁 [M]. 首尔:景仁文化社,1996:534.)此诗作于至正十四年(1354年,恭愍王三年)即所谓奇辙之乱发生的前两年,正是恭愍王与奇氏的蜜月期,也是高丽国最和平安稳的时期之一。

③ 李齐贤为国王所撰《陈情表》曰:"承赐履于东方,庶遵箕子八条之化……伏念小邦,爱自祖宗之代,获叨甥舅之荣。土风虽愧于中原,天幸多逢于上国。兹者荣安王大夫人李氏,衣冠奕叶……窃闻皇朝之法,有所谓字兀儿者,合姻娅之欢,为子孙之庆……若蒙陛下为大夫人李氏举盛礼之优优,示殊恩之衍衍,则九族感睦亲之义,誓永世而不忘。一邦殚归美之诚,祝后天而难老。"(李齐贤 . 益斋乱稿 [M]. 首尔:景仁文化社,1996:576.)

④ 郑麟趾 . 高丽史 [M]. 重庆:西南师范大学出版社,2014:3962.

⑤ 鲁大维 . 帝国的暮光:蒙古帝国统治下的东北亚 [M]. 李梅花,译 . 北京:社会科学文献出版社,2019:105.

这类做法，进一步提高奇氏在高丽的地位——"改册荣安王为敬王，又追封三代为王，授辙大司徒"[①]。在帝国之内，奇氏由两字王变为一字王，地位大幅提升。相反，恭愍王所娶的元朝公主，"与13世纪嫁到高丽王朝的蒙古公主不同，无论是从血统，还是从政治影响力来看，这位王后都来自与皇帝关系比较疏远的皇族"[②]。"从忠肃王开始，由于国王和身份较低的元朝皇族结婚，比之从前，高丽国王作为驸马的地位和形象弱化了。"[③]

奇辙本就是元辽阳省平章、征东行省参知政事，同时又为高丽国政丞，现在其家族又成为帝国秩序内的王者，在半岛与高丽国王平起平坐，再加上皇帝妻家的身份，在高丽国内的声势已压倒了作为帝室疏亲的国王。在高丽国这一狭窄的以王氏世袭为王的帝国体制内的小政治体中，两者权力（无论是实质性权力还是象征性权力）上的冲突难以避免。[④]这亦使高丽精英集团，特别是恭愍王不免会想起并不久远之沈王一党欲吞并高丽王位，甚至将王国变为帝国行省的往事，产生危机感，设法脱离帝国控制。[⑤]元顺帝因为政治上的幼稚与天真，似乎认定两者可相安无事，忽视了在二元体制下，高丽精英对帝国的认同总有其限度，在帝国实力下降

---

① 郑麟趾.高丽史［M］.重庆：西南师范大学出版社，2014：3962.

② 鲁大维.帝国的暮光：蒙古帝国统治下的东北亚［M］.李梅花，译.北京：社会科学文献出版社，2019：117.

③ 이정신.고려 후기 입성론과 국왕의 역할 - 입성론의 양면성을 중심으로［J］.한국사연구，2017（179）：215.

④ 白仁鎬也指出："元对奇氏一族的各种厚待，被恭愍王视为威胁性的要素，（其政策）不得不向清除奇氏一族的方向发展。"（白仁鎬.고려 후기 부원세력연구［M］.首尔：세중출판사，2003：143.）

⑤ 李岭认为："奇氏家族恃宠骄横，不守法度……奇氏家族势力的膨胀直接威胁到了高丽王室和旧有权贵们的利益，打击奇家势力，已成为高丽王国首要问题。而此时，元廷帝后之争已初现端倪，结果是脱脱的两次罢相，高丽王室也趁机采取了两次打击奇氏家族的重大行动。"［李岭.丙申之祸及元丽关系［J］.广播电视大学学报（哲学社会科学版），2006（3）：79.］闵贤九教授则认为，奇氏等"附元势力"通过对征东行省权力的掌握，极大地制约并侵害了王权，成为国政运营的负担。这是恭愍王进行所谓"反元改革"的重要原因。（闵贤九.高麗恭愍王의 반원的 개혁 政治에 대한—考察［J］.震檀学报，1992（68）：64-65，72-73.）

时，高丽王权依靠固有体制与传统的合法性，完全可以采取激烈的行动从帝国脱离。

在中原大地上红巾纵横，元无暇东顾，需要一个忠顺的高丽作为后方的情况下，元顺帝一厢情愿地相信了恭愍王的忠诚，决定从高丽征兵。恭愍王三年七月癸亥，"柳濯、廉悌臣等四十余人率军士二千如元……帝所召皆将相之有名望者，且精兵锐卒皆从征"①。高丽将士的助征，反而加速了高丽与元决裂的进程。

高丽人毕竟与帝国普通的臣民不同，有着独特的族群特征与本国认同。大批高丽战士转战帝国腹地，对元的外强中干有了更全面深刻的了解，②从前想象中的帝国光环消失殆尽，产生了对帝国的轻视之心。他们从中原返回，不仅增强了高丽政权的武力，还使整个高丽社会了解到元的衰朽与无能，③对元本来就没有坚强意识形态支撑的认同开始下降，以奇氏一族为代表的"帝国派"逐渐失去了以往的威势。关于此，鲁大维讲道：

> 高邮惨败的余波也损害了元朝的国际形象。高丽援军在返回故国的时候也带回中原元朝统治摇摇欲坠的故事，其内容充斥着可怕的社会混乱，元朝的统治岌岌可危，朝廷内部勾心斗角及其对军事行动的负面影响……这些内容都被高丽朝廷充分利用。④

---

① 郑麟趾.高丽史［M］.重庆：西南师范大学出版社，2014：1197.

② 鲁大维也指出："高丽援军开始陆续返回高丽，带回了元朝境内大乱的第一手资料。"（鲁大维.帝国的暮光：蒙古帝国统治下的东北亚［M］.李梅花，译.北京：社会科学文献出版社，2019：110.）

③ 萧启庆指出："在汉族印象中，蒙古人无知无能，骄奢淫逸而又世享特权。随着政局恶化，这种印象愈为强烈，而与潜在夷夏之辨思想相结合，形成元末革命的一个动力。"（萧启庆.内北国而外中国：蒙元史研究［M］.北京：中华书局，2007：473.）转战中国的高丽战士，也会产生类似的看法。

④ 鲁大维.帝国的暮光：蒙古帝国统治下的东北亚［M］.李梅花，译.北京：社会科学文献出版社，2019：79-80.

  由于史料缺略，我们无法探知恭愍王此时的心理，但在其四年二月发生了一起重大事件——"全罗道按廉郑之祥囚元御香使埜思不花于全州，自诣白王，王惊愕，下之祥巡军狱"①。在进入帝国秩序的百年间，高丽官员囚禁帝国使节可谓前所未有、骇人听闻。虽然没有证据表明恭愍王与此事有直接关系，但郑之祥敢如此冒天下之大不韪，显然是接收了某种关键信息。②从事后看，这是两国关系即将发生重大转变的信号。

  对于这一直接挑战帝国权威与基本政治秩序与伦理的事件，元顺帝并未及时采取任何果断措施，而是一如既往地绥靖，③以柔性手段应对。该年三月丙辰，高丽赞成事金普"奉赐王衣酒，还自元"④。七月，"知申事任君辅还自元。帝赐王酒，除贡纹苎布"⑤。恭愍王更加确信元顺帝与元廷的软弱，决定以暴力手段除去奇氏，彻底改变两国关系的既有模式。

  该年十月乙亥，恭愍王"命金镛、洪义、郑世云、柳淑逐日入宫，事无大小一切启禀"⑥，奇辙事件进入了紧锣密鼓的准备阶段。在绥靖心态及恭愍王的误导之下，元廷及奇氏对此一无所觉。更具讽刺意味的是，元顺帝仍不断地给恭愍王赐酒、赐物，进行以荣安王大夫人李氏为中心的拉拢活动。就在事件发生三个月前的恭愍王五年二月，元还遣使赐恭愍王以功

① 郑麟趾.高丽史［M］.重庆：西南师范大学出版社，2014：1199.

② 鲁大维讲："这位新君之所以在如此细微之处表现出摆脱蒙古主君的意图，在很大程度上是因为他不断地意识到，昔日伟大的大元兀鲁思正步入穷途末路……也许，大元兀鲁思的衰落诱导恭愍王及其幕僚提出争取更大程度的自治。"（鲁大维.帝国的暮光：蒙古帝国统治下的东北亚［M］.李梅花，译.北京：社会科学文献出版社，2019：105.）

③ 在此之前的忠定王二年二月壬辰，发生过类似事件——"以持平崔龙生为庆尚道按廉使。龙生疾宦寺恃宠上国，流毒东民，榜其恶以示国人。御香使宦者朱完之、帖木儿诉龙生于王及公主，以金有谦代之。"（郑麟趾.高丽史［M］.重庆：西南师范大学出版社，2014：1174.）

④ 郑麟趾.高丽史［M］.重庆：西南师范大学出版社，2014：1200.

⑤ 郑麟趾.高丽史［M］.重庆：西南师范大学出版社，2014：1201.

⑥ 郑麟趾.高丽史［M］.重庆：西南师范大学出版社，2014：1201.

臣号曰"亲仁保义宣力奉国彰惠靖远"。恭愍王则利用元顺帝的愚蠢，进一步麻痹元廷，以掩护即将开始的行动。他遣福昌府院君金永煦赴元上谢表曰："千载一时，欣戴自天之命；四方万国，耸闻稀代之荣。铭骨何忘，粉身难报"①。就在这种效忠声中，惨烈的暴力事件发生了。

二、奇辙事件发微

（一）相互矛盾的文本

元顺帝对恭愍王的表现甚为满意，在恭愍王五年四月戊辰到五月丙戌，他连续三次赐恭愍王衣酒。② 仅隔一天的戊子日，他又"遣奇完者不花来，改册荣安王为敬王，追赠三代为王"③。为恭愍王提供了一个将奇氏一党一网打尽的绝好机会。该月丁酉，恭愍王以此为由举办庆祝活动，突然采取行动：

> 太司徒奇辙、太监权谦、庆阳府院君卢頙谋反伏诛，亲党皆逃，宫城戒严。释郑之祥为巡军提控，令侍卫。以洪彦博为右政丞，尹桓为左政丞，元颢判三司事，许伯、黄石奇为赞成事，全普门、韩可贵为三司右左使，金逸逢、金镛、印珰为金议评理。④

两个月后，在元的责难下，恭愍王上表元顺帝。以下这份表章是讲述所谓奇辙"谋反"事件的最初文本，它描述的事件经纬如下：

> 切详辙等连姻掖庭，假威大朝，气焰熏天，胁制国主……辙等

---

① 郑麟趾.高丽史［M］.重庆：西南师范大学出版社，2014：1203.
② 郑麟趾.高丽史［M］.重庆：西南师范大学出版社，2014：1204-1205.
③ 郑麟趾.高丽史［M］.重庆：西南师范大学出版社，2014：1205.
④ 郑麟趾.高丽史［M］.重庆：西南师范大学出版社，2014：1205.

自知罪盈恶积，人所不容，而又妄意天下扰攘，甲兵方炽……中外官司，皆置亲戚，凡曰要职，无非腹心。擅造兵器，闲习射御，公然为之，不少隐匿，扇动讹言，惑乱众听。今年五月十八日，召集无赖，一时俱起，舟载兵器，已至江口。又令数辈，诈为天使，称有诏旨，已至宫门，将欲奸我君臣，以逞己欲，安危死生，间不容发。①

恭愍王一上来就将责任完全归咎于元廷及奇辙本人，此可姑且不论。我们先看该文本的事实部分：五月十八日，即丙申年（1356）五月甲午日，为恭愍王诛杀奇氏一党之日（丁酉日）的两天前，叛乱一方已充分动员，且叛兵已抵王京大门礼成江口，并"诈为天使"，到达宫门，试图将恭愍王君臣诱出，一举全奸。果真如此，则如恭愍王所言，乃"安危死生，间不容发"。可统观文本对整个事件的叙述，我们不禁会产生这样的疑问：为何恭愍王诛杀奇辙等的行动却能在两天之后兵不血刃地完成？为此，我们需再看另一文本，即《高丽史》卷一百三十一《叛逆五·奇辙传》这一在时间上最后形成的文本给出的说法：

（奇辙）将图大逆，阅诸道兵器，诈为诏使，扇动讹言，密谕期会，约以举事。王先知之，托以曲宴，令宰枢皆会宫庭，遣判密直洪义、宰臣裴天庆等召辙、顾、谦及辙子赞成事有杰、侄完者不花、谦子万户恒、舍人和尚、顾子行省郎中济等。辙、谦先赴，密直庆千兴、黄石奇，判事申青等密白王曰："二人已至，其余子侄及卢顾父子未至。若事泄，变起不虞，不如早图。"王然之。即令密直姜仲卿、大护军睦仁吉、于达赤、李蒙［古］大等伏壮士，出其不意，椎击辙，应手而仆……禁卫四番军士一时俱发……仲卿等率兵至顾家，捕杀

---

① 郑麟趾.高丽史［M］.重庆：西南师范大学出版社，2014：1209.

之……完者不花、济、恒、和尚等及支党皆逃窜，命中外搜捕……宫城戒严，自宰执至胥徒，备兵仗宿卫。[①]

　　在这之后形成的文本中，"诈为诏使"被模糊成无确切时间、地点之事，且不再是奇辙之兵到达宫门后对恭愍王的诱捕行为，而是变成了"扇动讹言"的手段，性质发生了根本性变化。缺少了时间，也就缺少了由它暗示的紧迫性；缺少了地点，就难以查证，整个事件本身"讹言化"。与此相应，谋逆之兵集结于礼成江口的确定性"事件"也被抹去，代之以同样无法查证的"密谕期会，约以举事"，即奇辙的"谋逆"并未如第一个文本显示的那样已经实施，而仍处于不为人所知的密谋阶段。前文所载之"事实"在形式上被肯定的同时在实质上被否定。

　　史臣只有通过这样的修改，才能在当时的舆论环境与事实掌握的现实条件下，尽量为恭愍王弥缝、掩饰，使他对外宣扬的描述更接近常理，同时又透露出关于事件真相的一些关键信息——"王先知之，托以曲宴，令宰枢皆会宫庭"。这无异直接指明恭愍王才是整个事件的主动者，奇辙等人不要说对自己的势力未充分动员，甚至连基本的防备之心都不存在。在这一新的文本中，我们看不到奇氏有任何的反抗行为，所谓已到达礼成江口，甚至宫门的叛军更消失得无影无踪。

　　在主要依据国史写成的这一文本中，史臣之所以删去了恭愍王上元顺帝表章中那些足以坐实奇辙"谋逆"的关键性细节，代之以一些难以查证的言辞，主要是因为恭愍王实际诛杀奇辙的过程与他上元顺帝表章中所说的细节存在难以弥合的矛盾，不可能同时成立。诛杀奇辙等人的行动，有以宰相集团为首之众人的见证，相关事实早已播于人口，传于元廷，无法全部掩盖与否认。

――――――――――

① 郑麟趾.高丽史［M］.重庆：西南师范大学出版社，2014：3962-3963.

那么，"密谕期会，约以举事"这一新说又是如何制造出来的呢？排比史料，我们不难发现，它是在事件发生三年后，恭愍王在其"定诛奇辙功臣"的教书中给出的正式说法：

> 奇辙、权谦……阴树党援，图为不轨，私造兵仗，外方军人，亦阅弓矢。诈为诏使，兼扇讹言，眩惑人心。密谕会期，约以同举。①

在现存史料中，教书在文本形成的时间上居于上元顺帝表章与《奇辙传》之间，是一种"中间阶段的文本"。由此，我们便见证了一个文本制作与形成的过程。

我们先看恭愍王上元顺帝表章这一文本。它作成于事件发生后两个月，乃在仓促未周的情况下完成，存在重大漏洞。既然五月十八日叛乱已经发生，为何恭愍王还能在两日后从容不迫地召集整个宰相集团举行盛大宴会？既然奇辙等人在两日前已经决定彻底除掉恭愍王君臣，何不利用参加宴会这一绝好机会将他们一网打尽，却只身赴宴，悉数到场？"诈为天使"究竟是何人所为？事后为何不见追究，没了下文？此"诈为天使"的行为，是否被恭愍王识破？如未识破，恭愍王何以毫发无损？如已识破，双方为何均未采取行动，以至于在两天后，奇辙一党几乎所有重要人物均毫无防备地参加了恭愍王组织的宴席？

诸如此类的疑问，使这一文本无法自圆其说，有了制作替代文本的必要。这些替代文本必须更加合理，更符合人们，特别是事件在场者的认知。因此，之后出现的"定奇辙功臣教书"这一"中间文本"必须删除上一文本（上元顺帝表章）中的某些细节，对其中的漏洞进行掩饰、弥补。出于政治需要，对某些"必要"的细节还需予以保留，"诈为天使"与"扇

---

① 郑麟趾.高丽史［M］.重庆：西南师范大学出版社，2014：1223.

动讹言"的细节便被保留了下来。但为何如此呢？

我们知道，在事件发生八天前（即戊子日），元顺帝确实派使者奇完者不花来到高丽，"改册荣安王为敬王，追赠三代为王"，所谓"诈为天使"与"扇动讹言"应该是指此事。指此事为"诈"的直接目的，是为恭愍王杀奇完者不花找借口。奇完者不花乃奇辙之子，为了杀人灭口，清除后患，尽管是帝国使节，奇完者不花仍被列在恭愍王清除计划的名单之内。[①]从《高丽史》各处的记载看，恭愍王完全清楚奇完者不花的真实身份，亦知"改册荣安王为敬王，追赠三代为王"一事并非欺诈。

实际情况应该是，十五日的甲午日为正式受诏之日，两天后的丁酉日为庆贺之日。恭愍王于丁酉日在王宫举行庆祝宴会，宴请所有宰相，便以此为由。这正是奇辙等人毫无防备的原因，他们仍相信元朝的力量，认为恭愍王不敢在天使面前肆意妄为。他们太轻视恭愍王的魄力了，恭愍王之前的一系列迷惑性行动在关键时刻发挥了效果。

奇完者不花被列入诛杀名单及实际被杀，以血淋淋的事实证明，元顺帝对高丽的绥靖政策不仅无效，而且完全走向了反面——不仅未提升高丽人，特别是高丽精英阶层对帝国的认同，反而使他们日益轻视帝国，与帝国离心离德，直至以武装手段决裂，从帝国秩序脱离。

（二）逐渐完备的细节

在事件发生后出现的各文本中，奇辙谋反的细节从无到有，从漏洞百出到逐渐严密，其间的差异使我们得窥关于事件真相的蛛丝马迹。

由《奇辙传》的描写可知，参与策划的只有庆千兴、申青、黄石奇等极个别属于恭愍王核心集团的人物。首先，是和恭愍王有姻亲关系的一些

---

① 据《高丽史·奇辙传》："完者不花、济、恒、和尚等及支党皆逃窜。命中外搜捕……寻捕有杰、完者不花、济、和尚，斩之。"（郑麟趾.高丽史［M］.重庆：西南师范大学出版社，2014：3963-3964.）

人，其中洪彦博、庆复兴最具代表性。洪彦博，"南阳府院君奎之孙……录诛奇辙功为一等……太后洪氏（恭愍王之母），彦博姑也"①，恭愍王在"定诛奇辙功臣"教中称赞他说："奇辙、权谦……密谕会期，约以同举。宗社安危，只在须臾。南阳侯洪彦博奋不顾身，珍歼贼徒，再安社稷，功大难忘"②。洪彦博位列诛奇辙功臣之首，庆千兴居于其次。③庆千兴，"娶明德太后侄女，以故昵侍禁掖，与宦寺无异，人讥之……录诛奇辙功为一等……潜邸元从，莫有知者……能内诛奇辙，外歼红贼，文德武烈闻于天下……"④

其次，是恭愍王身边的佞幸之辈⑤，比较典型的有申青。申青出身底层，具有很强的行动能力，是恭愍王之兄忠惠王的政敌。恭愍取代忠惠王之子忠定王登上王位，在位期间，对其地位威胁最大的正是忠惠王的另一庶子释器。或许正因如此，申青才成为其死党。

最后，是如黄石奇与黄裳父子等一样的野心分子。《高丽史》卷一百十四《黄裳传》："黄裳，义昌县人，父石奇，桧山君。裳忠惠时授护军，恭愍初拜密直副使……再转判枢密院事，录诛奇辙功为一等"⑥。其父黄石奇在事变中也起了重大作用。李选《高丽桧山府院君黄公事实》："公姓黄，讳石奇……恭愍五年五月，王诛奇辙等，时公又以密直司事，与庆

---

① 郑麟趾. 高丽史［M］. 重庆：西南师范大学出版社，2014：3382–3383.

② 郑麟趾. 高丽史［M］. 重庆：西南师范大学出版社，2014：1223.

③ 功臣名单为："其以南阳侯洪彦博、参政商议庆千兴、参政安祐、知门下省事郑世云、判枢密院事黄裳、知枢密院事柳淑、上将军睦仁吉、将军李蒙古大为一等；签书枢密院事金得培、枢密院副使金元凤、工部尚书金琳、判司天监事陈永绪、判太仆寺事金滑、上将军金元命、李云牧、前大府卿文璟、将军朱永世、内侍监方节朵赤帖木儿、中郎将张必礼为二等。"（郑麟趾. 高丽史［M］. 重庆：西南师范大学出版社，2014：1223.）

④ 郑麟趾. 高丽史［M］. 重庆：西南师范大学出版社，2014：3387–3392.

⑤ 闵贤九也注意到，恭愍王五年的"改革"由和国王有血缘关系或其他特殊关系之人所主导，他称为"亲王的势力。"（闵贤九. 辛旽의执權과그政治의 性格：上［J］. 歷史學報，1968（38）：51–54.

⑥ 郑麟趾. 高丽史［M］. 重庆：西南师范大学出版社，2014：3490–3491.

千兴密白王先诛辙及权谦，余党遂平，进拜赞成事……"①

关于奇辙等人发动"叛乱"的动机，《奇辙传》称："恐一朝势去难保，预谋自安"②。这不过是恭愍王对奇辙等人的栽赃。恭愍王在"定诛奇辙功臣"教文中称："奇辙、权谦连姻帝室，依势作威……顷年以来，天下始乱，自顾其身，积恶敛怨。度其一朝势去难保，预为深计，以固藩篱"③。其时，中原大地虽红巾兴起，但元朝尚未显示出危亡的形势，否则恭愍王在事件平息后也不会主动再回元的怀抱。

由《奇辙传》所代表的关于奇辙事件的最后确定文本，为了坐实奇氏谋叛，还提出另一证据——奇辙"阅诸道兵器"。它是在上元顺帝表章这一最初文本中提出的"擅造兵器，闲习射御，公然为之，不少隐匿"的基础上修饰而成。后者是为了"制造"事件的谋叛性质，但这类"事实"显然并不存在，容易招致时人的怀疑，故而便在后来的文本中被改为可能存在过的"阅诸道兵器"，在维持对"谋叛"定性的同时，增加了文本的"真实性"。

但"阅诸道兵器"之行为，在元朝需要勤王、本国倭寇横行、防守力量薄弱的情况下才能为之，奇辙作为帝国重臣，即使真的这样做，也是一种履职行为。如奇辙真有发动政变的企图，在高丽派兵勤王，兵马未回之前的时期，随时有更好的动手时机，但他并未这样做。④况且，如奇辙等人真想推翻恭愍王另立新君，根本无须发动军事政变就可达到目的。在当时的帝国秩序中，高丽国王只是帝国内的一个职位，奇辙与恭愍王在天子面前乃比肩事君之关系，地位甚至还要高过恭愍王，他完全可以直接上

---

① 李选.芝湖集［M］.首尔：景仁文化社，1996：416.

② 郑麟趾.高丽史［M］.重庆：西南师范大学出版社，2014：3962.

③ 郑麟趾.高丽史［M］.重庆：西南师范大学出版社，2014：1223.

④ 学者已经指出，奇氏一族对征东行省有巨大的影响力，甚至超过了国王。(김보광.고려국왕의 征東行省 保擧權 장악과 그 의미［J］.史叢，2017（92）：35-36.)

疏皇帝，阐述本国国王的不称职，要求将其废黜。^①忠惠王被废，就是依据这一模式，奇辙亦是主动者之一。^②如奇辙决意如此行动，在奇皇后的影响下，元顺帝废黜恭愍王应是一个大概率事件。一旦元廷采取了这种措施，恭愍王便无力回天，这才是恭愍王最为担心的。

可事实上，奇辙一党却未显示出任何要以这一模式废黜恭愍王的苗头。^③从忠惠王开始，短短7年内高丽换了4个国王（忠惠王、忠穆王、忠定王、恭愍王），这使奇辙一党不愿意再轻易启动更替国王的程序。同时，他们又被恭愍王的伪装与麻痹行为所迷惑，认为他是一个可以共事的有为之君。他们显然不清楚自身的根本利益所在，亦未认清现实并冷彻地评估局势，而是一厢情愿地以为帝国秩序已经稳定，幻想可以在半岛同时达成治理与维持自身利益两个相互冲突的目标，这也注定了他们自身的悲剧与帝国挽歌的结局。

更为合理的解释是，奇辙的履职行为提高了他在半岛精英阶层中的声望，这使心胸狭隘、性格阴鸷的恭愍王越发感到自身地位受到威胁，并在事变之后将其指为谋反的证据。质言之，《奇辙传》将奇辙的履职行为混入对事件的描述，乃通过混淆时空、打破事件因果界限的做法生成文本，达到其预设的将奇辙事件定性为"谋叛"的目的。

恭愍王之所以要诛杀奇辙等人，首先，是他在各文本中均提到的与奇

① 李明美亦指出，进入元的帝国秩序后，由于皇帝权力实质化，皇帝对高丽王位的归属具有决定权，更换现任王位，不再如从前那样需要动员武装力量，只需发起政治运动。（이명미 . 忠肃王代 國王位 관련 논의와 국왕 위상［J］. 한국중세사연구，2013（36）：276.）

② 忠惠王时，"李芸、曹益清、奇辙等在元上书中书省，极言王贪淫不道，请立省以安百姓"，（郑麟趾 . 高丽史［M］. 重庆：西南师范大学出版社，2014：1152.）结果，三个月后，忠惠王被废。

③ 崔允精从所谓的帝后矛盾视角出发，对所谓"奇辙之乱"的存在深信不疑，认为"在奇皇后以长成的太子为武器，胁迫元顺帝让位的情况下，奇辙利用在辽阳行省的武力基础，以奇皇后与皇太子为后盾，夺取高丽王位并非难事"。［최윤정 .1356년공민왕의 "反元改革" 재론［J］.大丘史学，2018（130）：29.］

氏一族"席势以陵君"的权力斗争。忠惠王之后，元连续任命了两个幼童国王，权力实际掌握在蔡河中、奇辙等深入认同元帝国的"帝国派"官员手中。①"帝国派"人物多主张将高丽彻底融入帝国，作为帝国的一个普通行政单位，统一实行帝国的制度与法律，这对高丽王国与王权是一个致命威胁。当时，奇辙同蔡河中一样任政丞，为王国首相。他与忠穆王之母德宁公主，作为元在高丽的代理人，把控了整个朝政。②

其次，还有个人与家族间的恩怨掺杂其中。《高丽史》卷一百三十一《叛逆五·奇辙》：

> （奇）辕尝会宗族，宴其母，器皿珍羞（馐），穷极侈丽，见者以为东韩以来罕有也。内侍田子由妻李氏，奇氏族也。王幸其家，强淫之。未几，子由与妻遁。（奇）轮与田麻颇殴内僚灯烛辈，王怒，亲至麻颇及轮家，索麻颇不得。又幸轮家，率轮还置酒，遣恶少辈，又索麻颇于轮家，竟不得。廉敦绍，辙妹壻也，其家奴恃势颇张威福，与其党五六人谋夺人妻，矫王命强迎以归。经三宿，夫家始知，讼之。王怒，下巡军鞫，讯皆服，杖流远岛。鞀肆暴，中外苦之。③

恭愍王个人与奇氏一族间的恩怨，先由恭愍王强奸奇氏族女引发。这种个人恩怨不仅使双方嫌隙越来越大，还涉及两种权力与两种认同之间的冲突。《奇辙传》中对奇氏一族"罪恶"的描写，能够落实的只有家奴恃势欺人一事，且受到了恭愍王与官府的强力打压。这种状况发生在当时半

---

① 史载，忠穆王继位之初，"命政丞蔡河中、司空姜好礼……密直提学张沆参议国政。以咸阳君朴忠佐、阳川君许伯判田民都监事。窜韩范、张松、沈奴介、田头乞不花等十五人于岛。"（郑麟趾.高丽史［M］.重庆：西南师范大学出版社，2014：1157.）

② 史载，忠穆王薨后，"德宁公主命德成府院君奇辙、政丞王煦摄行征东省事。"（郑麟趾.高丽史［M］.重庆：西南师范大学出版社，2014：1170.）

③ 郑麟趾.高丽史［M］.重庆：西南师范大学出版社，2014：3960-3961.

岛第一家族身上，令人惊异。恭愍王之所以能如此"严苛"地对待奇氏，乃根据奇皇后对家人严格约束的懿旨。^①这是恭愍王与高丽官府敢于对奇氏家族一些成员下手的尚方宝剑。对这一事实的记录，是史臣以春秋笔法为事件真相留下的一个线索。

（三）截然不同的形象

与奇氏覆亡后官方建构起来的负面形象不同，在奇氏覆灭之前，乃至之后的民间社会，奇氏都保有相当正面的形象。

首先，在奇氏覆亡之前，奇氏一族被誉为具有悠久历史、享有良好声誉的"东韩名族"^②。这无疑是出于半岛特定之"世家大族"的社会结构及其文化与风尚而被建构起来的。当时高丽最著名的文人之一李谷便为奇辙之父奇子敖撰行状云：

> 叛王乃颜之党哈丹……公时为中军偏将，负蠹前驱，颇有功……自以奕世衣冠，仕不甚达，性又宽厚，且不喜干谒，日与贤士大夫游……谨按奇氏自国初以武材称，世着其劳……自是任、奇两姓益大以贵，甲于东国……公之姚，延兴郡夫人朴氏，典法判书讳晖之女，侍中李文真公藏用之外孙也……文真德业文章，闻于中国……公内外皆名家……出入将相，功施于民。^③

---

① 《高丽史》三十七《忠穆王》载，忠惠王后五年八月丙戌，元遣兵部尚书溥花、同知资政院朵儿赤来传皇后懿旨曰："凡吾亲戚，勿倚势夺人田民。如有违异，必罪之。法司知而故纵，亦当罪之。"（郑麟趾.高丽史[M].重庆：西南师范大学出版社，2014：1161.）

② 李谷在《稼亭集》卷二《金刚山普贤庵法会记》写道："元朝奎章公，于泰定间因事到王京，遂游枫岳，访诸兰若……又以今年益延缗流三百余指施衣钵，作大佛事……公名沙剌班，今为奎章阁大学士翰林学士承旨，室奇氏，善敬翁主出，东韩名族，本国正顺大夫左常侍奇辙以其亲而实干兹会云。"（李谷.稼亭集[M].首尔：景仁文化社，1996：113.）

③ 李谷.稼亭集[M].首尔：景仁文化社，1996：170-171.

武将出身的奇氏，被按照半岛主流的价值观，包装成婚姻之家多为海东甲族的奕世衣冠。为了弥缝奇氏一族在成为帝室婚姻之家以前世宦不显与世族身份之间的矛盾，李谷以"性又宽厚，且不喜干谒"的性格特征进行解释。从高丽社会的实际状况看，显然没有说服力。①

在半岛，世家大族以文化为主要特征，文臣才是他们的主要角色与出仕途径。奇氏家族的历史，不符合"世族"的这一特征。为此，李谷又以"日与贤士大夫游"为解，以此凸显奇氏已被"士大夫"阶层接纳，成为其中一员的假相。

总之，从李谷的描写看，由于既有武人的性格，又受到文化的熏习，忠厚宽和成为奇氏家风的主要特征。这些言说虽说是为了制造奇氏"世族"的身份，抬高其社会地位，但除了那些"解释"的成分，具体的"事实"应多有真实依据。我们看到，奇氏一族的核心成员很少有显著恶行。② 以被指责为罪魁祸首的奇辙论，即使从他被杀后各种已被史臣修饰过的记载看，我们看到的也基本是一个刚直清正的形象。③

在被杀之前，奇辙的形象更为高大。作为一代儒宗，李穑由恭愍王一

---

① 鲁大维讲："奇氏家族还通过和高丽世家的战略婚姻大力提升家族地位和声望。"（鲁大维 . 帝国的暮光：蒙古帝国统治下的东北亚［M］. 李梅花，译 . 北京：社会科学文献出版社，2019：119.）

② 鲁大维讲："奇皇后的兄弟依仗其在元大都的影响力，大肆谋取家族利益……凡事用力过猛，贪婪过界，自然会翻船。"（鲁大维 . 帝国的暮光：蒙古帝国统治下的东北亚［M］. 李梅花，译 . 北京：社会科学文献出版社，2019：117–118.）

③ 高丽国史即记载了他的一些嘉言善行："王以事杖流监察纠正，辙白王曰：'纠正虽有罪，恐为后世口实。' 王即释之。"（郑麟趾 . 高丽史［M］. 重庆：西南师范大学出版社，2014：3962.）

手提拔进入官僚集团的上层，一生对恭愍王忠心耿耿，①他在奇辙生前对之
有以下描写：

　　　　集贤学士人中龙，神采自是春风容。衣冠绵绵食旧德，门阀奕奕
临箕封。流庆所钟生异人，金枝玉叶无边春。遨游金马赤墀下，去天
尺五承殊恩。思亲不忍一日忘，白云飞处遥相望。堂前萱草浮春光，
人生富贵可熏天。只贵立身忠孝全，彤庭还笏便归去。从车络绎如云
烟，郊西迓骑定无数。老弱空巷争先睹，苍颜照耀黄金带。想见翩翩
彩衣舞，三韩盛事传千秋。嗟我欲往空搔，举觞献寿幸母缓，天子召
还难久留。②

　　在李穑笔下，奇氏在半岛门阀崇高，奇辙本人更是人中之龙，在帝
国地位显赫，受到国人的爱戴。其回国效力，被高丽人视为忠孝两全的楷
模，精英人物争相迎迓，城中万人空巷，争睹其风采。在元帝国的强权及
对帝国认同心理的作用下，奇辙成了人世间的楷模。
　　由高丽的代表性文人李谷、李穑、李达衷等人塑造的奇辙形象并非全

---

① 恭愍王五年，李穑从中国"弃官东归"，恭愍王任命其为吏部侍郎兼兵部郎中，"以掌文武之
选"。六年，恭愍王再次任命李穑为"试国子祭酒，迁右谏议大夫"。七年，恭愍王又以穑
为枢密院右副承宣。翰林学士们谓宰相曰："李穑才德出众，非他人比。用舍不如此，无以
伏人心。"自是，李穑"参掌机密凡七年"（郑麟趾．高丽史［M］．重庆：西南师范大学出版社，
2014：3525．）。对恭愍王的这种知遇之恩，李穑一直念念不忘。恭愍王去世后，李穑在诗文
中对他（玄陵）的怀念所在皆有。如"病余满酌门生酒，泪洒玄陵谢圣朝。"（李穑．牧隐藁
［M］．首尔：景仁文化社，1996：129．）又如"携壶不遇旧同僚，文学先生迟退朝……新春
紫陌行无几，落日玄陵望更遥。"（李穑．牧隐藁［M］．首尔：景仁文化社，1996：162．）再
如"圣恩醺骨醉来宽，德性如毛举甚难。曾荷玄陵亲点笔，自怜白发懒缨冠……可见太平无
一事，唐虞声教洽三韩。"（李穑．牧隐藁［M］．首尔：景仁文化社，1996：180．）再如"怅
望玄陵我昊天，阖门生聚赖完全。羹墙耿耿如一日，宇宙悠悠今六年。僧影烛光迷殿合，雁
声秋色遍山川。谁知臣穑无穷意，端坐清斋即梵筵。"（李穑．牧隐藁［M］．首尔：景仁文化
社，1996：249．）此类事例可谓不胜枚举。
② 李穑．牧隐藁［M］．首尔：景仁文化社，1996：523．

然向壁虚构，而是有其现实基础。如李达衷所言，[①] 奇辙不仅是一个政治人物，还有较高的文学修养，这也被其他史料所证实。海东乐府有"丛石亭"一曲，即为奇辙所做。《高丽史》卷七十一《乐二·俗乐》"丛石亭"条："《丛石亭》，奇辙所作也。辙以元顺帝中宫之弟，仕为平章，奉使东还，至江陵，登此亭，览四仙之迹，临望大海，作是歌也"[②]。这是公认的事实，连高丽国史也难掩饰。朝鲜王朝时代的史料中还保存了一些据说是奇辙本人的作品。[③]《三溟诗集》四编《海东乐府·丛石亭》收录了四首，其中一首曰："旁抽竹笋长，仰写佛头青。江海如天大，贤愚共此亭"[④]，与李达衷所述奇辙的情怀基本一致。

无论这些乐府歌曲是否为奇辙本人所作，但均以其名义长久流传，这实际上是半岛人民对奇氏一族声誉另一种形式的维护，甚至是对官方话语的抗议。"丛石亭亭出，清风万古吹。奕奕平章事，四仙知不知"[⑤]，表达的或许就是这种情感。他们努力以某种方式保留下关于奇氏正面形象的记忆。

李穑是奇辙之变的受益者。事件发生后，恭愍王任用了不少年轻文人出任要职，他是其中之一。即便如此，李穑对奇辙也无激烈的指责，其《解嘲吟》题记："是岁奇氏之难作，君臣砺精更化……"诗云："见獐负网有古语，我自脱颐奚问他……人情纷纷信难整，天命赫赫终无颇"[⑥]。他仅以"见獐负网"指称被恭愍王定性为"谋叛"的事件，而不肯直接称奇辙为叛逆，甚至还隐约有否定奇氏有罪的深意在。同样，高丽末朝的另一重

---

① 见下文所引李达衷《奇平章奉使录序》。

② 郑麟趾.高丽史［M］.重庆：西南师范大学出版社，2014：2243.

③ 如《嘉梧藁略》册一《海东乐府·丛石亭歌》："大海东头谁作歌，元朝天使临瀛过。四仙踪迹惟绵邈，音响留余竟碧波。"

④ 《三溟诗集》四编《海东乐府·丛石亭》，链接：https：//db.itkc.or.kr/。

⑤ 《三溟诗集》四编《海东乐府·丛石亭》，链接：https：//db.itkc.or.kr/。

⑥ 李穑.牧隐藁［M］.首尔：景仁文化社，1996：559.

臣权近在其《有明朝鲜国谥文简公安公墓碑铭》中说："丙申夏，王诛元后奇氏之族倚势不法者"①。对事件的定性是"倚势不法"，而非叛乱。不相信奇辙谋叛，当是高丽人私下普遍性的看法。

无论如何，奇氏一族真实及被制造出来的高大形象，在增加着奇氏一族象征性权力的同时，无疑也在实质性地提高着他们在半岛的社会文化地位与政治权力，对普通民众乃至精英阶层具有日益强大的号召力。这又有助于其形象的高大化及在舆论中声望的增加，最终影响到人们的心理，形成关于奇氏一族的正面认知。

这本身就是一种巨大的资源与权力。因此，在直接针对奇氏一族的赵日新之乱中，奇氏一族中被杀的只有最为横暴的奇辕，其他人物都逃过一劫。如果奇氏在高丽国内没有深厚的支持基础，受到有力保护，这种情况不可能发生。但这使恭愍王越发感到芒刺在背，认定奇氏一族是其最大的威胁与挑战，必欲除之而后快。

从奇辙及奇皇后个人的行为与表现看，奇氏一族可能确有率真的品

---

① 权近.阳村集［M］.首尔：景仁文化社，1996：332.

格，^①普遍得到人们的尊敬。这使他们越发豁达而盲目自信，未对恭愍王的人品与行为产生怀疑，亦未从赵日新事变中感受到危险，从而采取预防措施。可实际上，更大且更为紧迫的危险正在逼近。

总的来看，奇辙及奇皇后均具有文人的秉性而非合格的政治家，他们因缘际会到了帝国或王国的最高权力层，却不明现实政治的本质与逻辑，出于善良目的与动机，采取了多种举措，不仅使元帝国失去了对半岛的控制，还使整个家族惨遭屠戮。鲁大维云："她（奇皇后）天生丽质，政治老练，有野心，善谋略"^②。这种评价显然不妥，至少在高丽事务上如此。

---

① 李达衷《奇平章奉使录序》："我平章德城大君善庆有原，衣缨奕世，联芳戚畹，作卫王家，功名富贵，芬馥炽昌，为一时所敬，宜若不留心啸咏。然其赋受醇真，襟怀旷达，喜与亲旧从容话平生诗酒风流，怡愉然使人忘倦。越至正己丑，承诏赴阙，昵奉天颜，宠恩优渥，赐赉光荣，乃降天香……既命而东，虔奉使事。款扣之余，遇兴辄为诗自遣……"（李达衷．霁亭集·卷三·奇平章奉使录序［M］．首尔：景仁文化社，1996：286.）奇辙还被认为有"赋受醇真，襟怀旷达"的品格。他与人交往从不因其天子外戚的身份骄横自肆，而是从容而言，使人忘倦，为人所敬。奇辙的品性，代表的是奇氏一门的家风。奇氏在半岛的婚姻之家均为当时的大族，前宰相李齐贤、王煦均为奇氏的婚姻之家。王煦之子王重贵，"有宰相器度"，奇辙被杀后，"以辙婿流外"，后被枭首于市，"人皆惜其无辜"。辛祸二年，"赞成事池奫欲娶重贵妻奇氏，数行媒，不应。一日，奫率徒党至其第，婢仆走报曰：'愿夫人避之。'奇曰：'我不可苟逃。'婢仆意其从之。奇飨奫以酒，奫自以为事得谐，遂欲入室，奇捽奫胡，批其颊曰：'宰相有如此强暴之行耶？宁死从汝乎？'奫惭而退，奇往告崔莹曰：'奫以妾有华屋，欲有之，暴辱于妾。公以清直闻，故来告耳。'乃移居。国人义之。"（郑麟趾．高丽史［M］．重庆：西南师范大学出版社，2014：3358-3359.）奇皇后的品行也是如此。《元史》卷一百一十四《后妃一》："后无事，则取女孝经、史书，访问历代皇后之有贤行者为法。四方贡献，或有珍味，辄先遣使荐太庙，然后敢食。至正十八年，京城大饥，后命官为粥食之。又出金银粟帛命资正院使朴不花于京都十一门置冢，葬死者遗骸十余万，复命僧建水陆大会度之。时帝颇急于政治，后与皇太子爱猷识理达腊遽谋内禅……而帝亦知后意，怒而疏之，两月不见。"（宋濂．元史［M］．北京：中华书局，1976：2880.）奇皇后本人有相当之学识，关心政治，贤明仁爱，元顺帝对高丽政策的转向亦当与其有关。但她天真而缺乏实际政治经验，在乱世之中，初衷良善的作为，反而在各个层面恶化了局势。

② 鲁大维．帝国的暮光：蒙古帝国统治下的东北亚［M］．李梅花，译．北京：社会科学文献出版社，2019：12.

三、事件后的恭愍王与元顺帝

（一）元、高丽关系模式的变化

"奇辙之乱"的本质是由恭愍王心腹组成的小集团发动的整肃国内"帝国派"的武装暴动，目的是将王权从帝国秩序的束缚中解脱出来，真正在半岛树立起绝对权威的地位。为此，就要从根本上改变王国与帝国的关系。①

事件发生后，恭愍王采取了一系列行动。首先，他对官僚集团进行了大清洗，和奇辙有关的人物不是被杀，就是被流放。②这些人基本均是"帝国派"的代表性人物。卢頙，"交河县人，娶平阳公晛女庆宁翁主，以故骤贵。忠穆时，拜左政丞……恭愍朝，以女纳于元帝，拜集贤殿学士。后与奇、权谋逆，伏诛"③。与奇辙一样，卢頙亦为元朝外戚，妻族又是本朝宗室，本人曾任王国首相，被恭愍王视为劲敌。又如，"权谦，政丞溥之子……恭愍初，以福安府院君如元，纳女于皇太子，得拜太府监太监……谦后与奇、卢谋乱伏诛"④。权谦既出身半岛最显赫的世家大族，又为帝室

---

① 韩国学者李康汉认为1356年恭愍王的所谓"反元改革"（即"奇辙之乱"）反对的不是元朝，而是奇皇后势力，目的是掌握政治主导权，以在高丽实行改革（具体分析见이강한.공민왕5년（1356）"반원개혁"의재검토［J］.대동문화연구, 2009.（65）.）。崔允精的说法与此类似，只不过他认为恭愍王之所以要诛杀奇氏一族，是因为如奇氏所生太子即皇帝位，会对王氏高丽政权的存在产生直接威胁。（최윤정.1356년 공민왕의"반원개혁"재론［J］.대구사학, 2018（130）：25-32.）这类观点说服力薄弱，本文不取。

② 《高丽史》卷一百三十一《叛逆五·奇辙》："寻捕有杰、完者不花、济、和尚斩之。恒独以素不挟势，免死，流济州。有杰之死也，观者如堵，莫有哀者。其弟上护军世杰、平章赛因帖木儿时在元，得免。辙妻金氏逃难，祝发为尼，获之，囚巡军。幼子赛因亦薙发匿兴王寺，捕杀之。流其党金宁君金普、密直副使李也先帖木儿、行省员外赵万通、同金洪翊、赞成黄河衍、评理李寿山、密直王重贵、代言黄河晏、护军黄河湜、前代言洪开道、前右尹田霖、缮工令金义烈、宦者大护军郑龙庄、杖前密直任君辅、前广兴仓使林仁起、前护军金南得、前郎将卢之卿。寻杀龙庄、翊、河衍，籍三家财产，官卖之。"（郑麟趾.高丽史［M］.重庆：西南师范大学出版社, 2014：3964.）

③ 郑麟趾.高丽史［M］.重庆：西南师范大学出版社, 2014：3965.

④ 郑麟趾.高丽史［M］.重庆：西南师范大学出版社, 2014：3966.

外戚，本人曾任王国的两代宰相，是当时最有权势的人物之一。同卢頙、奇辙一样，他本人亦无恶行，只因特殊的地位与权势成为恭愍王必欲铲除的对象。元傅曾孙，元忠之子元颢，"恭愍时，拜赞成事……初，颢欲代洪彦博秉权，谮彦博有异志……王素恶颢，使李蒙古大即狱中椎杀之"①。元颢亦出身于半岛最著名的世家大族，作为宰相集团中的一员，是恭愍王死党洪彦博的政敌，被恭愍王厌恶，在奇辙事件后被杀。联系恭愍王即位以后的一连串事件，可知其根本目的就是要系统性地剿灭半岛既有的权力阶层，对官僚集团进行大换血，奇辙事件是其中的关键性一步。

在对官僚集团进行大清洗，彻底清除朝廷内所谓"附元势力"②的同时，恭愍王又"罢征东行中书省理问所""命收诸军万户、镇抚、千户、百户牌"③，从机构与制度上清除帝国秩序在半岛的基础。他还发动了收复"失地"运动。两个月后，"东北面兵马使柳仁雨陷双城，总管赵小生、千户卓都卿遁走，收复和、登、定、长、预、高、文、宜州，及宣德、元兴、宁仁、耀德、静边等镇。咸州以北，自高宗戊午没于元，今皆复之"④。高丽以体制与疆界展示与元的对等关系，凸显独立性与主体性。由此，高丽与元的关系彻底改变，从前帝国秩序内"帝国—王国""中央—地方"的关系转为两个实质上对等国家间的关系，高丽王权成为半岛真正的最高权力。⑤这就使王权的合法性不能再建立于元帝室驸马国的基础上，而必须重筑合法性。恭愍王下令"停至正年号"，下教曰：

---

① 郑麟趾.高丽史［M］.重庆：西南师范大学出版社，2014：3283.

② 此为韩国史学家的惯用语。"反元"与"附元"两极间的矛盾，是他们论及此事的一个主要视角。

③ 郑麟趾.高丽史［M］.重庆：西南师范大学出版社，2014：1205–1206.

④ 郑麟趾.高丽史［M］.重庆：西南师范大学出版社，2014：1208.

⑤ 闵贤九则指出，这些是"明白无误的反元政策，乃排除元朝影响力的积极措施……否定本国与元朝的隶属关系……是高丽的主权恢复运动……对内则指向权力的集中"（闵贤九.辛旽의 執權과 ユ 政治的 性格（上）［J］.歷史學報，1968（38）：50.）。但未对事件的真相进行详细分析。

洪惟我太祖创业，列圣相承，咸能继述，衣冠礼乐，灿然可观。比
来国俗一变，惟势是求。奇辙等凭震主之威，挠为邦之法……日者幸赖
祖宗之灵，辙等伏辜……自今伊始……复我祖宗之法，期与一国更始。
敷实德于民，续大命于天……太祖及历代先王加上尊号，修其祀事……
拨乱反正……庶致隆平之治。①

　　教书首先突出的就是传统合法性的两大支柱：一是由太祖创业，历代
君主守成而来的合法性；二是由本国悠久文化传统而来的合法性。②只有
在这样的合法性之下，他指控奇辙的那些"莫须有"的行为才能成为"罪
恶"。因此，他将诛杀奇氏一族的意义上升到"复我祖宗之法"的高度，
通过声称由"有德"而来的"天命"与元分庭抗礼。为了将这种政治话
语落实，事变当年的七月丁亥，恭愍王"复改官制，以洪彦博为门下侍
中"③，以向传统官制的回归，象征从元的帝国秩序中脱离，恢复所谓"祖
宗之法"④。
　　这一系列彻底挑战帝国秩序与权威的行动，使恭愍王做好了与元一战

① 郑麟趾.高丽史［M］.重庆：西南师范大学出版社，2014：1206–1207.
② 闵贤九则认为：这"显示了（恭愍王）中兴高丽王朝的决心……以向高丽初期体制的回归
（复古）为目标"（闵贤九.辛旽의 執權과 ユ 政治的 性格（上）［J］.歷史學報,1968（38）：
51.）.
③ 郑麟趾.高丽史［M］.重庆：西南师范大学出版社，2014：1208.
④ 安东尼·史密斯认为："在那些处于帝国统治下的少数族裔共同体中，知识精英在追溯或塑
造本族群的悠久历史、整理和宣扬本族群的史诗、歌颂本族群历史中的英雄人物等方面扮演
了重要角色；而正是这些工作，使得该族群的每个成员都感到他们属于同一个历史和命运
的共同体，从而为从帝国统治下分离出来的民族主义运动奠定了基础。"（史密斯.民族认同
［M］.王娟，译.南京：译林出版社，2018：114–122.）恭愍王的做法与安东尼·史密斯所
讨论的情形类似。

的最坏打算，他"命判书云观事陈永绪相地于南京"①，准备在不敌元军的情况下，迁都抵抗。

（二）元顺帝的反应及恭愍王的应对

帝国的急速衰落，使元廷无力对高丽采取实质性行动，只能在从前绥靖政策的延长线上承认现实。恭愍王五年七月丁酉，元遣使到鸭绿江传元顺帝旨曰：

> 高丽自我世祖混一之初，灼知天命，举国臣服，爰结婚亲，于今百年。迩者奸民遽生边衅，越我封疆……揆诸天宪，讨戮何疑。尚虑丛尔贼徒，或得罪尔邦，遁逃啸聚，或从他国，妄称汝民，盗用兵戈，以间世好。若不询问情伪，大兵一临，玉石俱焚，诚所不忍。特遣撒迪罕等前去，尔其毋生疑贰，发尔士卒，就便招捕。或约我天兵，并力挟攻，期于靖国安民，永敦前好，具悉奏闻。②

诏书不仅不敢提及恭愍王诛杀奇氏一族、罢理问所、停年号及收复失地等一系列在帝国秩序内的背逆行为，进行问责，反而将彻底改变两国关系的一系列重大事变刻意缩小为由所谓"奸民"挑动的边境事件。元顺帝试图以讳言恭愍王责任并为之开脱的方式，给恭愍王以政治上的台阶，拉拢他再次回到帝国秩序中来。元顺帝近似乞求式地要求"靖国安民，永敦前好"，在既有的绥靖路线上越滑越远，不断降低甚至完全突破了帝国的底线。他的这类言辞，实际上承认了恭愍王一系列冒险行为的正当性。就此而言，元的帝国秩序崩溃了，从前绥靖政策的恶果终于显现。

恭愍王的目的已经达到，而元对半岛百余年的强权控制，使他认识到

---

① 郑麟趾.高丽史［M］.重庆：西南师范大学出版社，2014：1207.
② 郑麟趾.高丽史［M］.重庆：西南师范大学出版社，2014：1208-1209.

半岛传统的认同与合法性消失殆尽，他仍需由帝国而来之合法性的支撑。①于是，他再次使用玩弄话语、嫁祸于人的方式，对事件的性质进行了转化。他上表元顺帝：

> 下愚啬命，但要生全……不意贼臣奇辙与卢頙、权谦谋为不轨，生我祸阶。切详辙等连姻掖庭，假威大朝，气焰熏天，胁制国主……臣畏天朝，一不敢问，群黎百姓，怨岂在明？辙等自知罪盈恶积，人所不容，而又妄意天下扰攘，甲兵方炽，一朝势去，身不能保。乃谋自安……安危死生，间不容发……既获贼徒，恐有他变，不暇申闻，俱致于法……又虑边鄙之民，乘衅妄动，或有奸人往来，乱我情实，故置关防，以谨出入。而其吏士过江劫掠，实非本意，考其罪人，以正邦典。伏望弘天地之仁……则四千余里永为薄海之藩，亿万斯年专祝如冈之寿。②

首先，他把对元的军事进攻归咎于前线将领的"擅自"行动，将大将印珰斩首。其次，他将其发动的诛杀奇氏等人的行动，归咎于这些人本身

---

① 当时半岛精英的主流仍认同元朝。1356年，李穑《读诏》诗曰："事变苍黄要察情，至公随物付权衡。君王自有临时智，天子方凭视远明。豺虎穴空妖雾卷，鲸鲵海阔怒涛平。诏书读罢双垂泪，又向乾坤谢再生。"鲁大维则认为："结果是，恭愍王为加强王权的鲁莽行动在冷酷的现实中暴露了其局限性。恭愍王为了平息元朝皇帝的愤怒，消除其潜在的政敌，同时也是出于政治权宜，处死了印珰……东北亚的局势让他们明白，双方一荣俱荣，一损俱损。"（鲁大维.帝国的暮光：蒙古帝国统治下的东北亚［M］.李梅花，译.北京：社会科学文献出版社，2019：121.）李岭认为："突如其来的红巾军打乱了奇后的复仇计划，也打乱了高丽谋求独立的步伐。双方的矛盾因共同敌人的出现而暂搁……高丽王国重新奉元为正统，恢复了遇有大事必禀上国的做法。"［李岭.丙申之祸及元丽关系［J］.广播电视大学学报（哲学社会科学版），2006（3）：80.］

② 郑麟趾.高丽史［M］.重庆：西南师范大学出版社，2014：1209.

"谋为不轨"而不得不进行反击。最后，他表示了重回帝国秩序的愿望。①

恭愍王的表章基本上就是按照元顺帝诏书的提示，有针对性地制作的一套说辞，近乎一种双簧表演。这看似荒谬，却是当时情势下合乎逻辑的推演。元顺帝自然顺势接过了恭愍王递过的台阶，颁诏高丽曰：

> 诬以一眚，辄亏旧恩。然裁以至公，若尔初获首事，具罪以闻，善善恶恶，朕与天下共之，奚肯徇私以紊大法？如云仓卒，不遑陈奏，事定之后，盍先驰闻。事既已往，况能悔罪陈情，兹示宽容，特释尔咎……抚我黎庶，固我东圉，勿替朕命，惟尔之休。②

元顺帝完全承认了恭愍王表章对整个事件"事实"与"逻辑"的认定，在不痛不痒地指责他对事件处理的程序有瑕疵，不符合帝国秩序的原理，以显示作为"天子"之表面上的地位与权威后，表示对事件不予追究，正式承认了恭愍王诛杀奇辙等一连串行为的正当性。

恭愍王的冒险获得了成功，但他并不满足。由于完全摸透了元顺帝的心理与底线，吃透了绥靖政策的本质，他还想再进一步，以获得更多的政治利益。他遣政堂文学李仁复赴元上表，表示愿意如从前那样永世成为帝国的臣子，但这不过是欲取先予。在元已无力对高丽施加实质性影响的情况下，这种回归不过是一种形式，不仅不构成实质性约束，还可从形式上的臣属关系中得到实质性好处。在满足了元顺帝在形式上维持帝国秩序的基本诉求后，恭愍王借机提出了强化其国内权力的要求：

---

① 闵贤九则认为，从恭愍王八年开始的红巾军的大规模入侵，使高丽为了生存，不得不恢复和元的关系，这是对"排除外部势力"之"改革"初衷的否定。(闵贤九. 辛旽의 執權과 그 政治的 性格（上）[J]. 歷史學報, 1968（38）: 56.)

② 郑麟趾. 高丽史 [M]. 重庆：西南师范大学出版社, 2014: 1210-1211.

切惟世皇征东，令国王为丞相，行省官吏委国王保举，不入常调，非他行省比。其后续立都镇抚司、理问所、儒学提举司、医学提举司……况今省官，有与逆贼谋者。愿自今其左右司官，令臣保举，勿蹈前弊，其理问所等官司，一切革去。世皇东征日本时所置万户，中军、右军、左军耳。其后增置巡军、合浦、全罗、耽罗、西京等万户府……除三万户镇守日本外，其余增置五万户府及都镇抚司，乞皆革罢……枢密院所差体覆使，亦宜停罢……双城、三撒元是小邦之境……伏乞归我旧疆，双城、三撒以北，许立关防……今有塔思帖木儿，自谓忠宣王孽子……乞将此人及其党与发还本国。①

首先，通过裁撤元在半岛设立的各种机构，掌控这些机构的人事权，彻底切断元控制半岛的制度性装置，使帝国秩序虚壳化。其次，在双城、三撒以北一线设立关防，通过划定与元的边界，在实质上与帝国切割，确立高丽的独立地位。再次，通过要求元廷将其王室中的竞争对手交由他处置的方式，否定了皇帝对高丽王位的决定权。最后，恭愍王通过以退为进的方式，试图以外交手段巩固其武装暴动的成果，并将之进一步扩展。在当时的状况下，这不过是逼迫元顺帝追认既成事实而已，是对元顺帝及帝国的再次羞辱。

总之，在外无元廷干涉、内无制约势力的情况下，恭愍王以其大胆与冒险，一举掌控了半岛局势，再没有什么势力可以阻止他为所欲为。诛杀奇辙一年后，他又发动了清除其兄忠惠王之子释器的事件，② 以前首相孙守

① 郑麟趾.高丽史［M］.重庆：西南师范大学出版社，2014：1211–1213.
② 《高丽史》九十一《宗室二》："王闻前护军林仲甫欲奉释器，潜图不轨，囚巡军按治，辞连前政丞孙守卿……前内园丞朴乙等十余人，悉系狱……斩守卿、桂、成、仲甫等……安置释器于济州，令李安、郑宝等押送，至海中，挤之于水，释器不死，亡匿。"（郑麟趾.高丽史［M］.重庆：西南师范大学出版社，2014：2852.）

卿为首的一批官僚精英被整肃。再一年后，恭愍王又开始整肃以前首相蔡河中为代表的另一派认同帝国的人物。①质言之，恭愍王在名义上尊奉元廷的同时，在实质上开始加速从各层面清除帝国在高丽的残留势力，高丽不再是元境内的一个特殊行政单位，而是一个独立自主的邦国。在无实力支撑的场景下，元顺帝对此无能为力，所能做的只是承认现实。但一桩桩巨大政治事件的发生，不能不使他逐渐清醒，认识到被恭愍王玩弄于股掌之中。由此郁积起来的愤懑，应是他在六年后下诏废黜恭愍王而立德兴君塔思帖木儿为高丽国王的原因之一。但这同样不过是无谋之举，很快便失败了。

---

① 恭愍王六年六月"以蔡河中与全赞谋逆，并系狱鞫之。赞逃，河中诬服自缢，斩于市。"（郑麟趾.高丽史［M］.重庆：西南师范大学出版社，2014：1214.）蔡河中这一帝国派的代表性人物就这样落幕。七月甲午，"获全赞，斩之"。八月甲辰，"以辞连蔡河中，杖流全祐祥、辛贵、赵晖、赵万通、洪开道、李称、郑珦、康赞、洪尚载"（郑麟趾.高丽史［M］.重庆：西南师范大学出版社，2014：215.）。

第五章

历史书写的表层与内里："金镛之变"发微

在高丽末期的恭愍王十年（1361）三月至十一年闰三月，先后发生了冤杀"三元帅"及"兴王之变"两大事件（在史料中，此两大事件的主谋者均被认定为金镛，故我们不妨将它们统称为"金镛之变"①，史臣对它们，特别是对前者采用的书写方法，迄今尚未被人们充分认知，②致使事件的真相与此种历史书写的意义长久被忽视。目前，关于"金镛之变"的历史记录基本只有《高丽史》这一官方文本，在新史料出现之前，我们对事件真相的探索，只剩下通过分析现有文本中史臣以笔法留下的"内里"，来倾听他们隐晦委婉几乎无迹可寻但又近乎大声疾呼传出的声音。

一、三元帅留下的历史记忆

恭愍王十年，红巾军大举进攻高丽，京城陷落，国王南幸。在政权处于风雨飘摇的危急时刻，排位第三的宰相郑世云被任命为总兵官，统一指挥各支军马与红巾作战，最终获胜。在此过程中，涌现出一批杰出的将领，安祐、金得培、李芳实是其中最著名的三人（安祐为上元帅，金得培为都兵马使，李芳实为都指挥使），世人称为"三元帅"。然而，就在他们大功告成之时，凯旋回朝之日，却全部被杀。这就是在半岛历史上留下深

---

① 韩国学者金成俊也指出："必须注意的是，金镛杀害四元帅的事件和后述'兴王之变'是相互勾连的"。（国史编纂委员会. 한국사 [M]. 首尔：国史编纂委员会，1994：335.）

② 鲁大维也只是感叹："在如此重大的军事胜利后不久，高级将领，而且大部分是恭愍王在位初期的最强有力的支持者，竟然合谋杀死了国王最器重宠爱，且精心挑选出来的统帅，而且没有任何解释，事先也没有任何预警，这的确令人匪夷所思。"（鲁大维. 帝国的暮光：蒙古帝国统治下的东北亚 [M]. 李梅花，译. 北京：社会科学文献出版社，2019：178.）

刻记忆的"三元帅事件"。

他们的被杀乃高丽朝廷的官方行为,官府给出的理由是,他们在此之前杀害了主帅郑世云。

> 恭愍王十一年春正月甲子,"安祐、李芳实、黄裳、韩方信、李余庆、金得培、安遇庆、李龟寿、崔莹等率兵二十万屯东郊,总兵官郑世云督诸将进围京城……斩首凡一十余万级,获元帝玉玺、金宝、金银铜印、兵仗等物。余党破头潘等一十余万遁走,渡鸭绿江而去,贼遂平。己巳,金镛矫旨密谕安祐、李芳实、金得培杀总兵官郑世云"①。在之后的二月乙巳,"安祐还诣行宫,金镛使门者杀之,遣使分捕李芳实、金得培、万户朴椿,杀芳实于龙宫县。三月丁未朔,搜捕得培于山阳县,杀之,枭首于尚州,观者莫不嗟悼"②。

主要依据高丽官方史料,特别是《恭愍王实录》写成的《高丽史》,将这一前所未有之离奇事件的责任全部推给金镛——金镛嫉贤妒能,害怕郑世云回朝得到重用,对其地位形成威胁,矫诏命三元帅将其杀害。之后,历代史家均承其说,无所发明。到了朝鲜王朝后期,李埈(1560—1635)还称:

> 丽末枢密院直学士金先生得培,以西北面都巡问使讨灭红贼,奸臣金镛忌郑世云功高,又恐安佑、李芳实、金得培成功,欲使佑等杀世云,因以擅杀世云为罪而尽杀佑等。③

① 郑麟趾.高丽史 [M].重庆:西南师范大学出版社,2014:1237.
② 郑麟趾.高丽史 [M].重庆:西南师范大学出版社,2014:1238.
③ 李埈.苍石集 [M].首尔:景仁文化社,1996:400.

此说即来自《高丽史》的表层书写，未能参透作者在表面叙述背后透露的信息。《高丽史》虽由朝鲜王朝初期的郑麟趾等人所修，但依据的却是《恭愍王实录》等高丽国史，其叙述不过是对高丽官方说辞的重复。高丽官方之所以要将罪责全部推给金镛，一是为给事件的真正幕后主使者恭愍王掩饰与开脱；二是因为金镛本人在被利用后不久，也被用近似的方法灭口，将三元帅之死的责任推给他，可将其被杀正当化。

由于三元帅救生民于水火，扶国家于既倾，功高盖世，恩泽如山，在当时享有崇高声望，他们的遭遇获得了普遍同情，[①]时人对事件的真相亦抱有怀疑态度。在此情境下，作为同情三元帅大众中的一分子，高丽官方史书的作者们既要完成官方交付的书写任务，又要利用其"书写的权力"在有限的空间，通过特定"笔法"，在对事件前因后果与各种细节的铺陈叙述之中，尽可能地在表层书写的掩护下，以内里书写的方式，留下关于事件真相的线索与信息。

受《高丽史》表层书写及由此种书写弥散之情感及大众记忆的影响，当很快来临的改朝换代实现，半岛进入朝鲜王朝后，三元帅的形象越发高大，并被配享崇义殿。郑宗鲁《高丽政堂文学谥文忠公兰溪金公遗墟碑铭并序》："方红巾贼之乱，国几亡，赖公以白面书生，奋义讨贼得不亡，其功大矣……用是我圣朝追谥文忠，使配享于麻田郡崇义殿"[②]。宋焕箕《鳌城君安公传》亦称：

---

① 与之类似的是中国南宋时期的岳飞被杀事件。我们可以通过对岳飞事件中时人情感与官方书写及行动的观察，来理解高丽"三元帅"事件发生后高丽社会各方的反映。鲁大维也谨慎地指出："从《高丽史》的只言片语中可以看出，这些遇难被贬的家族幸存者们获得了一定程度的同情"。（鲁大维.帝国的暮光：蒙古帝国统治下的东北亚［M］.李梅花，译.北京：社会科学文献出版社，2019：182.）

② 郑宗鲁.立斋集［M］.首尔：景仁文化社，2001：42.

　　高丽中书平章事安公佑……与副元帅金得培、李芳实击贼屡捷，竟得收复旧都，勋业甚大。及其奏捷于福州行在而未达，乃为奸臣金镛所惎酷，被槌杀于门外。李芳实、金得培次第就捕而受祸极惨，人皆称三冤而伤悼不已……我太祖命立崇义殿于麻田郡以祭丽太祖，而卜智谦以下诸名臣列次配享，公与金得培、李芳实皆与焉。岂不伟哉！①

　　与此同时，朝鲜王朝还以各种方式褒扬三元帅，以凸显本朝之明、前朝之昏，②激励人们以"三元帅"为榜样，为国尽忠。端宗即位年（1452）十二月，议政府据礼曹呈启：

　　中书平章政事安佑、政堂文学金得培、枢密院副使李芳实，红贼四万陷西京，佑、得培、芳实奋击大破之，贼死者相枕，仅三百余渡鸭绿江而走，后红贼二十万陷京城，佑、得培、芳实等率兵二十万，围京城大破之，斩十余万，余党渡江而走。时人谓曰："我辈获安寝食，三元帅之功也。"……此等人于各代配享之中，特有功于生民，请王氏奉祀时从祀。③

　　中宗十三年（1518）十月，成均馆直讲林霁光对国王说："自三国以来，至于丽季，名臣、义士，史不绝书。荡平红寇，功烈盖世，如安佑、李芳实、金得培三元帅，尚未有祠，臣窃慨叹……请令馆阁诸臣，搜阅前史，

---

① 宋焕箕.性潭集［M］.首尔：景仁文化社，2001：173-174.

② 当然，在这样做的同时，又不能导致对王权本身的怀疑，乃至否定。也就是说，朝鲜王朝是在肯定王权的大前提下，通过对三元帅的褒扬，贬抑前朝，尊显本朝。再加上受高丽官方史书的影响，《高丽史》对恭愍王的描写总体上是正面的。

③ 朝鲜史臣.朝鲜王朝实录·端宗实录：即位年十二月辛丑条［M］.［出版地不详］：［出版者不详］.

抄出卓异者，各于立功死节之地，营建祠宇，令守宰春秋致祭，使世之人观感敬慕，有所兴起，则庶有补于治道矣。"①

出于对三元帅的同情，人们甚至还为他们设想了其他选择，李埈对康明甫说："金先生（金得培）之有功与无功，愚何敢妄论……方佑之请诛世云也，公岂不知一忤于镛则必有大祸随至。而然镛之计，本欲为网打诸君也，三人不死则镛之计必不已。与其至于一朝而终不免于死，曷若毅然守正之于义为得？而况世云不杀则镛虽欲祸三人，无执言之地，亦安所逞其凶计也。"②与三元帅越来越高大的形象形成对照的是，金镛的形象越发猥琐、卑劣，但此种历史记忆与形象的变化，反而使真相越发湮灭不彰。

在这种整体氛围中，也有人在同情三元帅的同时，谴责恭愍王的"昏庸"，甚至还指责三元帅自身处事不当。李荇在其《吊三元帅》一文中说：

> 愤有异世犹不泄，故余心之激烈。何三帅之无辜，羌遭此之惨酷……捷书才报于行宫，奄奇祸之横生。尸三勋于一朝，甚矣恭愍之昏庸。忌功害能，小人之常态，吾又何诛乎金镛？信谗贼而雠忠，宜夫王之不终。呜呼！究厉阶之所由，亦诸君之自取也。建制胜之大策，始谁为之主也？彼矫书之有以，胡不悟之早也……虽然，事有所至难者矣。大功既成，重兵在握，请之则为专制之臣，从之则为一网之肉。嗟哉诸君，罹此惟谷，已矣乎！使泰山之功，转为锋刃之血。③

他对恭愍王与三元帅的谴责，以及在文末点出的由"大功既成，重兵在握"而造成的"请之则为专制之臣，从之则为一网之肉"的结论，已近

---

① 朝鲜史臣.朝鲜王朝实录·中宗实录：十三年十月丁卯条 [M].[出版地不详]：[出版者不详].

② 李埈.苍石集 [M].首尔：景仁文化社，1996：401—402.

③ 李荇.容斋外集 [M].首尔：景仁文化社，1996：574.

于得出兔死狗烹之论，将矛头直指恭愍王，只是未做进一步的探究与论证而已。

沈光世《三帅冤》一文表达的意思与此类似——"元勋未酬俱就戮，冤气千年射天紫。韩彭菹醢岳飞诛，自古功臣多类此"。直接将三元帅比作历史上的韩信、岳飞，如此恭愍王则为汉祖、宋高自不符言。因此，其题目又自注云："自古如此，忠臣义士所以解体也"[①]。在他看来，三元帅之死的主要原因在于他们功高震主，事实的真相是君主以莫须有的罪名，用阴谋手段将他们杀害。

李荇与沈光世之所以能有此类看法，或许是由于他们在《高丽史》的表层叙述之后，捕捉到了作者以特定笔法透露出的一些信息与线索。我们就是要把这些信息与线索明确揭示出来，既使千古之冤昭雪于一旦，又使历史书写本身的特质得以呈现，并对史臣在艰难环境下保存历史真相的努力予以表彰。

二、三元帅事件发微

在高丽王权已相当巩固的情况下，三元帅事件这一大规模杀戮前线高层将领的行动，在没有国王直接指令的情况下，是难以付诸行动的。史料中所说金镛令安祐诛杀郑世云的国王密旨乃"矫旨"，不过是为尊者讳。以恭愍王猜忌、阴鸷、专断而果于杀伐的性格，这样做的后果非常严重。作为恭愍王的绝对心腹，金镛对此不会不知。

三元帅不是普通军人出身的武夫，而是以宰相身份出征。作为在政治核心层历练多年的朝廷重臣，如果没有肯定的命令，他们不可能轻易杀害军队主帅，且此人还是恭愍王的绝对心腹。这相当于叛乱，后果的严重性他们比谁都清楚。

---

① 沈光世.休翁集［M］.首尔：景仁文化社，1996：361.

之后，三元帅全部被杀，不给任何辩解的机会，如无恭愍王的直接命令，根本办不到。只要我们将恭愍王在位期间的各种事件串联起来，就可发现这其实是恭愍王惯用的找替罪羊的杀人灭口之法。[1]这种残酷的"真相"显然不可能直接出现于当代所修官方史书之中，甚至连其基本的逻辑与线索都不允许出现。

然而，如上文所言，三元帅在当时获得了普遍同情，史臣们就是其中一员。[2]为了在完成官方任务的同时，尽可能地留下一些关于事件真相的信息，他们在《三元帅传》中采用了特殊"笔法"，为我们留下了线索。以下，我们就通过对《高丽史》卷一百一十三《安祐（金得培、李芳实）传》（以下简称《三元帅传》）的文本分析，对此予以揭示。为此，我们需详录《三元帅传》中的关键性内容，分段加以分析。

> 镛素与世云争宠，又恐祐、得培、芳实等成大功为王所重，欲使祐等杀世云，因以为罪而尽杀之，乃矫旨为书，使其侄前工部尚书金琳密谕祐等令图世云，且曰："世云素忌卿等，破贼之后必不免祸，盍先图之？"祐、芳实就得培牙帐，曰："今世云畏贼不进，镛书如此，不可不从。"得培曰："今甫平贼，岂宜自相剪灭……"祐、芳实乃退。及夜复来，言曰："诛世云，君命也。我辈成功而不奉命，其如后患何？"得培坚执不可，祐等强之。于是置酒，使人邀世云。既至，祐等目壮士，于坐击杀之。[3]

---

[1]　吕正理在其《东亚大历史：从远古到1945年的中日韩多角互动历史》一书中非常有洞见地指出："恭愍王往往在发动一些阴谋之后，接着找人替罪，或杀人灭口。"（吕正理. 东亚大历史：从远古到1945年的中日韩多角互动历史［M］. 北京：群言出版社，2015：317.）

[2]　在《三元帅传》的最后，史臣以这样的笔法做了结尾："芳实子中文、祐子年甫十余，游市街，人争以物馈之，曰：'今我辈获安寝食，三元帅之功也。'至有垂涕者。"（郑麟趾. 高丽史［M］. 重庆：西南师范大学出版社，2014：3451.）借众人之口，对三元帅表达了深切的同情。

[3]　郑麟趾. 高丽史［M］. 重庆：西南师范大学出版社，2014：3449.

这一段描述了三元帅击杀郑世云的经过，动手之前的密谋占据了主要篇幅。史臣通过对"世云素忌卿等，破贼之后必不免祸，盍先图之"之语的引用，显示三元帅与郑世云本就有嫌隙，而金镛除了以王命胁迫之外，还使用了离间计。这套操作确实产生了效果，被打动的安祐、李芳实找金得培商议："今世云畏贼不前，镛书如此，不可不从"。二人出于对金镛权势的畏惧，加上本就对郑世云不满，又有自身的利益，正好以王命为由诛杀郑世云。

隐藏在这类复杂细节描写之中的，是史臣欲意传达的一个关键信息——"君命"。如果说繁复的细节描写构成了表层书写的话，"君命"二字便是内里书写露于表层的不起眼的破绽，乃揭开谜底的线头，是我们剥开覆盖于内里书写之上的由表层书写构成之重重釉彩的关键。只要我们拉动这个线头，顺着由它撕开的划痕，就可逐渐看到一幅完全不同的画面，进入一个完全不同的场景。

因此，在这一段落中，"诛世云，君命也。我辈成功而不奉命，其如后患何"，乃史臣的点睛之笔——既以引用手法间接否定了作为整个表层书写基础的金镛"矫旨"说，又表明三元帅对恭愍王的个性非常了解，他们杀郑世云乃不得不杀。这又强化了"君命"说的真实性。如果说违旨不杀的后果连三元帅都知道有多么严重，作为比三元帅更接近从而也更了解恭愍王的金镛，对矫旨擅杀的后果当然更清楚。这就进一步否定了"矫旨"说，构成内里书写的核心。

王闻变，遣直门下金瑱颁赦，令诸将赴行在，以安其心。既而，福州守朴之英言于宰相曰："芳实独杀世云，祐等亦遇害。"王恐生他变，即召瑱还，将调兵讨之。判事金贤、上将军洪师禹来献诸将论世

云书，王大悦，赐贤金银布帛，复遣颁赦……又遣知奏事元松寿赐诸
将衣酒。祐至咸昌县，王择大臣有计画者往迎之，以备非常，乃遣侍
中柳濯。濯至，跪进酒请元帅立饮，祐不敢。濯曰："今公收复三韩，
仆敢以爵位为心，一杯之后，岂复请立饮耶？"因泣下。①

　　史臣叙述了恭愍王在得知三元帅杀郑世云消息后采取的一连串行动。
这些措施计划严密，按部就班，恭愍王本人亦沉着冷静，指挥若定，似一
切都在预料之中，无任何慌乱与震惊的表现。面对如此重大的事件，恭愍
王甚至都未召开臣僚会议进行讨论，好像一切都在按预案行事。在这些措
施中，"遣直门下金瑱颁赦，令诸将赴行在"，是要将三元帅稳住，而这一
描写本身又暗示恭愍王已决心以请君入瓮之计将他们彻底清除，为之后安
祐在恭愍王行在被不加分辨地诛杀埋下伏笔。

　　为达到请君入瓮的目的，恭愍王接连采取了颁赦、赐酒等一系列麻痹
对方的行动。在这些复杂的细节描写中，史臣看似不经意地插叙了一事，
即恭愍王派遣自己的绝对心腹柳濯往迎，可他的表现却极为怪异。他是当
时首相，职位高于三元帅，却"跪进酒，请元帅立饮"。当安祐等尽力推
辞时，他说出了一番同样怪异的话："今公收复三韩，仆敢以爵位为心。一
杯之后，岂复请立饮耶？"并"泣下"②。对此，鲁大维的解释是："也许是
害怕报复，或者担心于己不利，恭愍王派柳濯为代表出城迎接安祐……或
许是为了试探安祐，柳濯故意跪下来向安祐敬酒"③。我们认为，在试探之
外，不排除柳濯有感于三元帅被蒙在鼓里，无故受诛，跪献了一杯上路
酒，情不自禁地流下了热泪。两者可以并存，因为柳濯虽是恭愍王心腹，

① 郑麟趾.高丽史［M］.重庆：西南师范大学出版社，2014：3449-3450.
② 郑麟趾.高丽史［M］.重庆：西南师范大学出版社，2014：3449-3450.
③ 鲁大维.帝国的暮光：蒙古帝国统治下的东北亚［M］.李梅花，译.北京：社会科学文献出版社，2019：179.

可能直接参与了恭愍王诛杀三元帅的谋划，但他也是有血有肉之人，对三元帅抱以同情是可能的。他的这种表现，很可能成为其日后被恭愍王所杀的祸根，就如后文所论金镛因失言被恭愍王诛杀一样。

> 明日，祐凯还，诣行宫上谒。镛令睦仁吉引至中门，使门者槌其首。祐辞色不变，三叩所佩囊，大呼曰："幸小缓，愿至上前献囊书就戮。"王未及闻。槌者更击杀之，曳下庭。王不知其死，传旨曰："汝等擅杀郑世云，身首异处，今不斩汝，以有大功也。"囊书即镛饴祐等杀世云书也。镛恐琳泄其谋，先斩之，遂白王曰："祐等擅杀主将，是不有殿下也，罪不可赦。"①

这一段描写了安祐到达恭愍王行在后被诛杀的整个过程与具体场景。史臣被下达的书写任务是表现恭愍王与此事无关，②一切均为金镛主使。其表层书写的确也是这样进行的。然而，史臣在为完成这一任务而进行的一系列表层书写，特别是在以细节"涂抹"真相的过程中，已经开始了内里书写，看似"实录"的叙述，隐隐透露出这样的信息，在国王的行在所，在众人毕集、耳目交接、目睹之地，金镛要想操纵一切，一手遮天，违反

---

① 郑麟趾.高丽史 [M].重庆：西南师范大学出版社，2014：3450.
② 鲁大维则云："《高丽史》似乎是在为恭愍王开脱，认为恭愍王和郑世云之死没有瓜葛⋯⋯基于讨论，我们假设恭愍王事先对杀害郑世云的阴谋一无所知。"（鲁大维.帝国的暮光：蒙古帝国统治下的东北亚 [M].李梅花，译.北京：社会科学文献出版社，2019：177.）

常识，根本不可能。①鲁大维未能参悟这一层，做了这样的解释："安祐的谦卑之举，并没有化解恭愍王的担忧……凯旋回师的安祐，非但没有听到恭愍王的赞誉之词，反而被一顿斥骂后，被恭愍王近侍乱棍打死"②。

为了达到表层书写即内里书写的目的，史臣对恭愍王的出场做了戏剧性描绘，以此暗示恭愍王乃刻意做戏，他演出的对象正是在场的众多不知情者，目的是通过他们之口向不特定的不在场之人传达他与此事无关的信息。

> 镛与洪彦博、柳濯、廉悌臣、李岩、尹桓、黄裳、李春富、金希祖禀旨揭榜云："祐等不忠，擅杀世云，祐已伏辜，有能捕得培、芳实者，超三级录用。"分遣大将军吴仁泽、御史中丞郑之祥、万户朴椿、金庾等捕之。③

悬赏之事乃事务性行为，甚为平常，只需下属操办即可，本无需太费笔墨，可史臣不仅将其大书特书，还留下了一大串名字，指明这些人是"禀旨"而为。这一书写的重点有三：一是提示事件根本不是金镛一人所

---

① 其实，即使当时，不少人便不相信此事乃金镛所为。由恭愍王亲自提拔，一生感念知遇之恩，并于恭愍王十六年开始主持撰修国史的李穑，在《赠侍中郑公画像赞并序》一文中就说："守门下侍中广平府院君李公，在壬寅岁，尝与诸将克复京城。其总兵官，则赞成事商议鹰扬军上护军郑世云也。三元帅忌总兵功在己上，嗾麾下士突出害之。三元帅虽伏辜，然世之悲郑公，至于今不置……郑公非常人也，事上忠，未尝小有所迎；持志确，未尝小有所变易……郑公慨然请行，旬月间，宗社复安，岂偶然哉？在昔显庙时，姜侍中邯赞，庚戌，请南幸；戊午，御敌北鄙，其功烈卓然矣……郑公与于决策南幸，又能总诸军扫群丑，独立大功，足以俪于姜公矣。然姜公凯旋，显庙亲迓于郊，赐诗以褒之，则郑公之不幸也，玄陵之痛伤也，天曷故焉？"（李穑.牧隐藁[M].首尔：景仁文化社，1996：104.）李穑在叙述郑世云的遭遇时，根本不提金镛；相反，他将事迹近似，遭遇却完全不同的姜邯赞与郑世云对比，似意有所指。
② 鲁大维.帝国的暮光：蒙古帝国统治下的东北亚[M].李梅花，译.北京：社会科学文献出版社，2019：179.
③ 郑麟趾.高丽史[M].重庆：西南师范大学出版社，2014：3450.

为，而是由多人参与、密谋，金镛、洪彦博、柳濯三人，作为恭愍王长期以来的绝对心腹，在其中起了关键作用；二是以"禀旨"这一核心词汇，再次揭示恭愍王才是事件的幕后主使；三是以此表明，这些揭榜之人明知三元帅之冤，但仍要将他们赶尽杀绝。

> 是日，芳实赴行，在至龙宫县，王命芳实舅右散骑辛珣、按廉成元揆往迎。椿至，称有旨，芳实下庭跪，仁泽拔剑击之即绝。良久复苏，踰垣走，椿追执之。芳实欲拔椿剑，之祥等从后击杀之。得培至基州，闻变，率数骑逃匿山阳县先茔侧，流其弟得齐于花山，囚得培妻挐鞫之，其壻直讲赵云仡谓妻母曰："直言之，毋受苦楚。"妻母隐忍久之，乃告。庚椿、之祥、元揆等捕斩之，枭首尚州，年五十一，观者莫不嗟悼。①

史臣以大量笔墨描写了官府搜捕与杀害金得培、李芳实的过程。细节性的描写显示着朝廷的卑劣与不择手段，如派遣当事人的舅舅诱捕、拘捕当事人的妻子、刑讯当事人的老母亲……这些均违反了高丽人信奉的儒家伦理与法律上的亲亲相隐原则。冷静的实录背后是泣血的控诉，这就是讲述的力量。

不过，这些仍是表象，史臣真正的用意在于通过"说出"恭愍王一定要将三元帅赶尽杀绝，不给任何分辩机会的残酷事实，进一步把真相推向读者。这类细节描写还"故意"留下了大量破绽，以引起读者注意。比如，上引史料提到朝廷已公然悬赏金培芳与李芳实，作为宰相与大将，又有众多亲人、故旧在京的金、李二人对此信息竟毫无掌握，以至于当抓捕他们的万户朴椿等到来"称有旨"时，"芳实下庭跪"，等于束手就擒。如果

---

① 郑麟趾.高丽史［M］.重庆：西南师范大学出版社，2014：3450–3451.

这还可以用信息迟延来解释的话，那么后面的"仁泽拔剑击之即绝。良久复苏，踰垣走，椿追执之。芳实欲拔椿剑"不仅不合常理，仿佛还在故意凸显李芳实神勇的形象。与此类似，史臣特意记述金得培"率数骑逃匿山阳县先茔侧"，似乎也是在彰显其孝道，暗指其无辜，与恭愍王一侧的不择手段形成对照。另外，这些描写亦显示，恭愍王对于金得培与李芳实的处置与之前对安祐并无不同，以凸显上文恭愍王在行宫所作所为的表演性质，强化其不真实感，真相亦呼之欲出。①

一句话，对如此重大敏感的事件，既然不能明写，就不如以某些叙事上的混乱与矛盾，留下一些线索，供后人思考——在表层记载上看似矛盾，逻辑不能自洽，可在内里却传递着关于事件真相的零散信息。

为了强化由表层书写透露出的内里书写的效果，史臣在叙述三元帅被杀的经过后，又记载了金得培门生郑梦周请收其尸并为文以祭的事迹，祭文曰：

> 呜呼皇天，我罪伊何……往者红寇阑入，乘舆播越，国家之命，危如悬线，惟公首倡大义，远近向应，身出万死之计，克复三韩之业。凡今之人，食于斯、寝于斯，伊谁之功欤？虽有其罪，以功掩之可也；罪重于功，必使归服其罪，然后诛之可也。奈何汗马未干，凯歌未罢，遂使泰山之功转为锋刃之血欤？此吾所以泣血而问于天者也……②

从表面上看，这是在肯定三元帅"有罪"且"罪重于功"，将三元帅

---

① 《柳淑墓志铭》记："明年贼平，三元帅功益高，擅杀总兵官郑世云。"（李穑.牧隐藁［M］.首尔：景仁文化社，1996：154.）对于三元帅事件，墓志根本未提及金镛，对上述《三元帅传》中表层书写的内容一概不予采纳。这是从另一个层面对史臣内里描写的间接证实。

② 郑麟趾.高丽史［M］.重庆：西南师范大学出版社，2014：3451.

被杀的责任推给他们个人，证明恭愍王对事件处置的合理。但整个祭文散发出的强烈情感本身就是对这种表层含义的否定。祭文起首"呜呼皇天，我罪伊何"一句，可谓整个祭诗的主题。史臣以引用法对由表层书写确立的"事实"做了根本性否定。

李埈称："惟此一文一诗，可以见学士公之平生大节也。以泰山之功，而血奸人之锋。忠魂壮魄，至今饮泣于九泉之下，历三百年之久而不得泄……"[1]但他却未以此文为指引，进一步探究事件的真相，殊为可惜。其实，又何止于他，几乎所有后世史家均只受到了《三元帅传》所传达情绪的感染，而未留意隐藏于其间的"笔法"，及由"笔法"形成之文本所要诉说的残酷真相。崔溥《东国通鉴论》：

> 今红贼之变，倾陷我都城，焚荡我宫阙，屠戮我生灵，诸元帅克复廓清之功，又有大于向之将相矣。惜乎捷音才报，而总兵为贼镛所图，三帅相继遇害。一国人人，皆欲食镛之肉而不可得。王何不察，以无名之罪，加有功之人，以死报功乎？郑文忠梦周为文以悼之曰："使泰山之功，转为锋刃之血。"盖未尝不痛恨于恭愍云。[2]

他痛恨恭愍王不察金镛之奸，只读懂了《三元帅传》的表层含义，不知其内里。这或许正是史臣"笔法"的成功之处，否则，《三元帅传》的来源史料又何以能被王权认可，从而进入正史系统，并通过朝鲜王朝初期修《高丽史》而流传至今？

在《三元帅传》中留下相应的信息与线索后，史臣又在《郑世云传》中做了这样的描写：

---

① 李埈.苍石集[M].首尔：景仁文化社，1996：400.
② 崔溥.锦南集[M].首尔：景仁文化社，1996：414-415.

> 红贼陷京城……世云……日夜忧愤，以扫贼恢复自任，王亦倚信……王遂以世云为总兵官……世云行，擢授中书平章事，位二相三宰之间……寻为安祐等所害，洪彦博闻其死，曰："总兵之出师也，言貌甚傲，其及宜矣。"①

史臣引洪彦博之语，话外有音。洪彦博作为恭愍王的外戚与心腹，对恭愍王的了解恐怕比谁都深刻。六年前，在诛杀奇氏一族后，恭愍王论功行赏："其以南阳侯洪彦博、参政商议庆千兴、参政安祐、知门下省事郑世云、判枢密院事黄裳、知枢密院事柳淑、上将军睦仁吉、将军李蒙古大为一等。签书枢密院事金得培……中郎将张必礼为二等"②。被诛杀的安祐、郑世云为一等功臣，金得培为二等功臣，均已进入宰相行列，地位显赫。通过平定红巾军，他们又掌握了军权，立下了不世之功，功高不赏，而郑世云言行不谨，不善处身，遭到了恭愍王的猜忌，③结果落得兔死狗烹

---

① 郑麟趾.高丽史［M］.重庆：西南师范大学出版社，2014：3452-3454.

② 郑麟趾.高丽史［M］.重庆：西南师范大学出版社，2014：1223.

③ 鲁大维讲："郑世云在收复京城后给驻跸福州的恭愍王送去了一份冗长的奏折……竭力向恭愍王证明自己对高丽和大蒙古帝国的重要性……郑世云也毫不讳言，王朝命运掌握在大将之手……郑世云没有提到恭愍王杰出的政治领导力、卓越的军事指挥才能和非凡的战略眼光。至此，虽然没有明说，但谁是高丽王朝的救星，不言自明……其野心和欲望昭然若揭，因为他希望自己在高丽王朝继续扮演主导者的角色。"（鲁大维.帝国的暮光：蒙古帝国统治下的东北亚［M］.李梅花，译.北京：社会科学文献出版社，2019：173-176.）我们认为，与其说郑世云有野心，不如说他言行不谨更为适当，洪彦博的说法是中肯的。

的下场。①

三、兴王之变发微

恭愍王在即位之初，就敢动手诛杀朝廷重臣，对官僚集团进行清洗。之后，这种手法又在诛杀奇氏一族、杀三元帅等行动中被反复运用，不得不使众臣心生警惕。君臣关系的扭曲，使三元帅事件未能画上一个句号，另一场风暴马上就接踵而至，这就是正史中所谓的"兴王之变"：

> 恭愍王十二年闰三月辛未朔夜五鼓，"金镛密遣其党五十余人犯行宫，宿卫皆奔窜，杀宦者安都赤及佥议评理王梓、判典校寺事金汉龙，又杀右政丞洪彦博于其第。密直使崔莹、副使禹磾、知都佥议安遇庆、上护军金长寿等，自京城帅兵诣行宫击贼，平之。长寿死之。乱定，王入御康得龙家，令百官宿卫徼巡。命李仁复、丁赞、禹磾、洪善福鞫贼于巡军"②。

金镛为恭愍王诛杀前线大将后，很可能被当作替罪羊，故他有犯险一搏的可能性。然而，通过对各种迹象的综合分析，我们认为此事当非他策划。

首先，金镛身为宰相，又曾统军作战，有丰富的政治斗争与一定的军

---

① 朴龙云教授注意到，在击退红巾军之后，"朝廷中武人势力极度得势，在这种怪异的氛围中，金镛矫诏杀掉了郑世云、安祐、李芳实、金得培"。（朴龙云．高丽时代史［M］．一志社，1996：620.）。鲁大维讲："在短短的几个星期内，就在收复京城、挽救朝廷于水火后不久，高丽朝廷最有权势的四位将领，以国家公敌之罪被处死……《高丽史》编者严厉谴责金镛的所作所为。但四面楚歌的恭愍王，至少在铲除其潜在挑战者问题上，采取了默许态度。那么恭愍王为什么会沦落到如此地步？……四位将军控制着身经百战且数量庞大的高丽军队……这四位将领的威胁如此之大，以至于恭愍王再也无法容忍下去。"他还谨慎地指出："在恭愍王的默许下，这些刚刚收复首都的将军却被肃清。"（鲁大维．帝国的暮光：蒙古帝国统治下的东北亚［M］．李梅花，译．北京：社会科学文献出版社，2019：180，14.）

② 郑麟趾．高丽史［M］．重庆：西南师范大学出版社，2014：1249.

事斗争经验，当时又担任巡军提调的要职，掌握整个京师警务的实权，[①] 可此次仅组织了几十个人发动政变，又未速战速决，形同儿戏。

其次，对如此重大的"叛乱"事件，恭愍王的处置不合常理。最初，他仅仅"流金镛于密城郡"。后，又"以兴王之变，不能捍卫，流护军安吉成、郎将池升景、元大有于外"[②]。相对于三元帅事件，此次事件被认定为刺王杀驾，直接针对恭愍王，性质严重得多，可不仅金镛在开始时未被处以极刑，牵连的人数也相当有限，不符合恭愍王多于疑忌，果于杀伐的性格。

最后，安吉成等人之所以被处罚，并非因为他们参与了事变，而是因为"不能捍卫"，即未尽到护卫之责。如此一来，事件发生后，除金镛之外，竟无一人受罚，极为反常。

从相关史料的记载看，"兴王之变"针对的人物其实是洪彦博与柳淑。洪彦博乃三元帅事件的直接参与者，在事后发表不当言论，泄露天机，引起了恭愍王的猜忌，是此次事件针对的首要目标。《高丽史》卷一百十一《洪彦博传》：

> 洪彦博，字仲容，南阳府院君奎之孙……录诛奇辙功为一等……王欲迁都江华……人民汹汹。太后洪氏，彦博姑也，面责彦博曰："尔以外戚巨室位冢宰，中外之望咸属焉。今王欲迁都，而国人皆不欲，尔盍谏止之？"彦博以告于王，王曰："予非决迁，欲知吉凶耳"。卜果不吉，国人大悦……兴王之变，子师范遣人走报，令避之。时尚早，彦博方与妾卧，闻之自若曰："不可不食而赴难"。令作粥。贼遣其党趣彦博所舍，门客急告曰："贼将至，而犹不起耶？"俄而贼至，

---

① 金庠基.新编高丽时代史［M］.首尔：首尔大学校出版部，1996：597.

② 郑麟趾.高丽史［M］.重庆：西南师范大学出版社，2014：1253.

曰："出迎帝命。"家人报曰："贼在门，宜速避。"彦博曰："吾见贼问
其故。"终不避。子及妻劝避，犹不肯，曰："安有为首相而逃死者
乎？"徐整衣冠，出户曰："尔乃贼也，何称帝旨？"贼斩之，血溅屋
椽，年五十五。贼在兴王者，闻之皆呼万岁。①

　　洪彦博出自半岛最著名的世家大族洪氏，②恭愍王之母乃其姑。他时任
首相，是恭愍王最主要的支持者。恭愍王策划的各种重大事件背后均有其
身影，在官僚集团中树敌太多、积怨颇深是可以预见的。在政务处理过程
中，他又与恭愍王产生了分歧，对国家与民生影响甚巨的迁都问题就是其
一。他与恭愍王意见相左，并因此获得了很高的声望，逐渐被恭愍王视为
新威胁。③为此，恭愍王故伎重施，以阴谋手段将其诛杀，既使其成为替
罪羊以平息众怒，又消灭了一个潜在威胁。

　　从洪彦博的表现看，他似乎早已知道事件会发生，并自信针对的并非
自己，却由于过于自信而被杀。后文所引《金镛传》透露的信息显示，暗
杀集团的另一个目标是集中于妙莲寺的宰相集团。也就是说，恭愍王要将
高丽上层权力集团一网打尽。④由于此次行动失败，恭愍王又采取了一个
补救办法——抛开既有的宰相集团，任用僧人辛旽执掌国政。从由前后事
件构成的脉络看，对兴王寺事件，洪彦博很可能知情，但也因此掉入恭愍
王策划的陷阱之中。

　　在按官方口径从事表层书写之时，史臣已开始了内里书写的尝试。为

---

① 郑麟趾.高丽史［M］.重庆：西南师范大学出版社，2014：3382-3383.
② 具体分析，参见金光哲.高丽世族层研究［M］.釜山：东亚大学校出版社，1991：69-72.
③ 鲁大维也注意到了恭愍王与洪彦博之间的矛盾。(鲁大维.帝国的暮光：蒙古帝国统治下的
　东北亚［M］.李梅花，译.北京：社会科学文献出版社，2019：196.)
④ 金库基也在一定程度上注意到了这一点，只不过认为是金镛要将国王与宰相、重臣一起
　杀掉，以迎立德兴君。(金库基.新编高丽时代史［M］.首尔：首尔大学校出版部，1996：
　597.)

此，史臣对事件的记述故意留下破绽，这就是贼人所称"出迎帝命"。从文本自身的逻辑看，既然洪彦博的子与客早已知道对方的"贼人"身份，"贼人"何必多此一举？而在当时，高丽已经通过恭愍王的所谓"反元运动"脱离帝国秩序，事实独立，元顺帝绝无可能直接派遣使节向高丽的一个大臣宣布诏令。质言之，贼人不管为达成何种目的，均不大可能"称帝命"。如果他们真的做了这种不合常理的举动，只能事与愿违。但我们并非说史臣完全虚构了一个事实，而是认为所谓"出迎帝命"应是对"出迎王命"的改写。史臣以此"改变"曲折地保留下了一段事实。《高丽史》卷一百三十一《叛逆五·金镛传》：

> 时廉悌臣新拜政丞，宰枢往贺。镛酒酣，谓悌臣曰："三患去矣，不乐何为！"人莫知所指。或谓洪彦博死，是谓一患去。贼党尽歼，二患去。自是百姓无忧，三患去。或云彦博、世云、三元帅也。彦博以勋戚为首相，镛虽执权，不得自逞，故云。①

对于"三患"之说，如我们后文还要分析的那样，前一种解释显然不合理，后一种解释更接近事实。"三患"说这一看似无意的穿插之笔，是史臣以内里书写留下的关于恭愍王涉及事件的重要证据。

与此相关的是，史臣先写洪彦博之子洪师范派人向他通报消息，"令避之"，可他的回答却是"不可不食而赴难"，用这种违反常理的举动，提示人们思考事件的真相。所谓"赴难"，显然是以宰相身份率兵平乱之意，这是在表层书写之下由内里书写传达的信息。明乎此，我们就可以理解史臣通过书写设置的一系列逻辑与语义上的矛盾。它们看似是史臣书写行为的拙劣，实际却是要以此进行内里书写，力图传达这样的信息，洪彦博是

---

① 郑麟趾. 高丽史［M］. 重庆：西南师范大学出版社，2014：3959.

在故意拖延时间，仿佛希望叛乱达成其目的一般。正因他以首相身份对事态采取了观望态度，才有之后"贼人"（很可能就是恭愍王的侍卫）以"王命"让他履职的通报，而他竟然出去与之辩驳。这样一来，整个事件就能得到合理解释。金镛在世时，便有所谓"三患"之说，洪彦博是其中的第一患，其命运早已注定。

事变针对的另一个重要人物柳淑，也是恭愍王的绝对心腹。《柳淑墓志铭》：

（甲午）五月，奇氏之难作，入密直为提学官，制行拜银青荣禄大夫枢密院直学士翰林学士承旨上将军。事定，赐安社功臣铁券。公谓诸公曰："功券即罪案也，愿赐相勉保，终始如汾阳郭氏也。"……岁癸卯，驾还京，以兴王寺为行宫，贼用夜半潜入内，杀直宿官，上避于密室，闻贼相语曰："何故来迟？"贼曰："杀洪某、柳某，故迟来。"既而诸将率兵入救，公随之入。上曰："谓卿已死不复再见，及见卿面，疑其思成，闻卿之语，疑始释矣。"即日，入城拜政堂文学。①

柳淑在恭愍王清除朝臣的历次活动中，"居中，每出奇谋，可畏也"②。早已成为众怒的对象，他本人也深知这一点，对恭愍王说："众怒难犯，今诸将忌臣者，徒以在殿下左右耳。殿下如逐臣，则臣一布衣耳，谁复置齿牙间耶？"于是出为东京留守。③鲁大维云："柳淑的情况可以间接反映恭愍王和这些将领之间的紧张关系以及当时朝廷的混乱局面……安祐及其部

---

① 李穑. 牧隐藁［M］. 首尔：景仁文化社，1996：54.
② 郑麟趾. 高丽史［M］. 重庆：西南师范大学出版社，2014：3415.
③ 郑麟趾. 高丽史［M］. 重庆：西南师范大学出版社，2014：3415-3416.

将密谋暗杀柳淑，因为这些将领和幕僚认为柳淑是恭愍王的幕后军师"①。他似乎认为金镛与安祐的部将合作发动了事变，不知其所据何在。

无论如何，从其"功券即罪案"一语可知，柳淑对恭愍王的个性有深刻理解，他幻想成为郭子仪那样能全身而退的人物，可又无法压制由责任感驱使而来的直言进谏风格，引发了恭愍王的不满。这一点与郑世云相似。恭愍王曾发怒曰："事皆由卿等耶？"柳淑谢罪说："臣受恩既久，而无纤芥之效，反以口舌妄触天威，罪在不赦。"三元帅事件后，他感觉恭愍王有寻找替罪羊、诛杀新功臣的意图，才有上文"诸将忌臣"的一番言语，为自己安排了后路。史载，他"见王多猜忌，功臣少有全者，屡乞退……淑告病不朝，不通宾客者数月"②。但恭愍王还是要对他下手。或许正因如此，当恭愍王见其不死时，才万分惊诧。但最后，柳淑仍未逃过一劫，恭愍王借辛旽之手，以莫须有的罪名将其杀害。③

《高丽史》记载，兴王之变被平定，主要得益于崔莹、禹㳎、安遇庆、金长寿等武将率兵死战。《高丽史》一百十三《崔莹传》：

> 金镛谋乱，遣其党犯兴王行宫。莹闻变，与禹㳎、安遇庆、金长寿等率兵驰赴击贼，尽杀之……（辛禑）六年……禑录莹功，赐铁券，教曰："……逆贼赵日新作乱，卿捍御有功……先考以兴王寺为行宫，逆贼金镛潜令金守夜半入宫杀害臣僚，卿忘身奋忠，悉除凶党……"④

① 鲁大维.帝国的暮光：蒙古帝国统治下的东北亚［M］.李梅花，译.北京：社会科学文献出版社，2019：183.

② 郑麟趾.高丽史［M］.重庆：西南师范大学出版社，2014：3416.

③ 史载，辛旽对恭愍王曰："淑将行，赋诗，其一联云云，此其验也。今淑在瑞州近海，若效范蠡乘舟而去，则必向燕都谋立德兴，不如早除，以绝后患。"王问诸左右曰："淑去时作诗否？"有举末联以对者，王愈疑之。旽欲杀淑，王重违旽意，乃命杖，除名籍没。旽遂缢杀于灵光。（郑麟趾.高丽史［M］.重庆：西南师范大学出版社，2014：3417.）

④ 郑麟趾.高丽史［M］.重庆：西南师范大学出版社，2014：3458–3469.

辛禑王教书透露了一个重大信息，兴王之变并非以武装力量包围王宫的军事行动，而是一次夜半潜入的暗杀事件，暗杀的对象不是国王，而是"臣僚"。《高丽史》一百十三《金长寿传》也提供了一些与此次事件相关的细节：

> 贼犯兴王行宫，长寿从崔莹自城中率兵驰诣行宫，将入门，诸相曰："当审视贼所在乃入。"长寿厉声曰："贼在内，何谓审视？"毁门拔剑而入，斩一人，贼以剑斫其额，血流被面，冒刃又杀二人，众从而入。①

从史料的记述看，此次暗杀事件存在不可想象的漏洞，以至于时间被拖延得很长，失去了暗杀的本意。如此，崔莹等武将才得以从京城率军前来镇压。诸宰相的反应也非常奇怪，他们虽前来"赴难"，但与洪彦博一样，似乎并不急于平乱，只有没有多少政治经验的粗鄙武人金长寿不明就里，率兵直入，成了这次暗杀行动未成功的主要原因。

关于此次事件最详细的记载，无疑是《高丽史》卷一百三十一《叛逆五·金镛传》，详录如下：

> 贼金守、曹连等五十余人，夜至行宫兴王寺，斩门者直入，相呼为宰臣，称帝旨，杀侍卫汉龙及佥议评理王梓、文睿府左司尹金台权、宦者姜元吉。卫士七八人，径至寝殿。宦者李刚达负王匿太后密室。贼入寝殿，宦者安都赤貌类王，代王卧于寝内。贼认为王，杀之，踊跃呼万岁。既而，知王尚在，佯言于众曰："慎勿惊动乘舆！"

---

① 郑麟趾.高丽史［M］.重庆：西南师范大学出版社，2014：3483.

以其党四十余人监宫内诸务，促膳夫进膳，欲王不疑而出也。

贼分遣其党入城，杀留都宰相。会诸相以祝厘在妙莲寺，闻变，将如巡军，集兵讨贼。贼先骑已至妙莲洞口，政丞柳濯等骎马由间道至巡军。镛独不赴妙莲，先至巡军集众，阳言讨贼，谓诸相曰："诸公领此兵，先诣行在，予亦收散卒继进。"濯揣镛有异志，留以观变。镛与其门客巡军提控华之元相目，凡贼被执来者，不讯辄杀以灭口。乱定，以讨贼为镛功，策为一等……

然兴王贼党逮捕者九十余人，镛一不鞫讯，人皆疑之。王召镛曰："欲下汝巡军，按问情状，但念前功，姑从末减。"即流密城郡……寻遣大护军林坚味、护军金斗移系鸡林府，与按廉李宝林鞫之。镛曰："予以八年三宰，无欲不遂，岂有犯上之心乎？但欲去洪侍中耳。"……镛既诛，王追念不已，为之泣下，再叹曰："谁可恃者！"命巡军勿复问镛党。[1]

金镛与赵日新、柳淑、金得培、郑世云等均为恭愍王心腹，但金镛无疑更受宠信，是心腹中的心腹。以他这样的地位，在所谓的赵日新之乱中，"直宿于内独免，又不捍御"[2]，正与兴王之变中洪彦博、诸宰相的表现一致，是有原因的，即他可能就是和恭愍王共同策划了赵日新事件的主谋者。不论是赵日新之变还是兴王之变，采取的手法几乎一致，均是袭击行宫，诛杀行宫中的心腹大臣。

为了完成官方书写的任务，《金镛传》把辛禑教书中的"潜令金守夜半入宫"的情节改写为"斩门者直入，相呼为宰臣，称帝旨，杀侍卫汉龙及金议评理王梓、文睿府左司尹金台权、宦者姜元吉"，将一场暗杀行动

① 郑麟趾. 高丽史［M］. 重庆：西南师范大学出版社，2014：3958-3960.
② 郑麟趾. 高丽史［M］. 重庆：西南师范大学出版社，2014：3958.

转化为公开的武装"政变",为恭愍王之后诛杀金镛找到了合理性。受此影响,后世的朝鲜国王英祖说:"胜国自中叶以后,昏庸之辟相望,而犹无篡弑之变者,以其尚质之效。而至于末叶,质弊文生,权凶窃弄,致有金镛之乱,可不痛哉?"①

但如前文所述,作为最早、最原始的资料,辛祸教书根本未提及杀国王之事。"篡弑"乃高丽史臣以其书写制造出的"事实"。然而,在这种"创作"中,也保留了一些关于事实真相的关键信息,如《金镛传》有"佯言于众曰:'慎勿惊动乘舆!'"的引述。虽然史臣给这些引述加上了"佯言"的标签,但这宝贵的一句话是整个内里书写的关键,即它可能并非"佯言",而是以"佯言"面目出现的"实语"。

几十年后的李穑对此已不知情,他说:"癸卯,还京都,以城南兴王寺为行宫。贼用夜半,潜入内庭。上知之,移御文睿府密室,鲁国坐当其户。贼露刃于前,岌岌乎殆哉,而不敢肆其毒。将相得以入救,今所谓兴王功臣是已"②。在当时元朝与元朝公主早已失去往日权威的情况下,③"贼人"如欲杀王,是不会在乎公主的存在的。这不过是恭愍王事后为自己能在如此"漫长"的过程中毫发无损的反常情况寻找的一个借口罢了。因此,它被广为传播,不仅被写入碑铭,还成为高丽国史的正式说法。④

史料显示,参与兴王之变的"贼党"最多不过百人,他们还要派出小分队刺杀洪彦博等宰相集团中的关键性人物,留在行宫的人数更少,应该就是"监宫内诸务"的四十余人。他们是如何做到以如此少的人数控制守

---

① 朝鲜史臣.朝鲜王朝实录·英祖实录:七年五月乙丑条[M].[出版地不详]:[出版者不详].
② 李穑.牧隐藁[M].首尔:景仁文化社,1996:115.
③ 忠惠王时,庆华公主的遭遇即是其例。
④ 《高丽史》卷八十九《后妃二》:"恭愍王徽懿鲁国大长公主宝塔失里,元宗室魏王之女……兴王之变,王入太后密室,蒙毯而匿。公主坐当其户。乱定,王乃出。"(郑麟趾.高丽史[M].重庆:西南师范大学出版社,2014:2811-2812.)

卫严密的行宫的呢？①《金镛传》的叙述透露了一些天机，即参与行动者主要就是恭愍王行宫的卫士。金长寿等人的果决行动，使这些真实信息被泄露，迫使恭愍王以各种事后的"解释"进行弥缝。

不论哪种史料，均未提及金镛直接参与了行动，故他在事后被封为一等功臣。按《高丽史》的说法，金镛之所以被怀疑，主要是因为他在兴王之变的过程中表现异常。我们认为，他之所以有史料中所说的那些"异常"举动，并非由于他是主谋，而是因为他参与了恭愍王对事件的策划，深知内情。柳濯不知内里，对金镛产生了怀疑，使恭愍王有了以之为替罪羊的理由，可谓一计不成又生一计。

在整个事变过程中，柳濯的表现与金镛并无二致，可结果却是柳濯生而金镛死，柳濯成了金镛的揭露者。其实，从恭愍王的视角看，金镛在整个事件中立了大功，故"乱定，（恭愍王）以讨贼为镛功，策为一等"。他后来之所以必须死，是因为他的"三患"说泄露了天机，就如洪彦博在三元帅事件后泄露天机遭到恭愍王的猜忌一样。

如前引文，对所谓"三患"，有两种解释，后一种解释无疑更符合事实。这种说法在高丽社会中的广泛流传，给恭愍王造成的政治负担无疑又

---

① 对此，鲁大维也觉得难以理解。他说："1363年4月15日，金镛，这位恭愍王的铁杆保王党、野心勃勃的高丽重臣，竟然阴谋策划暗杀恭愍王。金镛密调50多名刺客闯入兴王寺（恭愍王临时行宫），行宫宿卫竟然窜逃而散，我们不知道他们这是为刺客做内应，还是确实无能。"（鲁大维.帝国的暮光：蒙古帝国统治下的东北亚［M］.李梅花，译.北京：社会科学文献出版社，2019：198.）

远远超过了洪彦博在三元帅事件后的失言，金镛的结局由此而注定。① 为了进一步"落实"这一事实，史臣又插入了神来之笔，这就是金镛死前"予以八年三宰，无欲不遂，岂有犯上之心乎？但欲去洪侍中耳"的告白。至此，事件的真相已然大白。

---

① 《高丽史》卷一百三十一《叛逆五·崔濡传》："初诸奇败，皇后谓太子曰'尔年已长，何不为我报仇！'会濡在元，谄事丞相搠思监及后宫宦者本国人朴不花，为将作同知，又为同知枢密院事。知后怨王，又恃金镛杀安祐等诸将而为内应，遂与群不逞，说后谋废王，立德兴君。"（郑麟趾.高丽史［M］.重庆：西南师范大学出版社，2014：3967-3968.）没有任何史料显示金镛参与到立德兴君的事件之中，称金镛为"内应"不过是诬罔之词，乃恭愍王为杀金镛寻找的另一个理由。可是，现代史家几乎都相信了这一点。（鲁大维.帝国的暮光：蒙古帝国统治下的东北亚［M］.李梅花，译.北京：社会科学文献出版社，2019：198，210；闵贤九.高麗政治史論：統一國家의확립과獨立王國의시련［M］.首尔：고려대학교출판부，2006：332；李梅花.试论奇皇后对元末元丽政治关系的影响［J］.内蒙古大学学报（哲学社会科学版），2008（3）：32；金庠基.新编高丽时代史［M］.首尔：首尔大学校出版部，1996：597；朴龙云.高丽时代史［M］.首尔：一志社，1996：556，611.）

第六章

历史书写中的"辛旽之变"

从赵日新到辛旽,所有被官方史书指责为叛逆的"凶人",大多是主动或被动,自觉或不自觉地先被恭愍王利用,然后又遭抛弃的工具。这一事实为高丽官史作者以特定书写所掩盖,至今未被人们充分认知,林象德就讲:"自三国至高丽显宗一千余年,幸已出草传写。今余者三百余年,欲至恭愍而止,而恭愍纪最多难下手处。又块居无师友辨证之益,籍亦多未备,恨无由相就奉质也……"①本章将对所谓"辛旽之变"进行分析。

一、权力层更替:辛旽出场的背景

作为与世俗无涉的僧侣,辛旽进入政界,甚至代国王执政,是由恭愍王时期的特殊政治状况与政治需求决定的。当时的高丽王朝,主要靠三大势力支撑:首先是高度认同中国的"天下派"(帝国派);其次是恭愍王的燕邸随从势力及外戚;最后是传统或正在成长中的世臣大族阶层。恭愍王继位后,依靠燕邸随从势力与外戚集团,通过赵日新之变、奇辙之变两大事件,将"天下派"基本清除。在这一过程中,燕邸随从势力与军人等新权力阶层崛起,并在既有社会结构、文化风习的影响下快速"大族化"②。这种向传统政治回归的趋势,不能被一心想建立中国式王权的恭愍王所容忍。如何对他们进行制约与打击,就成了恭愍王需要解决的重大问题。于

---

① 林象德.老村集[M].首尔:景仁文化社,1996:151.

② 与其他势力不同,世家大族是半岛的一种社会结构,会在一定条件下"自然地"再生产出来,故而王权虽可对之压制、打击,却不能消灭这一阶层。关于此,可参见金光哲.高丽后期世族层研究[M].釜山:东亚大学出版部,1991:89-94.

是，辛旽出场了。^①史家崔溥云：

> 恭愍初，虽有令闻，性本猜忮。疏忌世族，向周寒土。贼旽用事，壅蔽聪明。鲁国薨逝，心志尤惑。喜怒不中，赏罚无章。信用谗邪，诛戮将相。设子弟卫，汗秽宫夜。假伪姓为己子，促灭宗祀，其及也宜矣……人徒知高丽之亡，亡于恭让，而不知己亡于恭愍矣。^②

高丽之亡，非亡于恭让，乃亡于恭愍，确为卓见。恭愍王之所以在主观上想"救高丽"，却在客观上亡高丽，在于他借助因帝国强权消失而造成的王权独大机会，以各种阴谋手段，不断清除政治核心层中的冒头势力，使高丽政权的支柱一根接一根地垮塌。任用辛旽是他第四次周期性地大规模诛戮将相，而对辛旽势力的清除，则是他有生之年最后一次对政治核心层的成功清洗。接着，他本人的末日来临，高丽政权在残喘了十几年后落幕。

如崔溥所言，恭愍王利用辛旽，针对的主要目标是半岛传统的执政集团——"世族"（又称"士族""世家大族""世臣大族"）阶层。恭愍王借助他们的支持上位，在他们的协助下，摆脱了元朝的控制，可又不甘心重回贵族政治的轨辙，世族阶层就成了绊脚石。但要系统性地拿他们开刀，依靠主要由他们组成并浸透了世族观念的既有官僚队伍与体制难以完成，

---

① 闵贤九将武人势力的抬头及由此造成的政治与社会问题特别是王权的弱化，作为辛旽出场的基本历史背景，异常敏锐。但他对武人势力的"大族化"及恭愍王对大族势力的疑忌有所忽略。[闵贤九.辛旽의 執權과 그 政治的 性格：上 [J].歷史學報，1968（38）：72-73.] 鲁大维则根据《高丽史》的记载，认为："王后之死成为恭愍王人生的转折点。据说，当时恭愍王不胜悲伤，无心国事，将政权交给肆无忌惮的佛僧。"（鲁大维.帝国的暮光：蒙古帝国统治下的东北亚 [M].李梅花，译.北京：社会科学文献出版社，2019：11.）他把问题看得太简单了。

② 崔溥.锦南集 [M].首尔：景仁文化社，1996：421.

必须借助新的代理人。

> 辛旽……幼为僧……以母贱，不见齿于其类……恭愍王梦人拔剑
> 刺己，有僧救之得免……会金元命以旽见，其貌惟肖，王大异之。与
> 语……辄中旨。王素信佛，又惑梦，由是屡密召入内……李承庆见之
> 曰："乱国家者，必此髡也。"郑世云以为妖僧，欲杀之，王密令避之。
> 承庆、世云死，发而为头陀，复来谒王，始入内用事。赐号"清闲居
> 士"，称为师傅，咨访国政，言无不从，人多附之……①

恭愍王的梦境，不过是在屡兴大狱之后，自身危机感在心理上的作
用。杀戮越多，越感到统治基础的薄弱，这是他任用辛旽的心理基础，也
是史臣用以揭出辛旽出山背景的点睛之笔。辛旽出身低微，又为僧人，便
于利用在半岛具有强大势力的僧侣势力，②而他本人的资质与政治才能又极
高，故被恭愍王看重，这是向恭愍王引荐辛旽的金元命未想到的。

> 金元命，中赞之淑之孙……拜密直副使……及旽得幸，以元命为
> 三司左使、鹰扬军上护军，掌八卫四十二都府兵。元命率徒兵修旻天
> 寺姜池……自言将以压朝廷也。术家曰："径市凿沟，武盛文衰。"元
> 命党于旽，恐台谏文臣发其奸，用术家语以压之。后与吴仁泽等谋除
> 旽，旽知之，诉于王，系巡军鞫之……旽遣其党孙演杖杀之……且元
> 命之女为恭愍外戚。③

---

① 郑麟趾.高丽史［M］.重庆：西南师范大学出版社，2014：3975-3976.
② 关于佛教与辛旽执政的关系，可参看闵贤九.辛旽의 執權과 그 政治的 性格（上）［J］.歷
　史學報，1968（38）：87-88.
③ 郑麟趾.高丽史［M］.重庆：西南师范大学出版社，2014：3801-3802.

金元命出身世臣大族，其女又为恭愍王外戚，深受恭愍王信任，这是他向恭愍王举荐辛旽的契机。恭愍王任用辛旽的企图，从一开始就遭到了抵制，李承庆、郑世云、韩修等被描述为反对者中的代表性人物。《高丽史》卷一百十二《李仁复传》："平章事李承庆，仁复诸父也"①。李仁复是李兆年之子。李兆年是忠惠王时的宰相，儒学的代表性人物，王权的主要支持者，本人虽出身寒微，但从他开始其家族已逐渐"大族化"，李承庆的情况应类似。与李兆年的文人身份不同，李承庆是武人势力的代表。辛昌王时，尹绍宗曾云："丙申、己亥、辛丑、癸卯之难，庙堂帷幄则有洪彦博诸公，干城折冲则有李承庆、安祐、李芳实、金得培、崔莹诸将相"②。李承庆早在恭愍王六年就已拜相，之后又曾任军中主帅，是当时最有权势的人物之一。③

郑世云，出身寒微，是恭愍王心腹势力中的代表性人物。④他在恭愍王十一年以排名第三的宰相身份作为总兵官指挥大军击溃入侵的红巾军，立下了不世之功，地位显赫。韩修则为典型的大族出身，⑤史载他密启恭愍王："旽非正人，恐致乱，愿上思之，非臣谁敢言？"⑥

"三元帅"与"兴王之变"两起事件，均是恭愍王对既有官僚集团的清洗。辛旽的出场，仍是要完成恭愍王预定的对既有权力阶层整肃的任

---

① 郑麟趾．高丽史［M］．重庆：西南师范大学出版社，2014：3419.

② 郑麟趾．高丽史［M］．重庆：西南师范大学出版社，2014：3819.

③ 《高丽史》卷一百九《李兆年附李承庆传》："承庆，蒙古名帖木不花，入仕元朝，历御史、廉访诸路，以能断决闻……（恭愍）王拜为门下侍郎平章事。八年，红贼陷边，都元帅李岩懦不能军，遣承庆代之，督诸军。"（郑麟趾．高丽史［M］．重庆：西南师范大学出版社，2014：3330.）

④ 史称："郑世云，光州长泽县人。从恭愍入元宿卫，累官大护军。王即位，录其功为一等，与金镛有宠于王……历军簿判书知门下省事，录诛奇辙功为一等。"（郑麟趾．高丽史［M］．重庆：西南师范大学出版社，2014：3451-3452..）

⑤ 李穑．牧隐藁［M］．首尔：景仁文化社，1996：135.

⑥ 郑麟趾．高丽史［M］．重庆：西南师范大学出版社，2014：3280.

务，世臣大族是主要目标，但非唯一。这就决定了辛盹对既有势力打击的普遍性，及由此造成的树敌的广泛性。一旦失去恭愍王的支持，便如秋风下之落叶，没有多少反抗的实力。①

> 十四年，盹注密直金兰家……崔莹责兰，盹嫉之，谮贬鸡林尹。又罢赞成事李仁复，密直赵希古、洪师范、崔孟孙等，引所善兰及金普、李春富、任君辅、朴曦代之。又谮流赞成李龟寿、评理梁伯益……以交结寿万，离间上下，斥去贤良，大（为）不忠，罗织成狱……凡谤己者，辄中伤，虐焰薰灼，大臣以下皆畏之。②

金镛事变后，武将势力进一步崛起，"武盛文衰"的术家之语便是对此状况的反映。③辛盹上台后首先要压制的就是这类人物。崔莹作为武将势力的代表，首当其冲。④赵希古在《高丽史》中无传，从其在辛禑王时

---

① 闵贤九指出，辛盹各方面的基础薄弱，其所依托的主要是王权。[闵贤九.辛盹의 執權과 그 政治의 性格：上［J］.歷史學報，1968（38）：60.]金永寿也指出，各种既有的对辛盹执政期政治史的研究，完全忽视了恭愍王的行为与角色，"似乎辛盹因为恭愍王的委任而行使着绝对的王权。实际上，如从他和恭愍王的政治关系看，其权力是非常脆弱的。由这种脆弱性所决定，辛盹对恭愍王是有依附性的。不管他个人有什么政治理想，在根本上则必须紧跟恭愍王的政治意图。"[金永寿.高麗末 辛盹의 改革 政治에 대한 研究（下）［J］.韓國政治外交史論叢，2004（25-2）：7.]

② 郑麟趾.高丽史［M］.重庆：西南师范大学出版社，2014：3976.

③ 闵贤九认为，从恭愍王八年开始的倭寇及红巾军的入侵，打断了从恭愍王五年开始的"改革"进程，致使武人势力抬头。金镛事变后，随着旧政治势力的清除，高丽的政治力量关系进入了新局面，政治机构亦发生了变化，开始以军功为中心，以武人为主编织官职体系，官僚队伍亦出现了膨胀的现象，王权由此而相对弱化。[闵贤九.辛盹의 執權과 그 政治의 性格：上［J］.歷史學報，1968（38）：55、60、65-66、71.]

④《高丽史》一百十三《崔莹传》："崔莹，平章事惟清五世孙也……盹疾之……遣其党李得林鞫讯。莹诬服，曰：'请速即刑。'乃削三品以上爵，籍其田民，流之……二十年，召还，复拜赞成事。"（郑麟趾.高丽史［M］.重庆：西南师范大学出版社，2014：3457-3459.）闵贤九对崔莹贬黜事件亦十分重视，认为它是标志"变革"开始的事件，故不得不采取非常手段。在接下来连续被贬黜的官员中，也以武人为主，忽视了恭愍王对大族势力的打击。[闵贤九.辛盹의 執權과 그 政治의 性格（上）［J］.歷史學報，1968（38）：73-74.]

屡次出任"都兵马使""助战元帅""副元帅",并在威化岛回军中有"回军功"①等情形看,也是武将出身。李仁复虽为"傀儡"宰相,但作为世家大族的代表,与新势力不兼容,退位不可避免。②但其家族对王权一向忠诚,故李仁任得被任用。洪师范为洪彦博之子,在其父被杀后,洪氏一族成了恭愍王忌惮的对象。至于崔孟孙,史料缺略,情况不明。总之,高丽政治核心层发生了重大改组。

再看被辛旽援引的人物。恭愍王十四年四月,"以金普、李春富为都佥议赞成事,任君辅、金兰、朴曦为密直副使,卓光茂为内书舍人,许少游为监察掌令……贬赞成事崔莹为鸡林尹"。同月,恭愍王又"命柳濯、李仁任掌庶政于都堂,金兰、任君辅、睦仁吉掌庶务于宫中"③。

金兰在《高丽史》中无传,当非大族出身,故可成为辛旽的伯乐。朴曦在《高丽史》中亦无传,也应非世家大族中人。与金兰同为辛旽左膀右臂的李春富,出身于因对元关系而崛起的新势力家庭,亦非典型的传统大族。④金普本为恭愍王心腹,在金镛的打压下被从政治中枢逐出,直到金镛死后才有了复出的可能,其复出是恭愍王在政治核心层对自身势力的安

---

① 郑麟趾.高丽史[M].重庆:西南师范大学出版社,2014:1365.

② 恭愍王死后,辛禑即位,其家族便再次掌控了高丽政局,其代表性人物就是当时的权相李仁任,李仁任为李仁复之弟。

③ 郑麟趾.高丽史[M].重庆:西南师范大学出版社,2014:1270.

④ 《高丽史》卷一百二十五《李春富传》:"李春富,阳城县人。祖楗阳城君,父那海金议评理。美容仪,心如其貌,有宠于英宗皇帝,除直省舍人。春富历三司左尹、密直代言。恭愍朝,累拜判枢密院事……以事罢。附辛旽,为赞成事……春富无才望,以柔顺谄事旽,又务迎合王心,遂拜侍中……常与兰为旽腹心,每朝,二人必先谒旽私第,然后赴衙。"(郑麟趾.高丽史[M].重庆:西南师范大学出版社,2014:3799—3800.)

插。① 任君辅是与金普类似的人物，② 他在恭愍初即拜密直知申事，"与大护军卓五十四争宠，罢。寻复职，进密直副使"。然而，奇辙伏诛后，他被认定属于奇氏一党，"杖于市"。辛旽用事后，"引君辅，复拜密直副使。遂与金兰、睦仁吉掌庶务于宫中，宠幸无比"。同金普一样，他很快就成了辛旽的反对者。他对恭愍王说："虽国朝乏人，岂可使贱僧为政，取笑天下？"见王不听，又退谓人曰："予以累叶衣冠，幸蒙上恩，承乏政府，使无识僧得肆其奸，后世其谓我何？"与此同时，"金普亦屡言于王"。辛旽"谗普罢相，欲并斥君辅"。恭愍王说："普与君辅同时复进，今复无故尽逐，人谓我与卿进退太轻，不如缓之"。从此，"君辅虽在政府，不复与闻国事"。睦仁吉与柳濯亦均为恭愍王心腹，对此，史料俱载，就不详加分析了。

总之，在恭愍王十四年的改组中，除辛旽外，处于权力核心的共有柳濯、李仁任、金兰、任君辅、睦仁吉五人。柳濯、任君辅、睦仁吉三人均为恭愍王心腹，他们在辛旽当政前已做到宰相。③ 五人中勉强能算作世臣

① 《高丽史》卷一百十四《金普传》："金普，金海府人。忠定朝，拜知密直。恭愍初，转金议评理，录燕邸侍从功为一等……普适居母忧……金镛等忌普擅权，谋斥之……镛恐普复职，诱人上书请行三年丧，矫旨下都评议司。普因此久不复职……辛旽用事，引为都金议赞成事……普屡毁旽于王，旽潜普，复罢之。"（郑麟趾.高丽史［M］.重庆：西南师范大学出版社，2014：3499-3500.）

② 金永寿也指出，金普与任君辅均为恭愍王的心腹势力。［金永寿.高麗末 辛旽의 改革 政治에 대한 研究（下）［J］.韓國政治外交史論叢，2004（25-2）：25.］

③ 闵贤九认为，为了取代武人势力，恭愍王不得不从其执政初期的侍臣中寻找替代人选。［闵贤九.辛旽의 執權과 그 政治的 性格（上）［J］.歷史學報，1968（38）：75.］

大族出身的只有被恭愍王信任的李兆年家族。[①] 其他大族基本被排斥。[②] 但任君辅虽非出身于有代表性的世族家门，却有浓厚的世族意识，从内心看不起辛旽，凭借辛旽上位后马上就站到了辛旽的对立面。五人之中，只有金兰一直为辛旽之党，史称："奇显、崔思远为（辛旽）腹心，春富、兰为羽翼"。金兰在《高丽史》中无传，事迹暧昧不明，但辛旽势力的另一核心人物李春富，即使被经过"污化"处理，在史料中的形象仍相当正面，[③] 一些辛旽的政敌，便因李春富才保住性命。[④] 由这一班底可知，恭愍王十分排斥既有权力阶层。

> 旽当注拟，自称举贤良。及除目下，所擢授者皆其所善也……初，王在位久，宰相多不称志。尝以为世臣大族，亲党根连，互为掩蔽，草野新进，矫情饰行以钓名，及贵显，耻门地单寒，连[联].姻大族，尽弃其初。儒生柔懦少刚，又称门生、座主、同年，党比徇情，三者皆不足用。思得离世独立之人，大用之，以革因循之弊。及见旽，以为得道寡欲，且贱微无亲比，任以大事，则必径情，无所顾

---

① 李穑为李公遂所撰墓志铭曰："益州之李，其称盖久……鹫城当国，颇忌公，公亦以盛满自戒，杜门不出……未尝一日坐庙堂行冢宰事，人颇恨之。呜呼，公之精明慎谨，一时耆旧大臣罕见其比，至于果断刚毅，屹然不为形势所屈。"（李穑.牧隐藁[M].首尔：景仁文化社，1996：157.）

② 闵贤九则认为，为了取代武将势力，恭愍王不得不拉拢为他所憎恶的世家大族势力，但他所找到的只有对权适的任用这一事例。[闵贤九.辛旽의 執權과 그 政治的 性格（上）[J].歷史學報，1968（38）：75-76.]

③ 他给人的总体印象是性格相对软弱，但忠诚、忠厚。史载："德兴君之变，诸州军将赴西北面御之，屯京城东郊未发，平泽军谋乱伏诛。宰枢议军乱必由流贬宰相，列姓名，欲置极刑。时李春富亦在贬中，王曰：'金希祖、李春富焉有是谋？'勾去之。"（郑麟趾.高丽史[M].重庆：西南师范大学出版社，2014：3355.）

④ 除下文所论郑公权，最著名的就是李存吾。《高丽史》一百十二《李存吾传》："旽党必欲杀之。穑谓春富曰：'二人狂妄，固可罪矣。然我太祖以来，五百年间未尝杀一谏官。今因令公杀谏官，恐恶声远播。且小儒之言，于大人何损，不如白令公勿杀。'春富等然之。得免，贬为长沙监务。"（郑麟趾.高丽史[M].重庆：西南师范大学出版社，2014：3425.）

藉，遂拔于髡缁，授国政而不疑。①

　　世臣大族为高丽传统的精英阶层，树大根深。草野新进则是历史转折期造就的从底层不断涌现的新势力，恭愍王的燕邸随从中有不少便是此类人物。在既有社会结构、风尚与舆论的影响下，他们很快"世族化"，成为恭愍王疑忌的对象。至于儒生，则尚未成为政治场域的主角。由此，作为第四股势力的辛旽便出场了。权近云："初，鹫城旽以左道惑上"②，把辛旽的崛起归于左道，未看到问题的实质。郑道传《经济文鉴·别集下·君道》："恭愍王……自鲁国薨逝，过哀丧志，委政辛旽，逐杀勋贤……悖乱如此，欲免得乎？"③将恭愍王"委政辛旽，逐杀勋贤"的行为归因于鲁国公主去世造成的精神错乱，这不过是受史臣表层书写的影响罢了。

　　对辛旽，世家大族多持不合作态度。廉悌臣，"瑞原大族也……上用辛旽言黜陟，旽恶公不附己，潜于上……上命公之子壻，谕以不可绝旽之意，公益坚所守"④。李仁复，"星山君兆年之孙……忤辛旽……仁复密启：'旽非端人，他日必有变，请远之'。不听"⑤。李达衷，"父蒨，登第，官至金议参理……王以达衷名儒，擢为密直提学。时辛旽方用事，达衷尝于广坐谓旽曰：'人谓相公好酒色'。旽不悦，未几见罢"⑥。河允源，"父楫，赞成事致仕……辛旽用事，允源不诏附"⑦。世臣大族与官僚集团的领袖人物李齐贤也对恭愍王说："臣尝一见旽，其骨法类古之凶人，必贻后患，请上

① 郑麟趾.高丽史［M］.重庆：西南师范大学出版社，2014：3976-3977.
② 权近.阳村集［M］.首尔：景仁文化社，1996：327.
③ 郑道传.三峰集［M］.首尔：景仁文化社，1996：510.
④ 李穑.牧隐藁［M］.首尔：景仁文化社，1996：129.
⑤ 郑麟趾.高丽史［M］.重庆：西南师范大学出版社，2014：3418-3420.
⑥ 郑麟趾.高丽史［M］.重庆：西南师范大学出版社，2014：3425-3426.
⑦ 郑麟趾.高丽史［M］.重庆：西南师范大学出版社，2014：3433.

勿近"①。在强大的反对声浪中，辛旽执政必然会面临严峻的考验。②

二、"改革"与挑战：辛旽的政治作为

恭愍王阴险狡诈、反复无常、冷酷无情，使辛旽顾虑重重，生怕成为下一个替罪羊，从而就有了史无前例的君臣盟誓之事。辛旽对恭愍王说："尝闻王与大臣多信谗间，愿勿如是。"恭愍王亲手写下盟辞："师救我，我救师，死生以之，无惑人言，佛天证明。"有了在他们虔诚信仰的佛祖面前以生死为约的毒誓保证，③辛旽才正式出山，"与议国政"④。从事后看，盟誓显然无效，但在当时毕竟增强了辛旽的信心，他开始放开手脚，第一步就是整顿政治核心层。

> 用事三旬，谗毁大臣，罢逐领都佥议李公遂、侍中庆千兴、判三司事李寿山、赞成事宋卿、密直韩公义、政堂元松寿、同知密直王重贵等。冢宰、台谏皆出其口。领都佥议久虚其位，至是自领之。始出禁中，寓奇显家，百官诣门议事。旽以"辰巳圣人出"之谶，扬言曰："所谓圣人，岂非我欤！"⑤

辛旽对执政集团大换班，"公卿旧臣皆被窜逐"⑥。与此同时，辛旽还

---

① 郑麟趾．高丽史［M］．重庆：西南师范大学出版社，2014：3373．
② 金永寿也注意到，从执政初期开始，辛旽便未得到当时任何有实力的集团的支持。［金永寿．高麗末 辛旽의 改革 政治에 대한 研究（下）［J］．韓國政治外交史論叢，2004（25-2）：8．］
③ 现在存留于正史中的这段誓词，显然经过"处理"，但我们仍可从中依稀看出其"毒誓"性质的轮廓。
④ 郑麟趾．高丽史［M］．重庆：西南师范大学出版社，2014：3977．
⑤ 郑麟趾．高丽史［M］．重庆：西南师范大学出版社，2014：3977．
⑥ 郑麟趾．高丽史［M］．重庆：西南师范大学出版社，2014：3979．

掌握了兵权^①——"以（金）元命兼鹰扬军上护军，掌八卫四十二都府兵"^②。又以"黄裳、李寿山、韩方信、安遇祥、李金刚、池龙寿、杨伯渊、金达祥、李云牧、张必礼、李善等为禁卫提调官，于是内外之权，悉总于旽"^③。

在高丽这一等级森严的贵族社会，只有实质性权力还不够，同时还必须有与之匹配的符号性场域的各种象征性权力。除利用在民间有巨大影响力的童谣、谶语，在各种重大的仪式性场合，恭愍王都让辛旽与己并驾齐驱，以此提升他在民众心目中的地位。^④史载：

> 旽与宰枢迎广州天王寺舍利于王轮寺，王率百官往观。百官冠带立庭，旽着半臂，手圆扇，并御床坐，袖缘化文，立授王令押，王受之愈谨……王谒诸陵，百官皆随王拜，旽独立不拜。王尝御假楼，观击毬杂戏，都堂帐幕在楼东，旽骑马至幕前，诸相皆起立。旽马而与语，至楼下乃下马，与王坐楼上。侍中柳濯进馔，旽坐受。旽服饰一如王，见者不能辨。王又幸高罗里，观击毬，旽于帐殿前乘马，侍中以下起立，旽骑过，垂鞭自若……王一日步幸旽第，旽与王并踞如侪辈，无复君臣之礼。每出入，骑从百余仪卫拟于乘舆。^⑤

---

① 对于下引史料，闵贤九注意到，"禁卫提调官"不存在于既有制度之中，是当时设立的统制禁军的职务，并猜测它和辛旽执政时期的"内宰枢"制度相通，与"宫中"，特别是恭愍王密切相关。[闵贤九. 辛旽의 執權과 그 政治的 性格（上）[J]. 歷史學報, 1968（38）: 84-85.]

② 郑麟趾. 高丽史 [M]. 重庆：西南师范大学出版社, 2014：3977.

③ 郑麟趾. 高丽史 [M]. 重庆：西南师范大学出版社, 2014：3978.

④ 闵贤九认为这些均是辛旽"擅权"的表现，它们显示，辛旽已居于权力的顶峰，恭愍王实际退到了权力的二线。同时又认为，这从侧面显示恭愍王主动赋予辛旽以更优越的政治地位，以达到权力移让的效果。这种矛盾既造成了后来辛旽的没落，又强化了王权。[闵贤九. 辛旽의 執權과 그 政治的 性格（下）[J]. 歷史學報, 1968（40）: 53-56, 59-60, 62.]

⑤ 郑麟趾. 高丽史 [M]. 重庆：西南师范大学出版社, 2014：3978.

对于这些行为，崔溥在其《东国通鉴论》中评论说："而明皇之于禄山，赐座而不之疑……恭愍之于旽，宠昵亦甚……明皇之为孽胡所逼，恭愍之为贼髡所误，前后一辙，由不能慎之于微辨之于早也"①。他从事后的"叛乱"视角，认定这些仪式性的"无礼"乃后来"谋逆"之渐，得出必须严君臣之分，不可假名器于人的结论——"君臣之分，犹天建地设，不可易也。仪卫，所以辨上下，定民志，不可乱也……王之不惜名器若此，则逆旽僭疑不轨之心，乌得而止之哉"②。是未从具体历史场景出发得出的肤廓之论。辛旽作为出身低贱的僧人，要想在一个贵族传统根深蒂固的社会执政，必须具有充分的社会与文化场域的权威，这些均不能通过君主的一纸任命实现，必须有符号性场域的反复灌输与实践。③

辛旽在执政初期遭遇的第一次重大挑战，是由谏官李存吾与郑枢发动的弹劾运动：

> 李存吾……忼慨有志节……恭愍九年登第……与郑梦周、朴尚衷、李崇仁、郑道传、金九容、金齐颜相友善……十五年为正言。辛旽当国，凌僭不法，无敢言者，存吾奋不顾身，将论之……诸郎畏缩，无敢应者。左司议大夫郑枢，存吾姻亲也，谓曰："兄不当如是。"枢从之。遂上疏曰……④

① 崔溥.锦南集［M］.首尔：景仁文化社，1996：416.
② 崔溥.锦南集［M］.首尔：景仁文化社，1996：417.
③ 金永寿亦不明此理，认为这是辛旽出于错觉，将国王当作自己的"俘虏"，夸示自己的自信感，乃政治上的失当行为。[金永寿.高麗末 辛旽의 改革 政治에 대한 研究（下）[J].韓國政治外交史論叢，2004（25-2）：9-10.]
④ 郑麟趾.高丽史［M］.重庆：西南师范大学出版社，2014：3423.

细读李存吾的弹劾状,核心内容只有一条,即在符号性场域辛旽对既有君臣秩序的破坏。由此反推,在具体政务上,辛旽应该取得了相当大的实效,以至于没有弹药可供反对者利用。

李存吾与其说是在弹劾辛旽,不如说是在指责恭愍王。史称:"读未半,王大怒"。李存吾当时年仅25岁,李春富、金兰审讯他:"尔乳臭童子,何能自知? 必有老狐阴嗾者,其无隐"。怀疑他背后另有主使。《李存吾传》不记载其世系,但郑枢为大族出身,① 与李存吾为婚姻之家,故存吾亦非寒庶。崔溥云:"旽蓄无君之心,将不利于社稷……存吾抗疏极论……直与冰霜日月争光者矣……则亦可见乃心王室,死生不渝之大节矣"②。将李存吾与辛旽的矛盾看作王权与相权之争,可谓离题万里。

在恭愍王的支持下,辛旽将李存吾与郑枢贬逐,"自是,旽之桀骜尤甚,宰相、台谏皆附旽,而言路塞矣"③。在以大量篇幅描写辛旽私生活混乱、僭越礼制的过程中,《高丽史·辛旽传》突然插入一段,使历史的真相露出一角:

---

① 《高丽史》卷一百六《郑瑎附郑公权传》:"公权……恭愍初中第,补艺文检阅,累迁左司议大夫。十五年,与正言李存吾极言辛旽误国之罪,王大怒,召公权等面诘,下巡军,命李春富、金兰、李稿、金达祥等鞫之。问曰:'诱汝上疏者谁?'公权曰:'吾父子相继为谏大夫,受国恩厚……孰敢诱耶?'……旽党欲因此尽去异己,凡有名望者必令公权等援引……旽党声言:'上怒未霁,公权等必死。'稿入见,王无怒色,乃知其妄。旽党必欲杀之,稿言于春富得免,贬东莱县令。自是宰相、台谏皆附旽,言路绝矣。二十年召还,复除左谏议。"(郑麟趾.高丽史[M].重庆:西南师范大学出版社,2014:3264-3265.)郑枢获免得益于当时的儒宗李稿,因为他是李稿的门生。权近《圆斋郑文简公(公权)文集序》:"予少也,尝游牧隐先生之门……有若圆斋郑公,柳巷韩公,尤其杰然者也……鹫城僧旽方见宠幸,公乃抗疏极言其奸……旽果逆诛,公复召用,以至宰辅……先君雪谷节义甚高,学问甚邃,其国诗亦臻高妙,不幸早世。公乃能业而接之,弘而大……公之二子,又以文学克绍先绪。俱为盛朝开国元勋。……永乐三年六月日。"(权近.阳村集[M].首尔:景仁文化社,1996:201.)郑枢是大族郑誧(雪谷)之子,其家族势力一直延续到朝鲜王朝。

② 崔溥.锦南集[M].首尔:景仁文化社,1996:415.

③ 郑麟趾.高丽史[M].重庆:西南师范大学出版社,2014:3978.

　　旽请置田民辨整都监，自为判事，榜谕中外曰："比来纪纲大坏，贪墨成风，宗庙、学校、仓库、寺社、禄转、军须田及国人世业田民，豪强之家夺占几尽……州县驿吏、官奴、百姓之逃役者，悉皆漏隐，大置农庄，病民瘠国……今设都监，俾之推整，京中限十五日，诸道四十日。其知非自改者，勿问，过限事觉者纠治，妄诉者反坐。"令出，权豪多以所夺田民还其主，中外忻然。旽间一日至都监，仁任、春富以下听决焉。①

　　此事发生于辛旽执政的第二年。在完成对执政团队的整顿后，辛旽开始在财政领域进行关键性改革，针对的即所谓"权豪"。其中，既有世臣大族，也有草野新进，总之是以既得利益阶层为目标。由于对官僚集团强烈整治树立起来的威严，辛旽的改革仅用一纸榜文就取得了相当好的效果。②《高丽史》卷一百十一《林朴传》：

　　恭愍九年登第……学士危素见而叹曰："今亦有忠节之士。"……十六年，为济州宣抚使……民大悦，相谓曰："圣人来也，王官皆如林宣抚，我辈何至叛乎？"……转成均祭酒，上书始分五经四书斋，科举一依中朝搜检通考之法……常自言："但知奉公，未尝干谒。"然每夜敝衣徒行，出入旽第，为旽画计……朴尝语旽曰："公总国政，宜整田民争讼之冤者。"旽遂白王，立推整都监，命旽为提调，朴为使。朴多所平决。③

①　郑麟趾.高丽史［M］.重庆：西南师范大学出版社，2014：3978-3979.
②　史臣也间接肯定了这一点："王幸旽愿刹洛山寺，左右争言：'今岁大稔。'王跪佛前曰：'自不谷莅国，十有五年，水旱为灾，今岁之稔，实由金议燮理。'王敬旽，常称金议而不名。"（郑麟趾.高丽史［M］.重庆：西南师范大学出版社，2014：3979-3980.）
③　郑麟趾.高丽史［M］.重庆：西南师范大学出版社，2014：3406-3408.

林朴是高丽末期难得的良吏、廉吏与能吏，他追随辛旽，成为其政策的主要制定者与执行者，说明他们有基本相同的政治倾向与价值观。① 在高丽末期，被民众称为"圣人"的，只有辛旽与林朴两人，绝非偶然。

在对辛旽"改革"做简短插叙后，史臣马上通过对辛旽私生活的糜烂及对各种佛事活动的描写，间接否定其施政。这是在官方修史原则的要求下，以表层书写对内里书写进行掩盖，即史臣将实质性内容隐没于大量虚泛的泡沫中，这是内里书写的另一种形式。因此，对辛旽改革的正面效果，史臣也以外形上的否定性表述进行：

> 旽外假公义，欲市恩于人。凡贱隶诉良者，一皆良之。于是，奴隶背主者蜂起，曰："圣人出矣。"妇人讼者貌美，旽外示哀矜，诱致其家，辄淫焉，讼必得伸。由是女谒盛行，士人切齿……其欲收群小心以济奸慝类此。百官尝会旽家，车马填街，而宫门寂然，识者寒心。②

辛旽依靠的主要是社会下层，他以各种方式试图取得下层民众的支持，以此对抗传统的权力阶层，而这正是他失败的原因。作为君主，为巩固其统治，需要更多自由流动的资源，辛旽改革的目的之一就是为君主提供更多自由流动的资源，扩大统治基础，但这却越发激怒了"士人""识

---

① 闵贤九认为，不能将林朴看成辛旽的党羽，他是与"新兴文臣势力"同呼吸、共命运的一员，与他们具有共同的社会与政治立场［闵贤九.辛旽의 执权과 그 政治的 性格（下）［J］.歷史學報,1968（40）：80-82.］。"新兴文臣势力"是否能构成一个单独的政治集团是有疑问的，即使真的存在这样一个政治集团，辛旽在其形成与发展过程中的作用也远大于林朴。

② 郑麟趾.高丽史［M］.重庆：西南师范大学出版社，2014：3979.

者”“公卿旧臣”这些传统精英。①

为摆脱传统精英阶层，辛旽与恭愍王又采取了两大措施——迁都与重建成均馆。如果说迁都是为了脱离传统权力阶层的大本营，营建成均馆则是从儒生阶层中培养新势力，以对旧势力进行逐步替代。辛旽对此极为重视——“旽免冠扣头，誓先圣曰：‘尽心重营。’左右皆曰：‘少损旧制，可易成。’旽曰：‘文宣王，天下万世之师也，可靳小费，亏前代之规乎！’”②历史的吊诡之处在于，二十余年后，这一阶层与部分武将势力结合，推翻了高丽政权。

辛旽的这些做法，无疑在不断地刺激传统权力阶层，其处境是危险的。史臣在《辛旽传》中突然插入了“王命忽赤忠勇卫二百五十人昼夜卫旽”这一与前后文均不连贯之语，透露的正是这一信息。就在这一年（恭愍王十六年），发生了针对辛旽的第一次军事政变。

> 知都佥议吴仁泽与千兴、仁吉、元命、三司右使安遇庆、前密直副使赵希古、判开城李希泌、评理韩晖、鹰扬上护军赵璘、上护军尹承顺等密议曰：“辛旽奸佞阴狡，好谗毁人，斥逐勋旧，杀戮无辜……宜白王早除之。”……（辛）贵驰往告旽，旽夜令其徒备弓剑以卫，诣王告变。③

恭愍王做出了果断处置，“杖流前侍中庆千兴、知都佥议吴仁泽、前评理睦仁吉、三司右使安遇庆、三司左使金元命、前密直副使赵希古于南

① 金永寿也指出了辛旽在既有政治势力中的孤立，认为这是由恭愍王着意打击这些势力的政策所造成。但他又将辛旽失败的原因归结为没有明确的计划，对恭愍王的一些不合理行为未予以纠正。［金永寿.高麗末 辛旽의 改革 政治에 대한 研究（下）［J］.韓國政治外交史論叢，2004（25-2）：8-9.］
② 郑麟趾.高丽史［M］.重庆：西南师范大学出版社，2014：3981.
③ 郑麟趾.高丽史［M］.重庆：西南师范大学出版社，2014：3982.

裔，没为官奴……流评理韩晖，判开城府事李珣，上护军赵璘、尹承顺、柳仁梓、姜元辅，大护军韩德卿于外"①。当时气氛十分紧张，以至于"旽赴西普通法席，三品以下皆带弓剑以卫"②。

这一事变的主谋之一吴仁泽，乃当时武人势力在朝廷的代表性人物，在辛旽执政前就大权在握，利用职权为武人谋利，并因此而被恭愍王流放。其东山再起，乃辛旽使然。③辛旽这样做，显然是试图通过施恩，使之成为己之助力。然而，政治倾向上的不同，使他力图收买的这些曾经失势的强势政治人物纷纷成为其反对者。

再看另外几个主要人物。睦仁吉如前文所述，是恭愍王的燕邸随从，绝对心腹，在恭愍王继位后一路升至宰相。前侍中庆千兴，即庆复兴，为恭愍王外戚，愍王继位后，迅速进入政治核心层，"恭愍初拜军簿判书，历判枢密院事、参知门下政事，升知政事商议"，成为宰相群体的一员，多次协助恭愍王策划重大事变，最终升任首相（侍中）。他是恭愍王集团的首要人物，只是由于辛旽才被排挤——"辛旽用事，复兴虽在相位，不得与闻政事，为旽所挤，罢封清原府院君，后与吴仁泽等谋除旽，事泄，杖流兴州，没为奴，籍其家。旽诛，召还，复拜左侍中，提调政房"④。

安遇庆，"世系履历未详。恭愍八年，从安祐等击走红贼，后与祐等收复京都，录功俱一等。又讨兴王贼，录功亦一等。元以平红贼功，遣使授奉训大夫广文监丞。元立德兴君为王纳之，遇庆以赞成事为都指挥

---

① 郑麟趾.高丽史［M］.重庆：西南师范大学出版社，2014：1280.

② 郑麟趾.高丽史［M］.重庆：西南师范大学出版社，2014：3983.

③ 《高丽史》卷一百十四《吴仁泽传》："吴仁泽，恭愍朝从安祐等击走红贼，录功为二等，累迁上将军……后判密直司事，与密直副使金达祥有宠于王。擅机密，号为内相。时国家连年兴师，帑藏匮竭……仁泽、达祥首建议添设文武官，遂典铨注。赴征将士皆得超迁，人乐从军。然请谒大盛，贿赂公行……王召莹、柳濯、庆千兴曰……遣中使宣旨，流仁泽于清风、达祥于沃州，国人大悦……辛旽当国，召拜知都金议。"（郑麟趾.高丽史［M］.重庆：西南师范大学出版社，2014：3498–3499.）

④ 郑麟趾.高丽史［M］.重庆：西南师范大学出版社，2014：3390–3391.

使"①。乃在恭愍王时期从下层成长起来的武将，当时已进入宰相集团。赵希古在《高丽史》中无传，从史料中的一些蛛丝马迹看，应是与吴仁泽、安遇庆类似的人物。

综合各种情况，可以认定，这次政变是恭愍王时期成长起来的权力阶层对辛旽的一次强力反弹。②其他参与政变的主要人物，如李希泌、韩晖、尹承顺、姜元甫在《高丽史》中均无传，世系不明，③当属正在"世族化"的草野新进。他们和辛旽的斗争，乃恭愍王集团内部的权力之争。④当然，也有大族出身者参与其中，关键性人物即金元命。另《高丽史》卷一百五《赵仁规附赵璘传》："璘，恭愍朝与安祐等击走红贼，策勋为一等，累迁鹰扬军上护军。倭寇乔桐，璘又击走之。时辛旽当国，人争附，璘未尝一诣其门"⑤。赵璘是高丽后期著名大族赵仁规的后裔，但在当时又是武将势力的代表。

辛旽的强力"改革"，损害了太多人的既得利益，很快便发生了第二次针对他的政变图谋。

---

① 郑麟趾.高丽史［M］.重庆：西南师范大学出版社，2014：3454—3455.

② 闵贤九认为，吴仁泽、安遇庆等人与被清除的以崔莹为代表的武人势力所具有的政治、社会与经济基础一致，属于具有强韧团结力的同一阶层。当辛旽以其在社会、经济与文化领域的改革显示了基本的为政方向，预示着新政治势力的成长，他们便以现职高官为中心图谋除去辛旽。[闵贤九.辛旽의 執權과 그 政治的 性格（下）［J］.歷史學報，1968（40）：77—81.]金永寿则认为，当时高丽政界的大部分代表性人物都卷入其中，这是高丽正统政治集团团结起来，明确表明对辛旽的拒绝。分析过于粗糙，并未正确地反映事实。因此，他认为这次政变的动机"模糊"，乃旧政治势力对辛旽的忍耐到了极限的结果。[金永寿.高麗末 辛旽의 改革 政治에 대한 研究（下）［J］.韓國政治外交史論叢，2004（25-2）：10，30.]闵贤九则认为，这次政变是对辛旽执政第二阶段改革的反弹。[闵贤九.辛旽의 執權과 그 政治的 性格（下）［J］.歷史學報，1968（40）：77.]

③ 如其中最著名的安遇庆，其本传称他"世系履历未详"（郑麟趾.高丽史［M］.重庆：西南师范大学出版社，2014：3454.）

④ 如睦仁吉为恭愍王燕邸随从，而韩晖则为恭愍王在一定时期内信任并重用的内竖。金永寿认为包括庆千兴在内的这些人都是所谓的"旧政治势力"[金永寿.高麗末 辛旽의 改革 政治에 대한 研究（下）［J］.韓國政治外交史論叢，2004（25-2）：29—30.]

⑤ 郑麟趾.高丽史［M］.重庆：西南师范大学出版社，2014：3244.

（恭愍王十七年）前密直副使金精与金兴祖、赵思恭、俞思义、金齐颜、金龟宝、李元林、尹希宗等谋诛旽……杖流有差。旽追遣私人于中路皆缢杀之……旽又欲尽杀流人……其党洪永通谓旽曰："多杀人何益？佛氏罪福报应之说，亦可畏！愿更思之。"旽悟，更白王，召演还。①

在主谋者中，金精、赵思恭、俞思义、金龟宝、李元林、尹希宗在《高丽史》中无传，亦很少有关于他们的记载。但金兴祖为金台铉之后，金齐颜为金方庆之后，均为著名大族出身。《高丽史》卷一百十《金台铉附金光载传》："恭愍立，杜门不出凡十二年……子兴祖，倜傥有志，官至军器监，历宰水原、海州，与金齐颜、金精等谋诛辛旽，事泄为所害。"②金氏家族被恭愍王所忌，长期被排斥于政治核心层之外。辛旽的政策使传统大族东山再起的希望越发渺茫，招致他们的反对并不奇怪。从《金光载传》的描写看，金兴祖、金齐颜与金精三人应为此次政变的主要领导者，史称"齐颜有异谋"，又胆识过人，③而金兴祖"倜傥有志"，政变的策划者非他们莫属。《高丽史》卷一百四《金方庆附金齐颜传》：

恭愍王十三年，为左正言。时内竖韩晖、李龟寿以边功超拜金议评理，管机密，甚宠幸。谏官不署告身，二人疑齐颜，谮王曰……王大怒，谓侍中庆千兴、金书密直元松寿、密直副使金达祥曰……对曰："郎舍众矣，齐颜岂可独任其责？"王曰："齐颜卿等之族，故为

① 郑麟趾.高丽史［M］.重庆：西南师范大学出版社，2014：3984.
② 郑麟趾.高丽史［M］.重庆：西南师范大学出版社，2014：3351-3352.
③ 郑麟趾.高丽史［M］.重庆：西南师范大学出版社，2014：3194.

卿等言之。"又让松寿曰："卿掌铨选，引卿族为谏官，欲何为也？"
松寿伏地流汗，不能对……竟罢之……齐颜常快快，后与前密直副使
金精等谋诛盹，事泄，系巡军杖之，盹遣人缢杀。①

　　金松寿、金达祥均出自金氏家族，他们引金齐颜为谏官，早已引起恭
愍王的猜忌。谏官不署恭愍王心腹告身，使王权与大族间的内在紧张关系
被引爆。辛盹出场后，他们均被挤出政治核心层，金达祥还于恭愍王十七
年被杀。就在这一年，发生了密谋杀害辛盹的第二次政变，绝非偶然。这
是继恭愍王时成长起来的武人势力与草野新进之后，世臣大族势力对辛盹，
乃至恭愍王本身的直接冲击。②两年之内出现的全方位挑战，特别是自身
基本盘崩裂与自相残杀的前景，使恭愍王不得不重新评估辛盹在政治中扮
演的角色与发挥的作用。③

三、被"隐藏"的真相：辛盹的败亡

（一）侧面揭示

　　辛盹与恭愍王之间的裂痕，产生于恭愍王十八年辛盹"欲自为五道都
事审官，令三司上书"④事件。事审官乃高丽初期以来中央大族控制地方，
维持与扩张其权力的制度，对强化王权与中央集权不利。辛盹试图恢复此

---

① 郑麟趾.高丽史［M］.重庆：西南师范大学出版社，2014：3194–3195.
② 金永寿未注意及此，只是认为，政变的参加者都不是什么有势力的人物，政变表明辛盹受到
　了既有政治势力的广泛抵制。［金永寿.高麗末 辛盹의 改革 政治에 대한 研究（下）［J］.
　韓國政治外交史論叢，2004（25-2）：30–31.］
③ 闵贤九认为，辛盹败亡主要是因为其政治立场与恭愍王发生了分歧："辛盹的权力来源于恭
　愍王，一旦他不能站在恭愍王的立场上，就必然沦为微不足道的存在。"［闵贤九.辛盹의 執
　權과 그 政治的 性格（下）［J］.歷史學報，1968（40）：61.］
④ 郑麟趾.高丽史［M］.重庆：西南师范大学出版社，2014：3984.

制，当是希望在屡遭冲击后强化自身的权力与地位，^①不料却触碰了恭愍王的底线，恭愍王说："我皇考忠肃王值旱灾，焚香告天，罢此官，天乃雨。寡人可忘先王之意乎！"并"焚其书"。政治经验不足的辛旽反而"赍诸道州县事审奏目诣王"，越发引起猜忌，恭愍王戏曰："五道都事审金议，可自为之"。又曰："大盗莫若诸州事审"^②。辛旽这才死心，但恭愍王已决心亲政。^③

在完成上述描写后，史臣马上进入对辛旽"谋叛"的叙述，^④暗示两者之间的关联。在叙述之前，又加了一句"王性猜忍，虽腹心大臣，及其权盛，必忌而诛之"，大胆点出了问题的关键。之后，才记述道："旽自知鸥张太甚，恐王忌之，密谋不轨。僧释温初附旽，以辛丑战功封辅理君。后被罪逃，发而改姓名高仁器，拜判少府监事。泄旽逆谋，旽因自辨于王，

---

① 闵贤九也指出，辛旽试图以此强化自身的政治地位，构筑自身的政治基础，这与以集权为目标的"改革"方向不一致。[闵贤九. 辛旽의 執權과 그 政治的 性格（下）[J]. 歷史學報，1968（40）：104.]

② 郑麟趾. 高丽史 [M]. 重庆：西南师范大学出版社，2014：3984.

③ 闵贤九认为，恭愍王的亲政意味着辛旽的没落只是时间问题，于是就有了接下来辛旽的谋逆与伏诛。[闵贤九. 辛旽의 執權과 그 政治的 性格（下）[J]. 歷史學報，1968（40）：106.] 金永寿也指出，亲政的意思"是将权力从辛旽身上收回"。只不过，他认为恭愍王的这一举动与辛旽谏影殿之役直接相关，毕竟两者在时间上只隔了四个月，之前还有人因谏影殿之役被杀。[金永寿. 高麗末 辛旽의 改革 政治에 대한 研究（下）[J]. 韓國政治外交史論叢，2004（25-2）：24.] 关于恭愍王对辛旽势力的猜忌，我们从李春富家族的情况可窥一斑。《高丽史》卷一百二十五《奸臣一·李春富传》："春富弟元富为鹰扬军上将军，光富为承宣。兄弟三人皆据权要，宗族多居显列。"（郑麟趾. 高丽史 [M]. 重庆：西南师范大学出版社，2014：3801.）辛旽执政使其权力大增，周围自然形成一个权力集团。权近《有明朝鲜国谥文简公安公墓碑铭并序》："公讳宗源，字嗣清，姓安氏，顺兴府人，考讳轴，号谨斋先生，中皇元制科……及辛旽擅权，时号领相，士大夫争趋附之。"（权近. 阳村集 [M]. 首尔：景仁文化社，1996：332.）朴祥《观察使李公墓碣铭并序》："高丽之亡也，贼臣辛旽，权侔人主，士大夫附焉，将相无非门客。"（朴祥. 讷斋集·别集 [M]. 首尔：景仁文化社，1996：89.）这些均触犯了恭愍王的忌讳。

④ 金永寿未注意及此，而是认为恭愍王十九年六月，"辛旽、李春富等再请罢马岩影殿，王从之"（《高丽史》卷四十二《恭愍王五》），"成为导致辛旽没落的直接原因"。[金永寿. 高麗末 辛旽의 改革 政治에 대한 研究（下）[J]. 韓國政治外交史論叢，2004（25-2）：12.]

复祝仁器发，放于金刚山，实庇之"①。这是辛旽谋逆说的初起，但史臣既先以春秋笔法点出问题的核心乃恭愍王要杀辛旽而非相反，然后又以不合逻辑的叙述对之进行否定，两者间的张力使真相越发扑朔迷离。②

在上述关于"谋逆"的记述中，时间、地点、情节一概缺失。在"谋泄"之后，辛旽竟能通过"自辩"而在猜忌、阴狠的恭愍王面前成功化解危机，同样不可思议。事件发生后，除主犯高仁器被处罚，无一人受罚，亦不合常理。如后文所述，这不过是恭愍王杀辛旽后，为表明辛旽早有谋逆之心而生硬地将两者牵扯到一起。

恭愍王十九年，朱元璋遣使来"锡王命，并赐旽彩帛玺书，称相国辛旽"。高丽的外部环境发生了重大变化。以此为契机，恭愍王"因谏官言，令六部台省官每月六衙日亲奏事"③，直接出现于政务前台。接着，史臣就讲："旽恣行威福，恩仇必复，世家大族，诛杀殆尽，人视若虎狼"④。暗示对恭愍王而言，辛旽的历史使命已经完成，使用价值成为负数。对恭愍王而言，从前被视为王权直接威胁的世臣大族已不足为惧，甚至成为新的依靠势力，借以清除在他看来已成为新威胁的辛旽。关于这种威胁的感受，史臣做了这样的描述：

> 旽傔人享旽于穿坂，王出凉厅望之……谓之金议饯送。权适又大享旽，设火山台。旽不敢自安，乃移凉厅，请王观之……旽恣行威福……出则侍中以下拥前后……奇显、崔思远为腹心，春富、兰为羽

---

① 郑麟趾.高丽史［M］.重庆：西南师范大学出版社，2014：3595.

② 闵贤九认为，这一事件传达出当时政治局面正在发生变化，辛旽势力不安全感渐涨的信息［闵贤九.辛旽의 執權과 그 政治的 性格（下）［J］.歷史學報，1968（40）：105.］，但未对这一事件本身进行辨析。

③ 郑麟趾.高丽史［M］.重庆：西南师范大学出版社，2014：3985.

④ 郑麟趾.高丽史［M］.重庆：西南师范大学出版社，2014：3985.

翼，党与满朝。王亦有不自安之意，称领相而不敢官。①

这类描写虽在很大程度上是事实，但更是王权将其主观认知通过权力运作投射于历史书写中的结果，而史臣则以之揭示辛旽兔死狗烹的命运，乃以内里书写透露关键信息。于是，辛旽"谋杀"恭愍王的事变便"恰好"发生了：

> 王谒宪、景二陵，旽分遣其党设伏道傍，约行大事。及王还宫，旽谓其党曰："何不如约？"其党曰："见上仪卫甚盛，不忍犯也。"……自是日夜聚谋，更刻日举事。时求官者悉附旽，选部议郎李韧亦为旽门客，备知凶谋，阴籍记之。事迫，乃匿姓名，称为寒林居士，为书夜投宰相金续命第，即微服亡去。续命以其书闻，王命巡卫府收捕旽党显、思远、仁器、前少尹郑龟汉，将军陈允俭，显子前正郎仲修，韩乙松等鞫之。②

通读《高丽史》，不难发现"分遣其党，设伏道傍，约行大事"的关键性指控不过是毫无根据的编造。对如此重大的事件，史料连"其党"为谁都未指出。如确有此事，则在辛旽及其党羽被抓后，通过审讯不难弄清。对辛旽之党的抓捕，凭的只是一封来路不明的匿名书，实际就是"莫须有"。

在这一事件中，金续命的角色颇为关键。他是忠烈王时世家大族代表性人物金之淑之孙，在恭愍初期即"拜监察执义，与大夫元颢、持平洪元老协心弹纠，执法不阿。凡拜官者，有疵累辄不署告身"，乃传统贵族制

---

① 郑麟趾 . 高丽史［M］. 重庆：西南师范大学出版社，2014：3985.

② 郑麟趾 . 高丽史［M］. 重庆：西南师范大学出版社，2014：3985-3986.

的维护者。之后，他又转任监察大夫，与献纳黄瑾等上言：

> 书云："元首明哉，股肱良哉，庶事康哉……"……殿下气禀沉重……备谙国事，智出万全，多不信人。宦官、僧徒、杂类之言，有时信听。虽大臣议一事出一言，必候上旨，承顺施行……故大小之臣，怠弛旷官。又因军功，白丁骤拜卿相，皂隶滥处朝班，臣道淆乱……请自今……重惜名器……殿下过信佛法，群髡缘此，干谒济私，愿自今断绝缁流出入禁闼。①

金续命、黄瑾等人指出，恭愍王独断专行，不信任大臣，依靠的是宦官、僧侣、杂类等非传统精英，这些人在隐然之中已形成一股与世臣大族、草野新进、儒生并行的势力，成为辛旽执政的基础。据《金续命传》载，金续命的这一上言发生在"王避红贼南幸"②之后，即辛旽即将崛起之时，表明恭愍王任用辛旽实属必然，有其内在逻辑。

金续命、黄瑾等对恭愍王的政策全面否定，"王怒甚"③。但正因如此，恭愍王才了解到金续命的立场及其背后的支持势力，从而能在决定诛辛旽时对之在名义上加以利用。金续命本传对他在辛旽执政时期的事迹及在辛旽"谋逆"事件中的作用只字不提，而是直接跳跃到之后的辛禑时期，十分反常。这应是史臣以"留白"的书写法留下的关于事件真相的一个线索。对于所谓辛旽"谋逆"事件，史臣做了如下描述：

> 王始疑韧诬构，不之信，及讯其党，皆服，乃诛显、思远、龟

---

① 郑麟趾.高丽史［M］.重庆：西南师范大学出版社，2014：3393-3394.
② 郑麟趾.高丽史［M］.重庆：西南师范大学出版社，2014：3393.
③ 郑麟趾.高丽史［M］.重庆：西南师范大学出版社，2014：3394.

汉、允俭、仲修、仁器、乙松等，流云牧、辛贵、辛修。翼日，旽以小儿生辰，饭僧广明寺。王命承宣权仲和降香，赐莽龙衣。旽遂谒正陵，王命仁任、兴邦及头里速古赤从之。后二日，流旽于水原，命李成林、王安德押行。理部、宪司请族显等，王曰："门下重房，何无状疏？"都评议司奏曰："旽本庸僧……阴结党与，图为不轨……宜置极刑，并诛遗孽……"门下省奏曰："大逆，天下万世之所不容，辛旽……广植凶徒，觊觎非分……伏望断以大义，置旽极刑……"宪府又请诛旽……王曰："法者，天下万世之公，予不得私挠。宜如所奏！"①

在这一文本中，"疑韧诬构，不之信"乃点睛之笔。从表面看，它似乎是一种先抑后扬的修辞法，突出的是恭愍王对事件处理的慎重，但作为表层书写之后的内里书写，它的实际作用是对后续书写的否定。

为达这一目的，史臣在之后的记述中，又以诸多破绽与不合理之处留下线索。首先，整个事件在一夜之间全部审结——不仅对事件进行了定性，还对当事人予以快刀斩乱麻式的处理，关键性人物全被处死。②其次，事件发生后，辛旽在第二天照常为小儿举行了盛大的庆生活动。③尤为诡异的是，恭愍王还派人降香、赐物，命重臣陪护。从外表看是恩宠有加，但史臣已通过其书写指出，这是恭愍王对辛旽行踪的监控，乃为处置辛旽争取时间。两天后，当辛旽的羽翼全被清除后，便正式将其流放。

这些描写均通过同时进行表层书写与内里书写的方式，告诉读者这样一个事实：这次事件与其说是辛旽发动的未遂政变，不如说是恭愍王对辛

---

① 郑麟趾.高丽史［M］.重庆：西南师范大学出版社，2014：3986.

② 闵贤九也指出，这与史料中"自是（辛旽）日夜聚谋，更刻日举事"描绘的紧迫情势相矛盾。［闵贤九.辛旽의 執權과 그 政治的 性格（下）［J］.歷史學報，1968（40）：107.］。

③ 闵贤九也不太相信史书中关于辛旽谋逆的记载，关键性当事人没有被安排与辛旽对质，而全被当日处死，这就是他产生怀疑的根据之一。［闵贤九.辛旽의 執權과 그 政治的 性格（下）［J］.歷史學報，1968（40）：107.］

旽的一次突袭。辛旽一方对恭愍王的信任仍有相当的信心，因而未做任何形式的抗争，全部束手待毙。

对这一突发事件，官僚集团中的绝大多数毫无心理准备，一时竟出现了辛旽之党全部被抓后，均不表态的奇特局面。① 在作为司法机关的理部与宪司迎合恭愍王的意图，对辛旽之党给出处理意见时，史臣以一句"王曰：'门下重房，何无状疏'"，透露出恭愍王越过行政与司法层级，一手操纵案件的事实。接着，史臣描写了王朝最高议政机关都评议司及宰相机构门下省在王权压力下的表态，这些表态的核心就是同意法司对事件"谋逆"的定性，建议对辛旽等人处以极刑。只有经过这一程序，恭愍王的阴谋手段才具有了形式上的合法性，才可以在阳光下向下运作，以法律手段对辛旽进行处置。史臣以对恭愍王"法者，天下万世之公，予不得私挠。宜如所奏"话语的引用，进一步凸显整个事件的荒谬与恭愍王行为的表演性质。关于事件真相的信息与线索，就这样以在表层书写同时进行内里书写的方式被透露出来。

为了进一步强化内里书写的效果，史臣插叙了恭愍王对他与辛旽盟书的处理——"初，王与旽、春富等同盟。至是，授朴盟书，使示旽"，数其罪曰："尔尝谓：'近妇女所以导引养气，非敢私之'。今闻至生儿息，是在盟书者欤！城中造甲第至七，是在盟书者欤！如是者数事，数罪讫，可焚此书"②。恭愍王为自己背信所找的理由，无一项涉及"谋逆"，全是对辛

---

① 所需注意的一个事实是，李仁任率百官立恭愍王之子辛禑为王。辛禑王即位后采取的第一个重大措施就是"宥辛旽党"（《高丽史》卷一百三十三《辛禑一》）。辛禑王当时年仅十岁，这一措施显然是由以首相李仁任为首的宰相集团做出的。李仁任曾是辛旽执政集团中的成员之一，对于辛旽事件的内情应该比较清楚。这一赦免，在相当大的程度上已承认辛旽谋逆案为冤案。只不过，十几年后，李成桂建立朝鲜王朝，将恭愍王之子诬称为辛旽之子，将政敌李仁任打为奸臣，以之为自身取代高丽王朝寻找借口，故案件永远失去了反转的机会。

② 郑麟趾.高丽史［M］.重庆：西南师范大学出版社，2014：3987.

旽个人生活的指责。^① 这与《高丽史·辛旽传》的叙事基调一致，可见两者在书写上的内在关联。史臣以这种写法，既间接点出了"谋逆"事件并不存在，^② 又通过对恭愍王对盟书专横做法的描述，控诉了其阴狠。

（二）正面揭露

与上文所引《高丽史·辛旽传》对辛旽发动政变之事的描述给人以形同儿戏之感，从侧面揭示真相的方法不同，在以《高丽史》卷四十三《恭愍王世家》为首的其他史料中，史臣则以对关键性内容摘录的方式，从正面披露事件真相，这是另一种形式的内里书写。

> 恭愍王二十年（1371）七月，"丙辰，选部议郎李韧上匿名书，告辛旽谋逆，鞫其党奇显、崔思远、郑龟汉、陈允俭、奇仲修等，诛之。已未，流辛旽于水原。庚申，召前侍中庆千兴、前赞成事安祐祥、前评理李珣、上将军尹承顺于贬所。辛酉，辛旽伏诛，诛其党大护军李伯修，流成汝完、赵思谦、柳浚"。接着，"丙寅，以尹桓为门下侍中，韩方信为赞成事，李穑为政堂文学，我太祖知门下府事。丁卯，王以前侍中柳濯党于旽……遂杀濯。又诛旽党白绚、孙演、金斗达、金元万，杖流宋兰、石兰……已巳，流大司宪孙涌，以田禄生代

---

① 对于六年前恭愍王与辛旽的盟誓，及恭愍王对辛旽"背盟"的指责，闵贤九认为这是由恭愍王性格上的敏感及理想主义使然 [闵贤九.辛旽의 執權과 ユ 政治的 性格（上）[J].歷史學報，1968（38）：88.]，这是我们不能认同的。

② 作为另一间接证据，辛旽的坚定反对者李达衷在辛旽失败后，专门以《辛旽二首》为题赋诗两首。诗序曰："旽初鸟埋骨僧，玄陵朝滥受倾都金议，时人以老狐目之。"其一曰："天地生成品汇烦，谁干洪造檀寒暄。欢情浃洽藏春坞，怒气阴凝蔽日云。雄鬣鹰鸠犹足怪，龙鱼鼠虎岂容言。可怜老木风歛倒，萝茑离披失所援。"其二："骋怪驰妖老野狐，那知有手竞张狐。威能假虎态罴慑，媚或为男妇女趋。黄狗苍鹰真所忌（注：旽性畜鹰，大者惮之），乌鸡白马是何辜（注：旽既老，以乌鸡白马肉，作宣淫之药饵）。尝闻汝死必邱首，已见城东官道隅。"在这种泄愤的诗中，未有一点指责辛旽谋逆或失政，充斥的都是对其生活习惯与作风的指责。

之……丙子，诛辛旽党李春富、金兰、李云牧，编配其子，又斩旽子二岁儿及奇显子仲平，杖流金缜及大护军金鼎。"①

从此记载中我们可清楚地看出事件的时间线索——七月丙辰，李韧上匿名书告辛旽谋逆，当日恭愍王就下令拘捕了奇显、崔思远等人，将他们诛杀。过了两天，也就是事件发生后的第四天，辛旽被流放。第五天，召回被贬的前侍中庆千兴、前赞成事安祐祥等人。第六天辛旽被杀。第十一天，恭愍王对政府进行了全面改组。第十二天，借机杀前侍中柳濯及白绚、孙演、金斗达、金元万等人。第二十一天，又杀李春富、金兰、李云牧等。在完成对官僚队伍的大清洗后，恭愍王于第二十二天（丁丑）下教：

> 太祖创业垂统，列圣相承，传次在予……责成辅弼，不图辛旽擅行威福，觊觎非分。春富、金兰为其腹心，及高仁器妄发大言，阳为首告，阴实蔽覆，致令仁器逃刑三年。奇显、崔思远事觉伏诛，春富、金兰犹党于旽，不即加诛，尚赖天地祖宗之灵，断自予衷，流窜辛旽，廷臣宪司交章请诛，即置极刑，春富、金兰情见事白，亦伏其辜。郑龟汉、陈允俭……妖僧哲观、天正、并正典刑。②

这一教书透露了事件的一些关键信息。首先，发生在三年前被定性为"谋逆"的高仁器事件，不过是高仁器本人"妄发大言"而已。所谓"大言"

---

① 郑麟趾.高丽史［M］.重庆：西南师范大学出版社，2014：1311–1312.
② 郑麟趾.高丽史［M］.重庆：西南师范大学出版社，2014：1312–1313.

即"乱言",乃由元代法而来的一个罪名。[①] 从对高仁器的处罚看,他不过是发言不慎,并无"谋逆"的事实,也与辛旽无涉。其行为的"谋逆"性质是恭愍王在事后为坐实辛旽早有谋逆之心而制造的。事件的首告者李春富、金兰乃辛旽的绝对心腹,他们以此为手段,事先掐断有心人对此事的利用。这种做法是成功的,使恭愍王清除辛旽的计划不得不推迟。

其次,恭愍王二十年发生的"谋逆"事件也与辛旽无关,它本来只涉及奇显与崔思远二人。奇显家是辛旽正式执政时的临时居所,崔思远与奇显同为辛旽心腹,他们涉案可直接牵扯到辛旽,使恭愍王认为这是千载难逢的机会,硬生生地将两者联系在了一起。

辛旽被扯入事件后,作为宰相的李春富与金兰全程监督此案的审理,对此,恭愍王是没有正当理由阻止的。同对之前的高仁器案一样,李春富敏锐地察觉到了事态的不同寻常,感知有人会利用此事对执政集团进行打击。《高丽史》卷一百二十五《李春富传》:

> 旽与其党奇显等谋逆,事觉,流于水原。春富、兰、洪永通、金填诣宫门言:"臣等与旽同事久,今旽流而臣等独免,如国论何?"王曰:"且归视事。"……宪司奏曰:"春富、金兰与旽,同是宰辅……曲意承奉,养成无君之心,其罪大矣……奇显等谋举大事,必有倚恃,春富不究治,趣令杀之。同时事旽者,并受重刑,春富当惶惧自退,俟罪不暇,乃畏人发奸,不离宫省,蒙蔽天聪,凶诈益甚……"王不听,止罢其职。宪司又奏曰:"春富既知旽逆谋,宜即上闻,反与贼旽

[①] 《元典章》卷四十一《刑部卷之三》"失口道大言语"条载,河间路申:"睢用告肃宁县典史孙泰不公件内,责得睢用状招:'不合为孙泰将用所告名件分析支破,着言北道:孙泰,你将一百定来也,都支破了。南蛮皇帝要了五十定,意想背叛,呵(阿)蓝歹儿等是北贼,要了五十定。罪犯。'"法司拟:"旧例:失口乱言,杖一百七下。"结果,"部拟五十七下,省断一百七下。"(元典章 [M].北京:中华书局,2011:1400.)

商榷数日，至不得已乃闻，非但无功，罪恶反重。及旽败露，上自亲问，不唯庇旽，其党所为，亦皆掩护。为旽谋主，情迹暴着。宜正典刑，垂戒后世。"命诛之，下教暴其罪。①

从表面看，辛旽被流放后，李春富、金兰等一行人要求因"同事"关系而与辛旽承担连带责任，以此表明他们不同意恭愍王对事件的处理，向他施加压力。但史臣的这一叙述实际是在告诉读者，恭愍王流放辛旽的罪名并非"谋逆"这样的重罪，而是用人失察一类的轻罪。李春富作为奇显案的主办者，当然深知这一点，所以才会率领同僚要求与辛旽共担责任。②但这种行动反而彰显了辛旽在官僚集团中的威信，③坚定了恭愍王清除辛旽的决心。

从承恭愍王意旨之宪司"奇显等谋举大事，必有倚恃"的奏文看，直到奇显等人被杀，辛旽被流放，官府也未找到奇显背后有主谋的证据，甚至连口供都未获得。尽管辛旽被流放名不正言不顺，且相关证人全部被杀，亦未有新证据出现，但辛旽仍莫须有地被定性为"谋逆"案主犯，被流放的第二天即被诛杀。史臣尽管不得不站在官方立场，以表层书写对李春富予以否定，但仍会以内里书写的方式，留下案件的关键信息。这种保留主要是通过记录李春富个人在案件前后的作为，及摘录宪司指控的关键性话语的方式进行的。辛旽"谋逆"事件的真相，就在史臣大幅引用的宪司奏文中。

首先，辛旽、李春富等人之"罪"，不在于他们真的做了什么，而在

① 郑麟趾.高丽史［M］.重庆：西南师范大学出版社，2014：3800-3801.

② 闵贤九认为，恭愍王对李春富、金兰等人的处理，也存在不合理之处。［闵贤九.辛旽의 執權과 그 政治的 性格（下）［J］.歷史學報，1968（40）：108.］

③ 当时儒臣集团的首领李穑，即使在辛旽被杀以后，仍以辛旽所封"鹫城君"之"鹫城"称之，而不对之进行贬斥，透露的也是这种信息。

于宪司在奏文中点出的,被恭愍王认定的所谓"无君之心"。这才是"大罪"!本来,辛旽等人的"无君"行为,是恭愍王为了抬高辛旽地位,与辛旽共同演出的戏剧,可当这场戏继续唱下去时,恭愍王却越来越不能忍受了。

其次,奇显事发后,恭愍王马上抓住机会,试图将矛头指向辛旽。史臣所引宪司"同时事旽者并受重刑"之语,所要传达的信息便是:恭愍王在一天之内,传讯辛旽周边之人,试图通过重刑,让他们指控辛旽。然而,这一做法并未奏效,反而"打草惊蛇",有让辛旽警觉而遭反噬之虞。或许正因如此,奇显等人才在一天之内全部被杀。

再次,在案发第一天,恭愍王之所以未能达到将辛旽牵入"谋逆"案的目的,主要在于李春富以宰相身份介入并主导了对整个案件的审理,他有丰富的政治经验,深知案件被人利用的可能性,故"不离宫省",严密监视着案件审理的全过程。恭愍王无机可乘,如继续深查下去,反而会暴露其陷害大臣的意图,只好下令将当事人全部诛杀。后来司法机关将这一责任全部推给李春富,但如无恭愍王的指令,李春富既无此权力,也无此胆魄。李春富在案件中的作为后来被指责为"蒙蔽天聪",可见恭愍王对此一直耿耿于怀。

然后,正因李春富对案件有了深入了解,故他在案发后才敢和辛旽共担责任。宪司对他"反与贼旽商榷数日,至不得已乃闻"的指控不过是强词夺理。辛旽是政府首脑,对如此重大案件的审理,李春富当然要向他汇报。从宪司说他"非但无功,罪恶反重"的话语看,李春富对案件的审理非常成功,这大概是辛旽被流放后,官僚群体均不表态的主因,也是李春富与金兰等人尽管为辛旽集团的核心成员,最后却被杀的原因所在。

最后,综合各种情况,我们认为案件当是由李春富首先发现、侦破的,整个案件的处理也一直在他的关注之下,这使恭愍王难以上下其手。

奇显等人被杀后，案件本来该结束了，故辛旽在第二天从容地为小儿举行了盛大的庆生活动。可能正是这一举动刺激了恭愍王，使他决心马上将辛旽诛除，事态发生了惊天巨变，一个刚刚审结的案件竟在突然之间变成了首相谋杀国王的大案，执政七年的辛旽团队一瞬间被连根摧毁。高丽王朝的一股主要支持势力就此毁灭。辛旽被杀后，从前被排斥的世家大族、草野新进与武将势力的代表性人物迅速回归，他们借此特殊事态，要求恢复传统体制，以此来保障他们的权力。在事件发生后的第二十四天（七月己卯），罗州牧使李进修上疏曰：

> "内宰枢不可不去也。宰臣、枢密会于都堂，燮理阴阳，题品人物，如有议事，皆诣紫门，禀命而发，安有非时入见，出专威福，使同列莫知其由，朝野皆聚其门？僭逾之心，于是乎起矣。国制：知申事一人、承宣四人，位皆不过三品，更日入直，执礼报平，出纳王命，虽片言不敢自发，是谓龙喉，又谓内相。《传》曰：'遵先王之法而过者，未之有也。'君臣相安之要，在除内宰枢一举。"王嘉之，除判典校寺事。①

由此奠定了辛禑时期由李仁任等大族与崔莹等武人把控朝政的局面，

① 郑麟趾.高丽史［M］.重庆：西南师范大学出版社，2014：1313.

在辛旽时期被培育的以李穑为代表的儒生集团① 也登上了历史舞台，对此我们不再详细论述。②

---

① 李詹论李穑云："历官四十余年，位至侍中。冠冕斯文，凡国家辞命制教铭颂之文，必需公乃成。又以兴起斯文为己任，训进后学，孜孜无倦。陈说大义，辨析微言，使之焕然冰释。东方性理之学，繇是乃明。五知贡举，一时名士，皆出门下。且累年移疾闲居，容接宾客，虽异端者至，亦不麾之。士大夫墓隧碑碣，谯游饯行，以至浮屠方外之作，有求辄应，下笔如神。"（李穑.牧隐蒿［M］.首尔：景仁文化社，1996：501.）又，权近《朝鲜牧隐先生李文靖公行状》："乙巳，同知贡举，取尹绍宗等二十八人……初自辛丑经兵之后，学校废弛，王欲复兴，改创成均于崇文馆之旧址，以讲授员少，择一时经术之士若永嘉金九容、乌川郑梦周、潘阳朴尚衷、密阳朴宜中、京山李崇仁等，皆以他官兼学官。以公为之长，兼大司成，自公始也。明年戊申春，四方学者坌集，诸公分经授业。每日讲毕，相与论难疑义，各臻其极。公怡然中处，辨析折衷，必务合于程朱之旨，竟夕忘倦。于是，东方性理之学大兴。学者袪其记诵词章之习，而穷身心性命之理，知宗斯道而不惑于异端，欲正其义而不谋于功利。儒风学术，焕然一新，皆先生教诲之力也。夏四月，王幸九斋，亲试诸生经义，命公读卷，取李詹等七人赐及第。己酉夏，同知贡举，取柳伯濡等三十三人，始用中朝科举易书通考之法。"（李穑.牧隐藁［M］.首尔：景仁文化社，1996：507.）

② 闵贤九忽视了大族的作用，认为事件之后，武人势力再次抬头，"新兴文臣势力"继续成长。武人势力是"保守"的，"新兴文臣势力"则是"改革"取向的。［闵贤九.辛旽의 執權과 그 政治의 性格（下）［J］.歷史學報，1968（40）：107-112.］

第七章

作为建国"神话"的威化岛回军

高丽旧臣李成桂通过政变上位。对威化岛回军意义的不断再阐释，成为他在夺取政权过程中树立合法性的关键一环。朝鲜王朝的建立，使威化岛回军的意义被最终确定为"翊戴中国"[①]。尹向云："戊辰回军之举，专是太祖应天顺人，仗义而行"[②]。所谓"义"即在天下范围内对"中国"的尊奉。由此，朝鲜王朝以从天下秩序范围内的政治伦理，消解半岛内部的合法性困境。事后意义的赋予，使威化岛回军这一"单纯"的军事行动，不断被重新书写，涂抹了一层又一层油彩。总之，在历史转型期，一些政治势力敏锐地触摸到了历史的脉动，利用时代大势，以一套话语顺应，乃至主导了政治与观念市场，使被神话化的建国故事为人信服，成为政权合法性的

[①] 权近即云："然祸之骄恶滔天，又有举兵攻辽之隙，而我太上王举义回军，翊戴中国，忠诚克著，帝心嘉赏。"（朝鲜史臣.朝鲜王朝实录·太宗实录：六年八月庚戌条 [M]. [出版地不详]：[出版者不详].)

[②] 朝鲜史臣.朝鲜王朝实录·太宗实录：十五年十月癸巳条 [M]. [出版地不详]：[出版者不详].

基础。①

一、"清君侧"：精英分裂下的威化岛回军

洪武二十一年三月辛丑，明"置铁岭卫指挥使司"②。高丽朝廷认为，这是对本国疆土的不当占有，遂与明展开正面交涉——"文、高、和、定等州本为高丽旧壤，铁岭之地实其世守，乞仍以为统属"。高丽的主张不仅未被朱元璋采信，反而引发了疑忌。他谕礼部尚书李原名曰："今铁岭已置卫，自屯兵马守其民，各有统属，高丽之言未足为信……今复以铁岭为辞，是欲生衅矣……礼部宜以朕所言，咨其国王，俾各安分，毋生衅端"③。"外交"上的重大挫败，使高丽执政集团决心以武力解决，由此引发了派大军攻辽，前线将领回军兵谏，半岛政局急转的历史变局。

历来史家都把威化岛回军归因于"攻辽"决策之失，但从更宏观的历史背景看，这不过是回军发生的契机。在由此触发的波澜壮阔的历史变局之后，还有更深刻的因素，它们其实已由回军时作为动员口号的"清君侧"展示出来。可由于后来话语的转换，"清君侧"先后被"立王氏"与"尊

---

① 威化岛回军事件载于《高丽史》《高丽史节要》《朝鲜王朝实录·太祖实录》及《明太祖实录》等多种权威文献，历代史家只是将其作为"易姓革命"过程中的一个事件来叙述，对其意义的被赋予且不断发生转换的事实却多有忽视［相关成果有金塘泽．『高麗史』列傳의 編纂을 통해 본 朝鮮의 建國［J］.한국중세사연구, 2007（23）：5-28；윤정．麗末鮮初 世子朝見의 추이와 그 의미–昌王의 親朝 요청과 恭讓王 세자의 朝見［J］.한국문화, 2017（80）：155-192；姜尚云.威化岛回军以後의 政治外交史研究［J］.한국정치학회보, 1959（1）：76-107；金正义.위화도 회군（威化島回軍）에 관한 고찰［J］.군사지,1988（16）：55-79；金永寿.위화도 회군 의 정치–최영、이성계의 요동 공벌 정쟁과 이색、이성계의 정치 개혁、정통성 논쟁［J］.한국정치학회보, 1999（33-1）：29-47.］这正是本文所要解决的问题。就笔者所见，李相佰在其于1936年发表的《李朝建国研究（二）》中，曾分析李成桂在出兵辽东前所提出的反对理由，指出位列各种理由第一条的不可"以小逆大"，尽管在后世被赋予了重要意义，但在当时并非最迫切、最实际的理由，只是在李成桂威化岛回军取得成功后，为了将其回军甚之后取代高丽王朝的行为正当化，才在对明的文书中作为"口实"被强调。［李相佰.李朝建國의 研究（二）［J］.진단학보, 1936（5）：66-67.］不过，对威化岛回军本身意义的赋予及其变化过程，他却未加留意。

② 明实录·太祖实录［M］.台北："中央"研究院语言研究所, 1962：2857.

③ 明实录·太祖实录［M］.台北："中央"研究院语言研究所, 1962：2867-2868.

中国"的标榜所掩盖，至今未受重视。

关于威化岛回军的背景与经过，《高丽史》《高丽史节要》《朝鲜王朝实录·太祖实录》的记载基本一致：

> （辛禑十四年）二月…崔莹集百官，议献铁岭迤北可否，皆以为不可。禑与崔莹密议攻辽……以我太祖为右军都统使……左右军渡鸭绿江，屯威化岛……左右军都统使遣人诣崔莹，请速许班师，莹不以为意……敏修罔知所措，单骑驰诣太祖……太祖乃谕诸将曰："若犯上国之境，获罪天子，宗社生民之祸立至矣……盍与卿等，见王亲陈祸福，除君侧之恶，以安生灵乎？"……回军渡鸭绿江……六月癸卯朔，诸军来屯近郊，为书授金完曰："我玄陵至诚事大……今莹为冢宰，不念祖宗以来事大之意……加以迁都汉阳，中外骚然，今不去莹，必覆宗社"……以曹敏修为左侍中，我太祖为右侍中，赵浚签书密直司事兼大司宪，诸将皆复职。①

这类在朝鲜王朝建立后形成的史料，在记述回军时，均极力突显李成桂的作用，并大量添加尊"上国"与"天子"的内容。即便如此，我们仍可看出，"清君侧"——清除主导攻辽的首相崔莹（而非国王），才是当时真正的目的与动员口号。作为首相与最高军事统帅，崔莹本是武人势力的总代表，一直享有崇高威望，诸将何以必欲除之而后快呢？这要从恭愍王死后半岛政局的特殊性讲起。

> （恭愍王）二十三年九月，王冒称禑，故宫人韩氏出，追赠韩氏三代及其外祖。甲申，崔万生、洪伦等弑王，太后率禑入内，秘不发

---

① 高丽史节要：早稻田大学藏本［M］.［出版地不详］:［出版者不详］.

薨。丙戌，殡于宝房，禑与宰枢发丧举哀。翼日，太后及复兴欲立宗
亲，仁任欲立禑，议未决……永宁君瑜及密直王安德等阿仁任意，大
言曰："王以大君为后，舍此何求？"仁任率百官遂立禑，年十岁。①

　　是时权臣当政，王室与后族不过是任人摆布的傀儡。李仁任等重臣力
主立幼儿，固有辛禑乃恭愍王"亲子"的大义名分，但亦有私心——以此
进一步把控朝政。果然，幼主初立，王权低落，以李仁任为首的世家大族
组成的宰相集团掌握了全权。② 史称："时仁任、龠、坚味提调政房，颛权
植党，举国趋附……台谏、将帅、守令皆其亲旧"③。
　　经过恭愍王长达二十余年近乎周期性的政治清洗，半岛精英阶层严重
"碎片化"，形成了围绕在李仁任、崔莹、池龠、杨伯渊、辛禑乳母张氏、
庆千兴、李成桂、李穑以及其他一些重臣周围的多种势力。在此状态下，
只有传统的大族认同才能勉强将半岛社会整合起来。这是李仁任长期执政
的社会与文化基础。可是，恭愍王的反复整肃，已将大族结构与大族认同
冲击得七零八落。大量大族被消灭，存活下来的大族多是在高丽末期崛起
的"大族化"的新势力，他们只具大族的形态，缺乏大族的历史传承、文
化底蕴与号召力，本身的力量、权威及被社会的认同度有一定的限度。④
　　与此同时，在高丽末期长期的战乱环境中，武人势力崛起，⑤崔莹、李

---

① 郑麟趾．高丽史［M］．重庆：西南师范大学出版社，2014：3990．
② 辛禑给李仁任、庆千兴的教文称："卿以功臣之后，在先王时，赤心素节，历仕中外。丙申、
　 己亥、辛丑、壬寅、癸卯年间，社稷倾危之际，奋不顾身，克着功绩。追先王奄弃之初，悉
　 捕凶徒，以正典刑。俾予幼冲，不坠祖宗之绪，再安社稷，以迄于今，带砺难忘。若不旌
　 异，何以励后……虽有过愆，犯不至十，悉皆原宥。卿等其益懋乃心，匡救不逮，与国咸
　 休！"（郑麟趾．高丽史［M］．重庆：西南师范大学出版社，2014：3814．）这就是对李仁任
　 等人摄政地位的承认。
③ 郑麟趾．高丽史［M］．重庆：西南师范大学出版社，2014：3813．
④ 李仁任家族即从李兆年开始崛起的新大族，历史不过三代。其他大族多与之类似。
⑤ 洪荣义．高丽末政治史研究［M］．首尔：惠安出版社，2005：190．

成桂、池奫、杨伯渊均是其中的代表性人物。不过，从总体上看，在传统大族政治及观念的影响下，他们本身并未如百年前的武人政权那样形成一股与文臣（大族）相抗衡，可独自掌握政局的单一势力，也未形成这样的自觉意识，而是试图通过自身的"大族化"，以士族的身份掌权。

在这一过程中，他们中的一些人或支持某一大族势力，或以某些大族出身的人物为自己的党羽而自成一派。这种武将与文臣打成一片，以政治理念、政治倾向乃至利害关系结成党派的情形，是碎片化的政治权力在大族结构下的再整合，并事实上造就了日后的朝鲜王朝。①

李仁任以资深宰相的资历、强大的政治能力、娴熟的政治手腕及援立辛禑王的功绩成为实际的摄政者，在某种程度上就是恭愍王的化身，具有"半国王"的性质，但其权力又必须得到同为宰相的崔莹的支撑。李仁任和崔莹的结盟，在一定程度上可视为大族与武人两大势力的结盟。这是辛禑王时期政局稳固的基石。他二人相加就是恭愍王时期呈现出的强大王权。

然而，他们二人的联盟，具有浓厚的个人化色彩。其中，李仁任的个人魅力、手腕、执政能力，以及崔莹对他的服膺，应该起了相当重要的作用。这也决定了由他们所代表的两种势力之间的平衡具有不稳定性。李仁任一退任，崔莹与李仁任安排接任的其他大族执政者的关系便宣告破裂，这在事实上决定了高丽王朝的命运。

恭愍王去世，一时强大的王权陡然消失，剩下的是碎片化的臣僚集团。传统的大族结构、大族文化与大族均衡，经恭愍王近乎周期性的政治清洗遭到严重破坏，他们之间的内斗成了政治的主要方面。恭愍王时期残酷整肃模式的影响，及由此造成的扭曲的政治气氛与生态，使执政的李仁任与崔莹几乎复制了恭愍王的做法，结果不仅未实现整合统治集团的目

---

① 这些混为一体的"大族化"精英，经过朝鲜初期的"儒学化"后，成为统治半岛几百年的"两班"阶层。关于朝鲜王朝"两班"阶层的研究甚多，但就笔者所见，对两班之形成问题，尚未有人充分关注高丽末期精英群体间组合模式造成的影响。

标，反而使高丽政权进一步从内部崩塌。

辛禑王三年2～3月间的池奫事件，是辛禑王时期首次重大的政治斗争。池奫乃恭愍王时期成长起来的武人，由军功升任排名第三的宰相，身边结集了一大批党羽，其核心成员主要有执义金承得，知申事金允升，判典校寺事李悦，左常侍华之元、宾天翊，判事高如意，判书崔奕成，典客令黄淑真、金履、金密，以及秦金刚、洪子安、李龙吉、李宗彦、李乙和、李匡、张德贤、金宗、李阳真、安思祖等人。[1]

这些人在《高丽史》中均无传，但从他们任职及活动的蛛丝马迹看，应是由文臣、武将组成的混合体。其中，金承得、金允升被称作池奫的"门客"，担任执义、知申事等掌谏净、出纳的文职，应是文臣；金密、[2]李龙吉[3]则为武将。与李仁任、崔莹以宰辅身份形成的文武结合不同，这是一个以武将出身之宰相为核心，由一批中下层文臣武将为羽翼的群体，可看作日后李成桂集团的初版，乃武将势力日益成为历史主导者的征兆。对池奫一党的处罚，崔莹态度强硬。他这种一贯的作风，使之逐渐失去了由

---

① 《高丽史》卷一百二十五《池奫传》："池奫，忠州人。其母巫女。发迹行伍，屡从军有功……辛禑时，拜门下赞成事……奫之杀林朴，仁任、庆千兴皆不与闻，遂恶焉……仁任欲剪奫党……奫大惧，誓谓仁任曰：'予若谋公，天必诛之。'使益谦请救于莹，不得，曰：'崔公亦党于仁任矣。'乃严兵自卫……仁任、复兴、莹等知其谋……命召奫人……初，允升等屡夜饮，谋以奫为首相，密谓奫曰：'公为冢宰，何如？'奫曰：'有仁任在……'……莹鞠奫、允升、益谦聚兵阙门，谋害大臣，三人皆服，遂诛之，并斩天翊、奕成、如意等二十余人……仁任谓千兴、莹曰：'既诛其魁，可释此辈，复杖流何如？况罪不可再加乎？'……莹亦曰：'前日杖流，以其议朝政也，今日之诛，以其害大臣也。皆罪之重者，岂宜释之？'……奫遇知玄陵，位至宰辅……恣其跋扈。多植门客，附己者用之，异己者斥之。允升赠奫奴婢，遂为奫亲信，与承得、之元、悦更相汲引。奫倚为腹心，分置台谏，大张威福。"（郑麟趾.高丽史［M］.重庆：西南师范大学出版社，2014：3803-3808.）

② 《高丽史》卷一百十二《柳淑附柳实传》："实颇骁勇，善骑射……倭贼二十余艘寇林州，实与知益州事金密力战却之。"（郑麟趾.高丽史［M］.重庆：西南师范大学出版社，2014：3417-3418.）

③ 《高丽史》卷四十《恭愍王三》："乙酉，录兴王讨贼功，以三司右使李成瑞……护军李龙吉为一等功臣。"（郑麟趾.高丽史［M］.重庆：西南师范大学出版社，2014：1249.）

文武混合编成之臣僚集团的信任。①

　　李仁任、崔莹对政治核心层的下一次整肃，是发生于辛禑王五年七月的"杨伯渊事件"。杨伯渊亦出身武将，居功自傲，引发了李仁任的不满，被视为潜在威胁而遭清除。②崔莹则进一步将之扩大为牵连诸宰相的政治大案，以此对臣僚集团进行系统性的大清洗。对该案的冤狱性质，史臣予以明确揭示：

　　　　禑开书筵，以仲宣、权仲和为师傅。仁任、林坚味等与仲宣同在政房，恶其分权……杨伯渊之狱起，辞连仲宣，乃遣版图判书表德麟、典法判书柳蕃等杀之，籍其家。国人冤之。仲宣闻德麟等至，知不免，仰天誓曰："予实无罪，予死，天必动威。"及死，天果大雷电以风，邑人异之。③

　　大量与杨伯渊有关联的文臣武将被杀或被流放。其中，洪仲宣、金

---

① 有一事非常能说明问题。辛禑三年，判书文天式将聘于元丞相纳哈出，崔莹对天式曰："丞相若问齑死，宜以病殁对。"天式说："愿诸公勿使复有如此之乱。"史称："莹惭服，寻以老病辞，禑不听。"（郑麟趾.高丽史［M］.重庆：西南师范大学出版社，2014：3463.）

② 《高丽史》卷一百十四《杨伯渊传》："杨伯渊……恭愍朝累转判阁门事……后为上护军，从崔莹定兴王之乱，策功一等，骤迁密直副使，升判司事，出为西北面元帅……伯渊恃功颇骄矜。李仁任、林坚味等恶之……遂削职流陕州。是夕，宦者林甫、韩轸矫旨召还，使者为巡绰官所捕。莹白禑曰：'上护军谋害两侍中，欲自为首相。'请按治党与。'……辞连石璘，及知门下尹承顺、判密直金用辉、同知密直柳曼殊等，即下四人狱。禑谓莹曰：'毋以竖人妄语，枉害诸相。'因伯渊弟三司左尹仲宣、上护军季渊、密直副使子渊，及其亲旧密直副使任毅……杀伯渊、仲宣于流所，又杀涛、季渊、轸、南贵、琳、甫、淑卿，枭首于市……杖石璘、承顺、曼殊、毅、贵、希甫有差，配戍卒。子渊、仲渊、廉、得禧放归田里……莹之断此狱，刑戮过重，时人冤之。"（郑麟趾.高丽史［M］.重庆：西南师范大学出版社，2014：3507-3509.）

③ 郑麟趾.高丽史［M］.重庆：西南师范大学出版社，2014：3404.

涛①为典型的文臣，他们和杨伯渊也是文与武的结合。这一冤案使崔莹在臣僚集团中的形象进一步恶化。

同年九月发生的辛禑乳母张氏案，是李仁任为除掉挑战势力而发动的又一波政治清洗，崔莹在其中再次扮演了关键性的角色。② 这一年，辛禑王十五岁，具备了亲政的资格。对张氏一案的处理，宰相集团空前一致，以此在事先打掉辛禑伸张王权的企图。其实，李仁任、崔莹等之前掀起池奫案、杨伯渊案，目的之一也是打击以张氏为中心的试图提升王权的势力。③

恭愍王对臣僚的屡次残酷清洗，给官僚群体，特别是其上层留下了巨大的心理阴影，他们绝不允许王权再次发生这类事件。在辛禑王即将亲政的辛禑六年三月，"李仁任、林坚味忌侍中庆千兴清直，托以嗜酒不视事，诉于禑，流清州，又杖流复兴所善门下评理薛师德，密直副使表德麟，判书郑龙寿、李乙卿、王伯，中郎将罗兴俊"④。这是李仁任主导的第四次政治清洗运动。

---

① 《高丽史》卷一百十一《金涛传》："中洪武四年制科……涛附洪仲宣论议人物，仁任恶之……仁任嗾台官劾以不敬……杨伯渊之狱起，涛逮系，被榜掠，绝复苏者三，遂诬服……涛初对狱官曰：'我死不足惜，杀一无辜反受其殃。'狱官皆慄然知其冤。及死，门生进士十余人随至门外护尸。"（郑麟趾. 高丽史［M］. 重庆：西南师范大学出版社，2014：3405.）

② 《高丽史》卷一百十三《崔莹传》："政堂文学许完、同知密直尹邦晏使其妻依禑乳媪张氏潜内宰枢林坚味、都吉敷，请去之。禑命坚味等归私第，禁出入。坚味等奔告莹及复兴、仁任曰：'完等欲杀吾二人以及诸公，祸将作矣。'夜，完等矫旨召莹者再三。莹恐祸及己，率麾下兵与复兴、仁任等会兴国寺，大陈甲兵，集两府百官耆老议请鞫张氏。禑趣召莹……莹欲入，诸相止之曰：'奸宄在内，不可轻进。公去则此军必乱，军乱国不静矣。'莹从之。两府、台谏诣阙请下张氏按治，禑不听。莹等囚张氏族党康侑权、元顺、元甫等鞫之。禑怒……令莹罢兵……太后曰：'岂可以一女之故令举国缺望乎？'趣张氏出……门下评理金庾谓莹曰：'以臣抗君，无乃不可乎？'莹怒白禑，下庾狱……乃流张氏，斩完、邦晏、侑权、顺、甫及张氏养女壻上护军孙元美，杖流元美兄知春州事元迪，寻斩张氏。"（郑麟趾. 高丽史［M］. 重庆：西南师范大学出版社，2014：3467-3468.）

③ 这一年十二月，宪府上疏："张氏本侍婢，冒称乳媪，滥干恩宠。尝与池奫交通谋乱，又与杨伯渊、洪仲宣、金涛等相应……今闻李义、俞伯相与结党，欲令张氏还京。乞诛张氏，以绝祸根。"（郑麟趾. 高丽史［M］. 重庆：西南师范大学出版社，2014：4032-4033.）

④ 高丽史节要：早稻田大学藏本［M］.［出版地不详］:［出版者不详］.

庆千兴是恭愍王时期的资深宰相，又是恭愍王外戚，乃王权的坚定支持者，史载他"娶明德太后侄女……录诛奇辙功为一等……潜邸元从，莫有知者……能内诛奇辙，外歼红贼，文德武烈闻于天下……"[①]，在资历、功业与社会声望上均远超李仁任。薛师德、表德麟、郑龙寿、李乙卿、王伯、罗兴俊等人在《高丽史》中无传，也应是由中下层文臣武将混合组成的集团。李乙卿在恭愍王十二年三月所录兴王讨贼功臣中为一等功臣，头衔为前护军，[②] 为武将无疑，除同为武将的罗兴俊，其他人可能多为文臣。[③]

李仁任等之所以要清除庆千兴的势力，就是要在辛禑亲政前拔除其最后一颗牙齿。但他们又不能否定君主制本身的合法性，只能推迟而不能阻止辛禑亲政。拖延到第二年六月，辛禑终于在形式上亲政。他对诸宰相说：

> 凡为王者，必受命天子者当之。今予犹未受命，委政耆旧，听其所为。然予默察其政，杂然无统，甚孤予委任之意。自今以后，每月初二日、十六日，各司之长，亲启所职。予当课其能否。[④]

对以李仁任为首的宰相集团，辛禑早已不满，欲有所作为。但他很快发现，朝廷内可能的协助者早被拔除，难以成事，只能通过"留心鹰犬，

---

① 郑麟趾.高丽史［M］.重庆：西南师范大学出版社，2014：3387.

② 郑麟趾.高丽史［M］.重庆：西南师范大学出版社，2014：1249.

③ 《高丽史》卷一百二十四《金兴庆传》："金兴庆，侍中就砺之曾孙，聪慧便佞。恭愍朝，选补于达赤，王见而悦之……常侍内寝"。辛禑继立后，台谏上言："金兴庆……荷先王宠眷，超擢高官，得任喉舌，朝夕昵侍……酿成前日之祸……兴庆曾不自悔，所在群聚，谋自安之术……且兴庆之纵恶至此者，亦由王伯、安沼、郑龙寿为其腹心，相济为之耳。请令宪司，明正其罪，以诫后来。"（郑麟趾.高丽史［M］.重庆：西南师范大学出版社，2014：3369–3371.）金兴庆的势力和庆千兴的势力之间有相当的重叠，当是这些人在金兴庆失势后，改投到了庆千兴门下。之所以能做如此转换，当因为他们都为王党势力。

④ 郑麟趾.高丽史［M］.重庆：西南师范大学出版社，2014：4036.

驰马后苑"①，掩饰其雄心。但其名义上的亲政，还是使政局由臣僚集团内部的矛盾转为王权与臣权之间的矛盾。

如前文所言，辛禑王时期，李仁任实际取代了从前恭愍王的角色，成为事实上的王者，所谓"专制国柄……不顾三韩万世之社稷，杀忠勋而窜大臣"②。但如无崔莹的协助，李仁任的清洗任务是难以完成的。在这一过程中，大批武人出身的政治精英被清洗，武人群体逐渐与崔莹离心离德。从表面看，崔莹的势力似乎越来越强大，可实际上，其基础却越来越脆弱，威化岛回军时"清君侧"的口号主要就是由这种长期积累的怨愤与不信任而来。

随着辛禑的长大，其实质性亲政不可避免，李仁任对此非常清楚。从辛禑六年起，他数次请辞，通过以退为进的手段，继续维持权势。③崔莹无此手段，实行的是"硬转向"——他"极言诸相侵夺兼并之害，遂具禁约共署之"④——开始与执政集团切割，积极迎合王权，向王权靠拢。⑤李仁任与崔莹之间出现了裂痕。辛禑十三年八月即辛禑二十三岁时，"李仁任以老病辞"⑥。在执政20余年后，正式退位。紧接着，辛禑便在崔莹的支持下清除了李仁任安插于朝中的党羽，他本人亦被流放。这就是历史上著名的"林、廉之狱"。

---

① 见同年十一月左司议白君宁等上疏语。（郑麟趾.高丽史［M］.重庆：西南师范大学出版社，2014：4040.）

② 郑麟趾.高丽史［M］.重庆：西南师范大学出版社，2014：3817.

③ 如辛禑十年，"禑尝恶坚味贪饕……坚味托疾乞退，仁任亦乞退，以观禑志。"（郑麟趾.高丽史［M］.重庆：西南师范大学出版社，2014：3816.）

④ 郑麟趾.高丽史［M］.重庆：西南师范大学出版社，2014：3472.

⑤ 他对辛禑讲："不与大臣图议国政，昵比群小，游田无度，臣将安仰以尽臣职乎？"（郑麟趾.高丽史［M］.重庆：西南师范大学出版社，2014：3472–3473.）

⑥ 郑麟趾.高丽史［M］.重庆：西南师范大学出版社，2014：4112.

（辛禑十四年）春正月丙子朔，廉兴邦劝禑下令购捕赵胖甚急……胖曰："六七贪婪宰相，纵奴四方，夺人田民，戕虐百姓，是大贼也……"榜掠竟日不服……庚辰，禑如崔莹第，辟左右与语良久，盖议胖狱……壬午，禑命释胖及其母妻，又赐医药与装，下令曰："宰相既富，可停颁禄，其先颁队伍之无食者。"遂下兴邦于巡军，国人皆喜曰："吾君明矣。"癸未，禑命崔莹及我太祖陈兵宿卫，下领三司事林坚味、赞成事都吉敷于狱……初，仁任谋窃国柄，援立辛禑，一国咸福在其掌握，支党根据，而坚味为其腹心，疾恶文臣，放黜甚众……莹及我太祖，愤其所为，同心协力，导禑除之……以崔莹为门下侍中，我太祖守门下侍中……①

林坚味、廉兴邦乃李仁任在现宰相集团中的代言人，作为执政集团的核心，他们被杀的原因竟是与政治无关的田产案。综合史料的记载，我们不难发现，辛禑和崔莹可能早已打算清洗现任宰相集团，"赵胖案"给了他们借题发挥的机会。史称此案乃崔莹与李成桂"同心协力，导禑除之"，将李成桂塑造为击溃李仁任集团的首要功臣，这不过是朝鲜时代的修史者给李成桂虚增功业，抬高其地位，光彩其形象而已。据《高丽史·林坚味传》，赵胖案发数日后，

禑如莹第，与语良久，议胖狱……禑召胖七岁儿，问其父所为。对曰："吾父但拔剑试之，云：'欲斩贪婪六七宰相，以快吾志。否则，妻孥必至饥寒。"禑赐儿笠。禑命莹及我太祖陈兵宿卫，下坚味、吉敷狱。②

---

①　高丽史节要：早稻田大学藏本［M］.［出版地不详］:［出版者不详］.

②　郑麟趾.高丽史［M］.重庆：西南师范大学出版社，2014：3823.

　　辛祸才是发起"林、廉之狱"的主导者，[①] 但他要发动如此大规模的清洗行动，必须获得掌握兵权的崔莹的支持，李成桂不过是奉命行事罢了。辛祸之所以敢依靠崔莹，除了他本人品格忠贞（以各种方式传达出的忠于王室的信息），还出于辛祸已感知到崔莹与李仁任集团间的裂痕越来越深。史载："诸相或有谋产业、争田民、徇私隳纪纲者，莹皆欲矫之。尝谓仁任曰：'国家多难，公为首相，何不忧虑？但以家产为念。'仁任默然"[②]。他又谓左侍中潘益淳曰："执政嗜利积恶，自速祸败，老夫将若之何？"[③]

　　辛祸无自身的势力，欲在亲政后有所作为，在当时只有依靠崔莹摧毁李仁任集团一途，但这等于又砍折了高丽王朝的一根支柱。他未实事求是地评估崔莹的实力，被其表面的强大所迷惑，以婚姻等各种方式与之捆绑，[④] 成为日后高丽王朝倾覆的一大重要原因。

　　崔莹的军事能力强，但政治与行政能力极差，往往以军事手段从事政治与行政，[⑤]"喜杀立威，罪不至死，亦多不免"[⑥]。这大概是他在之前的二十余年间能被李仁任笼络，甘心为其所用，不直接走上前台的原因之一。可当李仁任退位并最终失势后，崔莹便原形毕露，对林、廉之党进

① 朝鲜时代的尹根寿还提供了另外的说法："廉兴邦于丽季，与林坚味以贪婪一时被诛，至今犹云林廉。而柳希龄所撰《大东诗林》……而于廉兴邦曰：'谏征辽被杀。'此则前史所无之语。而希龄忽提出此言，抑得之传闻之端的者耶？……许筠言：'当祸纳崔宁妃时，兴邦谏以为握兵大将之女，不可备后宫，以此深触崔莹之怒，被酷祸云。'未知传信之言耶？"（尹根寿.月汀集［M］.首尔：景仁文化社，1996：372-373.）

② 郑麟趾.高丽史［M］.重庆：西南师范大学出版社，2014：3478.

③ 郑麟趾.高丽史［M］.重庆：西南师范大学出版社，2014：3474.

④ 史载："祸欲纳莹女，使人谕之……麾下郑承可安沼等逢迎祸意，遂纳之。"（郑麟趾.高丽史［M］.重庆：西南师范大学出版社，2014：3474.）

⑤ 可举一例："京城物价踊贵，商贾争锥刀利。莹疾之，凡市物，先令京市署定其价，识以税印，始许买卖。无印识者，将钩脊筋杀之。于是悬大钩于市以示之，市人震栗，事竟不行。"（郑麟趾.高丽史［M］.重庆：西南师范大学出版社，2014：3470-3471.）

⑥ 郑麟趾.高丽史［M］.重庆：西南师范大学出版社，2014：3478.

行了极为惨烈的诛杀——"分遣安抚使于诸道，收捕坚味等家臣恶奴诛之，凡千余人，并没财产……尽收杀被诛者，子孙虽在襁褓，皆投之江，匿免者无几"①。

臣僚集团与王权的离心离德，在恭愍王末期已非常明显，辛旽事件后，君臣间的信任关系更是降到了冰点。②"林廉执政日久，凡士大夫皆其所举"③，对林廉之党的处分进一步损害了君臣关系，臣僚集团不能不联想到恭愍王时期历次以阴谋手段清洗臣僚集团的可怕情景，崔莹已是他们的"公敌"，成了日后"清君侧"的对象。大概就是从这时起，臣僚集团开始从内心放弃高丽王权。

这也可以解释，何以在由威化岛回军发端的朝鲜王朝的建国过程中，高丽的官僚们几乎集体转向，成为新王朝的建设者。尹绍宗论崔莹曰："功盖一国，罪满天下"，而"世以为名言"④。林相德说："林、廉之乱，世家大族尽赤而国遂亡……崔莹死而丽无人，郑道传入而丽有贼，所谓以一人兴，以一人亡"⑤。他感叹崔莹死后高丽无人，这种局面本就是崔莹一手造成的。他是高丽王朝的忠臣或许不假，但他更是高丽王朝事实上的终结者。

在整肃了以李仁任、林坚味、廉兴邦为首的宰相集团与大族势力后，辛禑与崔莹又试图通过与明作战、守卫国土等方式提升威望，强化王权。

---

① 郑麟趾.高丽史［M］.重庆：西南师范大学出版社，2014：3825.

② 朝鲜时代的中宗国王就观察到："今观恭愍王所为之事，不善者多，固不足道，至于被弑之时，百官闻变，无一人至者。此非一朝一夕之故。"（朝鲜史臣.朝鲜王朝实录·中宗实录：十七年三月戊申条［M］.［出版地不详］：［出版者不详］.）他注意到辛旽事件后，恭愍王与其臣下的关系极度冷漠。这种冷漠与不信任是由恭愍王不断发起的对朝廷重臣的清洗带来的。辛旽被杀后仅过了两年多，恭愍王本人便被弑身亡。关于其死，崔昌大《答林彝好》："恭愍遇弑，史传之矛盾破绽诚如此……当时事迹，殊诚幽昧丑亵……特疏论其疑端可也。"（崔昌大.昆仑集［M］.首尔：景仁文化社，1999：215.）恭愍王之死的真相已不得而知，但君臣间信任关系的破裂当是重大原因。

③ 朝鲜史臣.朝鲜王朝实录·太祖实录：总书［M］.［出版地不详］：［出版者不详］.

④ 郑麟趾.高丽史［M］.重庆：西南师范大学出版社，2014：3478.

⑤ 申钦.象村稿［M］.首尔：景仁文化社，1996：319.

但这又是错估形势，使王朝迈向深渊。在与明作战的过程中，他们还试图联合北元，通过利用高丽人内心残存的蒙古认同，强化与明战争的合理性，重塑政权合法性。这同样是对当时观念大势的误判，未充分感知大众内心认同的变化。错上加错，彻底走上了不归路。

他们更未想到，出兵攻明的决策会使出征的武将们回忆起恭愍王在诛杀奇辙家族后，以恢复故土为名对同一地域用兵的历史。当时的结局是，收复失地的主将印珰作为替罪羊被斩首，头颅送往元朝。出征的将领们可能还会想到，在平定红巾之乱中立下不世之功的郑世云及三元帅，在功成之时被杀的往事。因此，当他们中的一些人喊出"清君侧"的口号时，马上引起强烈的共鸣而产生了巨大的号召力。

二、"立王氏"：威化岛回军意义的转化

（一）"立王氏"话语的成立

成于朝鲜王朝建立后的各种历史文本，虽竭力凸显李成桂在回军过程中的作用，[①]但细读史料，我们仍可发现，回军乃左右军都统使的共同决定。其时，左军都统使曹敏修乃军中主帅，有最后决定权。不仅如此，史臣还以讹言的方式指出，李成桂有率军逃回老巢东北面的打算，但被曹敏修阻止。[②]曹敏修失势后的恭让王二年四月，国王赐李成桂教书云：

> 祸又狂悖，谋攻辽东……卿副曹敏修以行军过鸭江，卿谕诸将以社稷存亡之计而回军……故回军之际，议兴复，敏修亦以为然。既还

---

① 这直接影响了当代史家的判断，如万明认为："次年（1388年）三月，明代设置铁岭卫，这引起了高丽方面的强烈反应，高丽国王甚至立即着手准备进攻辽东。然而，此时两国间的紧张局势触发了高丽内部的矛盾分歧，以李成桂为首的军方主要将领在阵前倒戈。"（万明.明代中外关系史论稿［M］.北京：中国社会科学出版社，2011：116.）

② 见前文所引关于回军经纬的史料。

而党于其族仁任、李琳，沮卿议而立昌，自为冢宰，王氏兴复，失一大机。卿隐忍就职，而以公议开谕敏修，乃极台谏之选，以振纪纲，于是宪司劾敏修以贪婪挠法而击去之。①

这一教书透露出几个关键信息。首先，确认了出兵辽东时，曹敏修是主帅，李成桂为副将的事实。其次，在回军前后，起决定性作用的是曹敏修，只有"敏修亦以为然"后，回军才得以发动。由于这是人所共知的事实，为了虚增李成桂的功业，当时所能做的是将"首倡"之功归于他，而不能说他居于主导地位。尽管曹敏修已经失势，恭让王在褒奖回军功臣时，仍不得不将其与李成桂并列为首功之人。②因此，回军之后，曹敏修理所当然地取得了政局的主导权，重大事项均由其决定，李成桂只能"隐忍就职"。再次，回军后的权力构造，呈现出以代表武将势力的曹敏修、李成桂及代表文臣势力的李穑三巨头共治的局面。最后，李成桂与部分文臣结盟，在既有的政治框架内，指使台谏官弹劾曹敏修，罢其职，最终掌握了更大的权力。

有学者指出，由于背离传统伦理，又与历史上的武人之乱相似，在当时，威化岛回军对李成桂等人而言是一个巨大的政治负担。③辛昌王即位后，在褒奖李成桂的教书中，便丝毫不提回军之事，④应当是出于这种忌讳。《高丽史节要》恭让王三年七月壬辰条亦载：

① 郑麟趾.高丽史［M］.重庆：西南师范大学出版社，2014：1363.
② 《高丽史》四十五《恭让王一》："录回军诸臣功，下教曰：'伪主辛禑，恣行不道。岁戊辰，乃与崔莹欲犯辽阳，将使国家得罪天朝，社稷存亡，间不容发。守门下侍中李［太祖旧讳］与前侍中曹敏修，首倡大义，谕诸将定策回军，以安社稷。功劳重大，带砺难忘。'"（郑麟趾.高丽史［M］.重庆：西南师范大学出版社，2014：1365.）
③ 洪荣义.高丽末政治史研究［M］.首尔：惠安出版社，2005：215.
④ 朝鲜史臣.朝鲜王朝实录·太祖实录：总书［M］.［出版地不详］：［出版者不详］.

　　初，成均司艺柳伯淳与顺宁君聃言曰："戊辰诸将受命攻辽，逗留
返回，宜若无功，而今反受褒赏。其回军也，沮王氏，立子昌者，亦
势之然也，而大臣以此系狱。昔毅宗朝廷之乱，宜可鉴也。今儒者郑
道传等谋弄国柄，傥有前日之乱，则吾等恐陷其祸。"①

　　威化岛回军时，主谋者们面临巨大的风险与不确定性，不能确定会取
得成功，更不可能预知由此引发的几年后的王朝更迭。他们只是在打倒崔
莹以自保之事上达成了共识，没有针对未来的具体设想，由此导致辛昌先
立后废及之后一系列的曲折。

　　李穑与曹敏修一文一武两宰相，共同拥立年幼的辛昌为王，在一定程
度上重现了十四年前李仁任与崔莹共立辛禑为王的局面，引起了在历次政
治清洗后生存下来，又参加了回军"叛乱"的李成桂等人的担忧与警觉。
为避免事后被清算，他们必须设法扭转政局。

　　这首先需解决正当性问题，从而必须回溯到威化岛回军这一原点——
通过对威化岛回军进行重构与再阐释，为当下的行动制造合理性。于是，
就有了李成桂集团先通过台谏除掉曹敏修，然后又以武力为后盾，将禑、
昌父子诬为辛氏之后，将两朝定性为"伪朝"事件的相继发生。这就是"立
王氏""废伪立真"替代"清君侧"，被书写为回军目的与初衷的内里。《高
丽史》一百十六《沉德符传》：

　　辛昌立……我太祖与德符、池涌奇、郑梦周、偰长寿、成石璘、
赵浚、朴葳、郑道传议曰："禑、昌本非王氏，不可奉宗祀，又有天
子之命，当废假立真。"奉定妃教，放昌于江华，迎立定昌府院君瑶，
是为恭让王。即位之夕，王婿姜淮、季父蓍入谓王曰："诸将相立殿下

――――――
① 高丽史节要：早稻田大学藏本［M］.［出版地不详］:［出版者不详］.

者，只欲图免己祸，非为王氏也。殿下慎勿亲信，思所以自保。"王婿禹成范侍侧，闻之，告其母尹氏。尹氏从兄绍宗闻之，以告九功臣。九功臣言于王曰："殿下甫即位，谗言遽入……若以臣等黜伪姓复立王氏为有功于宗社，请罪谗人，使上下无间焉。"王顾左右默然。九功臣俯伏良久而退。①

史臣通过姜淮、王著之口，点出了事件的真相与问题的实质，然后又以恭让王对九功臣之责难"顾左右默然"的描述，强化了这一效果。九功臣亦只是在打倒恭愍王一系，以避免日后被清算的问题上达成了一致，很快便发生了分歧——武人沈德符、池涌奇、朴葳被流放，文臣代表郑梦周则成为拥王（非恭愍王一系的王氏宗室）派而与李成桂对立，最后被李成桂之子李芳远发动兵变击杀。九人中，只有文臣赵浚、郑道传为李成桂死党。

总之，代替"清君侧"，"立王氏"成了回军的主题，故犒赏九功臣之文曰："汤举伊尹，缵禹旧服……委身社稷，兴复王氏"②。"复立王氏"的话语，掩盖了从前的"清君侧"，被认为是威化岛回军的初衷。

如前文所论述，李成桂在追随曹敏修发动兵变时，根本未想到取代高丽政权，甚至都不敢明确提出更换一个有利于自己的国王。他们的行为只是在恶劣的政治环境中求生存，随着本能与直觉一步步地向前推进。在由"清君侧"向"立王氏"的话语转换过程中，他们所做的仅仅是编造了一些与"立王氏"有关的故事，还不敢奢求"天命"。有人向李成桂献《霍光传》的故事，反映的就是这一事实。

《高丽史》卷一百十一《赵暾附赵仁沃传》："我太祖回军，尹绍宗怀

---

① 郑麟趾.高丽史［M］.重庆：西南师范大学出版社，2014：3555.

② 郑麟趾.高丽史［M］.重庆：西南师范大学出版社，2014：1357.

《霍光传》以献，太祖令仁沃读而听之，仁沃因极陈复立王氏之议"①。尹绍宗是王氏外戚中的告密者，以他为主角编造这一故事，更加可信。《高丽史》一百十三《郑地传》："考讯不服曰：'李侍中仗义回军，吾以伊、霍故事讽侍中，深有意尔，复何党彝、初软？'"②不管是支持还是反对李成桂的政治精英，均存在一个基本共识——九功臣在废昌王时，最高理想不过是成为霍光那样的人物，还未想取高丽王朝而代之。

为了弥合曹敏修领导的回军力挽狂澜立下不世之功，而其自身却成为国家罪人的矛盾，李成桂集团围绕"立王氏"做文章，编造并散布回军时李成桂与曹敏修曾达成"立王氏"的共识被曹敏修破弃的流言。《高丽史》一百二十六《奸臣二·曹敏修》：

> 我太祖于回军时，与敏修议复立王氏之后，敏修亦以为然。及禑废，太祖欲择立王氏之后。敏修念李仁任荐拔之恩，谋立仁任外兄弟李琳女谨妃之子昌，恐诸将违己意立王氏，以韩山君李穑为时名儒，欲藉其言，密问于穑。穑亦欲立昌，乃曰："当立前王之子。"太祖谓敏修曰："其如回军时所言何？"敏修作色曰："元子之立，韩山君已定策，何可违也。"遂立昌。③

这一说法还将曹敏修与李仁任联系起来，以打击他在臣僚集团中的威信。因此，史料又有了这样的记载："辛昌立，左侍中曹敏修白昌召仁任，时仁任已死矣。国人初闻被召，恐其复乱国政，开田民攘夺之门。寻闻其死，皆喜跃曰：'人不能诛，天乃殛之。'"④

---

① 郑麟趾. 高丽史［M］. 重庆：西南师范大学出版社，2014：3400.
② 郑麟趾. 高丽史［M］. 重庆：西南师范大学出版社，2014：3481-3482.
③ 郑麟趾. 高丽史［M］. 重庆：西南师范大学出版社，2014：3828.
④ 郑麟趾. 高丽史［M］. 重庆：西南师范大学出版社，2014：3816.

由恶劣政治生态导致的臣僚间的深刻不信任，使回军刚刚成功，将领们便相互猜忌。在李成桂等人看来，曹敏修保持了对王室，特别是对恭愍王一系的忠诚，其本人可通过和李仁任的私交化解将来可能出现的问责危机，可对没有这种条件的其他将帅而言，头上始终高悬着一柄随时可落下的利剑。也就是说，曹敏修以主帅身份立辛昌为王虽符合传统伦理及一般人的认知，但在当时的政治生态下，却是重大失策，成了一年后李成桂纠合九功臣废黜昌王的重要原因。《高丽史》四十五《恭让王一》：

> 辛昌元年十一月丁丑，大护军金佇与祸谋作乱，事觉，下佇狱。戊寅，迁祸于江陵。我太祖与判三司事沈德符、赞成事池涌奇、郑梦周、政堂文学偰长寿、评理成石璘，知门下府事赵浚，判慈惠府事朴葳，密直副使郑道传会兴国寺，大陈兵卫，议曰："祸、昌本非王氏，不可以奉宗祀，又有天子之命，当废假立真。定昌君瑶……当立。"……妃手授以印。其教曰："……不幸恭愍薨逝无嗣……李仁任……以逆贼辛旽之子祸冒名恭愍王后……（祸）举兵猾夏，得罪天子，此正王氏复祀之秋。而大将曹敏修以仁任之亲为上相，继仁任之邪谋，立祸子昌，以恶继恶……于洪武二十二年九月间，门下评理尹承顺等回自京师，钦奉圣旨。节该：'高丽君位，自王氏被弑绝嗣后，虽假王氏以异姓为之，非三韩世守之良谋，果有贤智陪臣在位，定君臣之分，则虽数十岁不朝，亦何患哉？钦此。'询诸国论……命瑶即王位以奉宗庙社稷，其祸及昌废为庶人。"[①]

为了废昌王以除祸根，九功臣发动政变，只有到这时，李成桂才凸显出来。为满足政变势力的要求，他必须将辛祸父子彻底打倒。于是，辛祸

---

① 郑麟趾. 高丽史［M］. 重庆：西南师范大学出版社，2014：1351–1352.

父子非恭愍子孙而是"叛逆"辛旽后人的"事实"被制造出来。威化岛回军事件的参与者众多，主要事实历在人目，使本就各怀心思，只因身家性命共受威胁而临时联合起来的九功臣无法系统性造假，其"创作"主要在于对事件意义的赋予、对人物在事件中作用的再界定，以及某些细节的添加上。

直到将恭愍王子孙诬为"异姓伪君"诛杀后，威化岛回军才以正面形象出现于官方话语。恭让王元年下教：

> 至恭愍王，不幸无子薨逝，贼臣李仁任欲专政权，贪立幼冲孽，诈以辛祸称王氏，立以为主。祸乃顽凶狂悖，将欲陵犯辽阳，侍中李［太祖旧讳］等以社稷大计，谕众回军，议立王氏。①

威化岛回军被赋予"复立王氏"意义的时间在后，可在叙述顺序上却被提前。《朝鲜王朝实录·太祖实录》卷一《总书》载恭让王二年四月教："其所营为，无非所以为兴复王氏之地也。"恭让王二年十二月给李成桂的诏书也称：

> 先王薨逝以后，有伪姓假窃其间……至兴军师，将犯华夏。而卿明知逆顺，倡义回还，谋及宗亲与诸臣，庶遂乃废黜伪姓，推戴寡躬，而使邦基几危而复安，宗祀既绝而再续。②

这种话语的变化显示，半岛政权在激烈的政治斗争的漩涡中，已逐渐改变了以"攻辽东"为极端表现的"脱离中国"的路径，不得不再次向以

---

① 郑麟趾.高丽史［M］.重庆：西南师范大学出版社，2014：1355.
② 朝鲜史臣.朝鲜王朝实录·太祖实录：总书［M］.［出版地不详］：［出版者不详］.

"中国"为中心的天下秩序回归。半岛的精英们终于认识到，中国的权威对于半岛政权的稳定不可或缺，它本身就是半岛权力结构与意识形态的重要组成部分。

（二）朱元璋"废假立真"诏书辨

以禑、昌父子为辛旽之后，毕竟是九功臣的一面之词。对禑、昌父子的诛杀，更骇人听闻。为使这种残酷行为具有合法性，他们声称接到了作为"天子"的朱元璋"废假立真"的诏书。恭让王在继位后即下教曰：

> 侍中李［太祖旧讳］等以社稷大计谕众回军，议立王氏。主将曹敏修以仁任之党，复擅权柄……立禑子昌。王氏绝祀……侍中李［太祖旧讳］奋忠倡义，乃与沈德符……郑道传等上奉天子明命……废禑、昌父子，以予于王氏最亲，俾承祖宗之统。[①]

关于朱元璋"废假立真"诏书的真实性，高丽官方文件可谓言之凿凿。高丽朝廷告诛禑、昌于太祖庙的祝文曰：

> 近者昌请朝京师，礼部咨曰："钦奉圣旨：'高丽君位绝嗣，虽假王氏以异姓为之，非三韩世守之良谋，果有贤智陪臣，定君臣之分，虽数十岁不朝，亦何患哉？连岁来朝，亦何厌哉？童子不必赴京。'"咨至，李琳以上相秘之不发。[②]

恭让王于其二年四月给李成桂的教书更具体指出："己巳冬，昌所遣请朝尹承顺赍礼部钦奉圣旨咨文来……昌外祖李琳以冢宰，秘圣旨而不发，

---

① 郑麟趾.高丽史［M］.重庆：西南师范大学出版社，2014：1355.
② 郑麟趾.高丽史［M］.重庆：西南师范大学出版社，2014：1356.

凶谋不测，辛氏之变不朝则夕……而卿不顾万死，躬秉大义，为我王氏定万世策"①。李琳是李仁任族弟，又是辛祸岳父，为昌王时首相，指他为隐匿天子诏书的首恶，可谓一箭双雕——在为己方行动寻找合法性的同时，对臣僚群体中的不附己者进行系统性打击。恭让王四年六月遣门下评理金凑赴金陵请诰命书亦云：

> 洪武二十二年九月二十八日，陪臣门下评理尹承顺等回自京师，赍到礼部咨文："钦奉圣旨……君位自王氏被弑绝嗣之后，虽假王氏以异姓为之，亦非三韩世守之良谋。童子不必赴京，果有贤知陪臣在位，定君臣之分于上，造妥民之计于国，虽数十岁不朝，亦何患哉？连岁来朝，又何厌哉？钦此。"伏念圣神明察万里，真伪判然，一国感惧，无所逃罪。②

巧合的是，金凑刚刚抵达本国肃州，恭让王便被废，可见金凑并未真去中国，这一文件也就不为明廷所知晓，因此朱元璋"废假立真"诏书并不存在。从种种迹象看，这其实是一场精心策划的政治游戏。洪武二十二年（辛昌元年）三月，高丽使节姜淮伯带回朱元璋的一道圣旨：

> 高丽限山负海，风殊俗异。虽与中国相通，离合不常。今臣子逐其父，立其子，请欲来朝。盖为彝伦大坏，君道专无，不臣之逆大彰。谕使者归，童子不必来朝。立亦在彼，废亦在彼，中国不与相干。③

---

① 郑麟趾.高丽史［M］.重庆：西南师范大学出版社，2014：1364.
② 郑麟趾.高丽史［M］.重庆：西南师范大学出版社，2014：1408.
③ 郑麟趾.高丽史［M］.重庆：西南师范大学出版社，2014：4143.

内容与高丽人所称该年九月尹承顺带回的诏书近似。姜淮伯带回的诏书详载于《明实录·太祖实录》，可尹承顺带回的诏书却不见于《明实录》。《明实录·太祖实录》卷一百九十五洪武二十二年八月条只载：

> 癸卯，高丽国复遣使来奏权国事王昌乞入朝，上不许，谓礼部尚书李原名曰："高丽国中多故，陪臣忠逆混淆，所为皆非良谋，废立自由，岂三韩世守之道哉？彼既囚其主，来言童子入朝，必有隐谋，不可信也。彼苟以逆为常事，皆继踵而为之，则人伦斁而礼义亡矣。尔礼部其谕高丽，使童子不必来朝。果其国有贤智之臣，明君臣之分，妥民安国，虽数世不朝，亦无所责。不然，虽连岁来朝，亦何益哉？"①

全无"废假立真"之语，也未向高丽颁赐诏书，可这却成了李成桂集团伪造诏书的机会。综合现存史料，明廷是在辛昌被废，高丽遣使来告知时，才得知"王昌非王氏后，实辛肫子禑之子"②。对此，朱元璋谕礼部尚书李原名曰：

> 高丽限山隔海，其人多诈，今云废黜异姓，择立王氏宗亲，则前者来言童子入朝，吾不听者，意必执国政者所为。今其情见矣。且其真伪莫知，若果为本国臣民所推，亦听其自为。傥阴谋诈立，一旦变更，尽为虚妄，必将祸起不测，皆自取也。③

---

① 明实录·太祖实录［M］.台北："中央"研究院语言研究所，1962：2953-2954.
② 明实录·太祖实录［M］.台北："中央"研究院语言研究所，1962：2985.
③ 明实录·太祖实录［M］.台北："中央"研究院语言研究所，1962：2985.

朱元璋不相信李成桂集团的说法，更不可能在事先指示"废假立真"。如下文所言，之后宰相李穑亲朝中国，朱元璋四次接见，从未提出所谓"以异姓假王氏"的问题。恭让王在赐李成桂教书中称他"诚心光明，正大如青天白日"①，其实也从侧面反映了当时半岛社会普遍存在指责李成桂玩弄阴谋诡计的舆论。朱元璋"废假立真"的诏书即由李成桂集团伪造。为了圆谎，李琳隐匿诏书之说又被进一步"完善"：诏书由与尹承顺同赴中国的权近交给李琳，被李琳隐匿。《高丽史》卷一百七《权旭附权近传》：

> 昌遣近及门下评理尹承顺如京师，请亲朝。近赍礼部责异姓为王咨还中路，私自拆视。既至，先诣昌舅李琳私第示之，然后付都评议使司……恭让朝，宪府上疏曰："今以权近私拆咨文之故问尹承顺，承顺言：'与近复命，约明朝谒侍中李琳。翌日，将往琳第，道遇近，近曰吾已谒，然既相遇，更与之进。既见琳，予以病在家，近将咨文藏圣旨筒置于其家，开见后乃付都堂。'臣等谓此咨，本国宗社存亡所关，宜直付都堂，会宰相同拆。近累日私藏，私自开拆，隐密谋议，漏泄天机，阴谋难测，不忠莫甚。"②

《高丽史》一百十六《李琳传》亦载台谏上疏曰："权近赍天子复立王氏咨，中路私拆，预知密旨，不付都堂，先示李琳，则其欺天子，负王氏，党附异姓，阴谋不轨，得罪于祖宗亦大矣……"③《高丽史》一百十六《南闇传》载其上书曰："逆臣边安烈因权近之私拆，预知密旨，党附外戚，

① 朝鲜史臣.朝鲜王朝实录·太祖实录：总书［M］.［出版地不详］：［出版者不详］.
② 郑麟趾.高丽史［M］.重庆：西南师范大学出版社，2014：3296-3297.
③ 郑麟趾.高丽史［M］.重庆：西南师范大学出版社，2014：3561.

反欲迎祸，永绝王氏。几使圣天子存亡继绝之恩不得行。"① 由此形成一股强大的舆论，将"废假立真"诏书的存在坐实。

如前文所述，从与曹敏修斗争之时开始，台谏就已沦为李成桂打击对手的工具。至于权近与南阇，均为李成桂死党，朝鲜王朝的开国功臣。朱元璋指责辛昌为"伪姓"的传言，应当是权近以所谓"私拆"的名义伪造的，并借以诬陷首相李琳，实施的是一个以自污而污他的苦肉计。② 朝鲜后期史学家对此已有察觉。申钦（1566—1628）云："丽末诸贤被祸有数端，一指牧隐立昌，一指中朝有言立异姓云……中朝所言，实不出于中朝，乃其时二心者做出也。自唱自和，有同鬼语。事系废立，人莫敢言。机穽之惨，未有甚于此时……丽史所予夺，皆未可信。末年事迹尤乖谬……如立昌、见祸、送彝初三件事为大罪案，元臣故老，颠顿流落，卒移其国"③。崔昌大（1669—1720）也讲：

> "《龙飞御天歌》有云：洪武年间，丽使入朝，中朝人诘问何以立异姓王，因以诸臣被罪，祸昌之为异姓，中朝之所闻知而致诘者，则其时国言之腾播，此亦可见矣。"曰："此则尤不足为公证。当是时，天命已去，人心有归。大小朝绅，王氏之人绝少，则所谓中朝诘问，安知非使臣自倡自和之蜚言耶？ 既无可据之文迹，又无可信之参证，殆无异于子虚乌有之问答，其于断千古之疑，乌足为锱铢轻重耶？"④

① 郑麟趾．高丽史［M］．重庆：西南师范大学出版社，2014：3569.

② 韩国学者金东燮已经注意到，尽管《高丽史》与《高丽史节要》均载权近私拆天子咨文，文中有祸、昌非王氏的内容，但《明实录》关于权近出使的记载则全无相关内容。《明实录》对祸、昌非王氏的记载出现在祸、昌被废之后，是对朝鲜方面传来消息的记录。但他却并未因此而怀疑《高丽史》记录本身的真实性。［김동석．高麗末 權近의 使行과 그 의의［J］．溫知論叢，2017（50）：234–236.］

③ 申钦．象村稿［M］．首尔：景仁文化社，1996：320.

④ 崔昌大．昆仑集［M］．首尔：景仁文化社，1999：262.

　　这些才是洞明世事之论。辛昌立后，为巩固王权，首相李穑曾亲往中国。《高丽史》一百十五《李穑传》："如京师贺正，且请王官监国。穑以我太祖威德日盛，中外归心，恐其未还乃有变，请一子从行……帝素闻穑名，引见数四，礼待甚厚，从容赐语曰：'汝在元朝为翰林，应解汉语。'"①。在多次的直接交谈中，朱元璋从未提及昌王为假，否则同去的李成桂之子李芳远（日后的朝鲜太宗）回国后肯定会借题发挥。恭让王时，李穑作为支持王权的主力被处流刑，在审讯过程中，他说："去年朝京师，到礼部，尚书李原明曰：'汝国逐父立子，天下安有是理？王与崔莹皆被拘囚，是何义耶？'"②也说明朱元璋根本无"立异姓"之言。真实的情况是，李成桂假借天子之名行废立之事，引起了朱元璋的不满。即使在经过修饰的朝鲜王朝史料中，这一点依然清晰可见。《朝鲜王朝实录·太祖实录》卷一《总书》：

　　（恭让王二年五月），顺安君王昉同知密直司事赵胖回自京师，曰："礼部谓臣等曰：'尔国人有坡平君尹彝、中郎将李初者来诉于帝，言高丽李侍中立王瑶为主，瑶非宗室，乃李侍中姻亲也。瑶与李[太祖旧讳]谋动兵马，将犯上国。宰相李穑等以为不可……其在贬宰相等，潜遣我等来告。天子仍请亲王动天下兵来讨。"③

　　由此，李成桂开始追查尹彝、李初的同党，牵连人物众多，一度非常

① 郑麟趾.高丽史［M］.重庆：西南师范大学出版社，2014：3528-3529.
② 郑麟趾.高丽史［M］.重庆：西南师范大学出版社，2014：3532.
③ 朝鲜史臣.朝鲜王朝实录·太祖实录：总书［M］.［出版地不详］：［出版者不详］.

被动，甚至不得不"以彝、初之狱上书辞职"①。各种反对势力加紧活动，②
政治事件不断。李成桂集团对回军所做的正当化举措，在当时亦未被广泛
接受。李成桂在恭让王三年三月的上笺中就讲：

> 至戊辰年间，假姓发兵猾夏，人无敢谏，将覆社稷，臣首倡大
> 义，有回军之举，再安宗社，是则人以为擅兵。复于己巳，钦奉圣
> 旨，灭伪姓，复真克正宗祀，是则人以为执权。③

在该年六月给恭让王的上笺中，他再次提到："臣于戊辰，仗义回军，
废伪立真，因被国人猜忌"④。这种情势使李成桂认识到，不彻底推翻高丽
政权，就无法保障自身的安全。而辛禑当然为恭愍王之子，否则李仁任、
崔莹、李琳、曹敏修等多数重量级文臣武将绝不会在极度劣质的政治环境
中，冒巨大风险予以支持。同样，如辛禑非恭愍之子，也不可能安稳在位
十五年而未遭任何合法性危机。直到朝鲜建国两百多年后，人们才可以讨
论这一敏感话题。万历三十一年（1603），江原道观察使朴东亮为高丽末
期大臣元天锡（1330—？）《耘谷行录》作序云：

> 尝闻原州人元天锡在丽末隐居著书，言禑、昌父子非辛出事甚
> 悉……而子孙祕其书久益密，人无得以见者……后二百年，余按节到
> 是州，适得其所为诗《耘谷集》，虽所纪不多，与向所闻异，要之不

---

① 朝鲜史臣.朝鲜王朝实录·太祖实录：总书［M］.［出版地不详］:［出版者不详］.
② 《朝鲜王朝实录·太祖实录》卷一《总书》："太祖功高且得众心，恭让忌之。又旧
家世族怨革私田，知恭让忌之，多方诬毁。禑、昌之党，连姻王室，朝夕谮诉，
恭让反信谗言，日夜与左右潜图除之。"
③ 朝鲜史臣.朝鲜王朝实录·太祖实录：总书［M］.［出版地不详］:［出版者不详］.
④ 朝鲜史臣.朝鲜王朝实录·太祖实录：总书［M］.［出版地不详］:［出版者不详］.

失为特笔也。呜呼！方禑之嗣王位也，数三元老如崔都统、牧隐、圃隐诸公犹在也，不惟当时上下无异议，牧隐首曰："当立前王之子。"及昌之废也，始曰："禑父子乃旽之子孙。"盖不如是，则昌无可废之道……彼修史辈亦尝食王氏之禄者，既不能一死，又以禑父子冒之辛……微公一言，千百载下，必将袭谬不已，可谓东国有史乎……其隐而在下也有如公者，则吟咏陶写之间，据实直书，一言一字无非忠愤所激。不但王氏之为父子者定，丽史中乱言妄书亦将因此而或有辨证之地。①

申钦也讲："禑昌之事，当以元天锡所纪为信史"②。崔昌大亦云："耘谷元天锡，不仕野居……据实直书，无所忌讳"③。崔昌大的结论是："丽季禑、昌辛王之辨，前辈所论不一……窃意当以恭愍子为断"④。无论如何，李成桂集团的阴谋还是开启了之后朝鲜王朝必须借助"中国"权威才能获得合法性的路径。

三、"尊中国"：王朝更替过程中的威化岛回军

（一）"尊中国"话语的成立

尽管曹敏修失败，武人中的反对势力弱化，但文臣中的反对力量依然强劲，其代表性人物就是李穑。《朝鲜王朝实录·太祖实录》卷一《总书》辛禑十四年戊辰条：

> 自恭愍王薨，天子每征执政大臣，皆惧不敢行。门下侍中李穑欲

---

① 元天锡.耘谷行录 [M].首尔：景仁文化社，1996：123.

② 申钦.象村稿 [M].首尔：景仁文化社，1996：319.

③ 崔昌大.昆仑集 [M].首尔：景仁文化社，1999：263.

④ 崔昌大.昆仑集 [M].首尔：景仁文化社，1999：261.

昌亲朝，又欲王官监国，自请入朝。昌遣穑及佥书密直李崇仁如京师贺正，且请王官监国……穑以太祖威德日盛，中外归心，恐其未还乃有变，请一子从行。太祖以殿下为书状官。①

李穑靠最后那些支持王室的势力，以年迈残病之身出任宰相，可本人并无实力，在意识到单靠国内力量难以使高丽政权存活下去后，他把希望寄托于中国。毕竟，自臣服蒙古后，高丽王权便由内外两根支柱支撑——外为元帝国强权的支撑；内为传统的伦理、合法性与支持势力，但这一支柱从忠烈王时就不断弱化，经过恭愍王及辛祸时期的多次政治清洗已近于瓦解。

李穑之所以要昌王亲朝及明派官员监国，应当是感知到国内局势正在发生不同寻常的变化——李成桂集团有了推翻高丽王朝的企图。谙熟历史的李穑，试图以外部力量即中国的强权对半岛进行约束。②此乃由元统治半岛的经验而来。③在预感政权即将覆灭之际，他甚至试图恢复元全盛时在半岛实行的半直接统治模式——明朝通过"监国"对半岛进行统治。但时代已经变化，作为华夏王朝而非游牧帝国，朱元璋奉行的是中国传统的不干涉周边国家内部事务的政策。李穑的企图落空。

总之，李穑主动请缨出使中国，是希望以其首相身份、在元朝期间于中国积累的声望以及对汉语的掌握，向朱元璋传达信息，使朱元璋正确理解高丽国内的形势，做出类似忽必烈当年压制高丽武人集团、支持元宗那样的举措。然而，由于他回国多年，汉语口语早已生疏，无法对朱元璋

---

① 朝鲜史臣.朝鲜王朝实录·太祖实录：总书［M］.［出版地不详］：［出版者不详］.

② 半岛亲朝与监国的实践，正是从被迫编入元朝秩序时的元宗时期开始的。关于这一问题的具体论述，可参见이정훈.원간섭기 초반 親朝와 監國［J］.韓國史硏究，2015（171）：101-132.

③ 高丽武人势力在林衍的领导下曾废黜高丽国王元宗，结果在忽必烈的压力下又被迫让元宗复位。

表达微妙的内涵，而李芳远的严密监视亦使其无法畅所欲言。更为重要的是，朱元璋不愿建立蒙古人那样的帝国秩序，希望建立华夏传统的天下秩序。因此，他决定不卷入半岛的内部纷争。

由此而言，朱元璋可能早已洞悉李穑的目的，根本不给他表达的机会。因此，李穑回国后对他颇有微词——"今此皇帝，心无所主之主也。我意帝必问此事则帝不之问，帝之所问皆非我意也"①。后世的尹根寿（1537—1616）似乎看到了这一点："牧隐，丽末以首相，自请赴京，以欲见高皇帝，将有所为。恐太祖致疑，以太宗自望书状官而带行。洪武皇帝以牧隐元朝翰林，见之而欲与语。牧隐以扶护本国事为言，皇帝谬若不解听者而曰：'尔之汉语，正似纳哈出。'"②

在一波又一波的政治激荡中，李成桂及其势力认识到，必须彻底推翻高丽政权才能自保，而高丽政权显现出的极度脆弱与不得人心，更强化了他们取而代之的决心。见此局势，李穑又发起了让恭让王亲朝中国的运动，这也是仿效元帝国时期高丽国王亲朝的故计，中国成了他保留高丽政权的最后希望。这一运动遭到挫折后，他又推动世子亲朝。但这类行动，也加速了李成桂推翻高丽政权的步伐，李穑本人很快在政治斗争中失败。《高丽史》四十五《恭让王一》："（二年）夏四月……戊戌……徙李穑于咸昌，郑地于横川，李琳于铁原"③。

当国内所有反对势力基本均被肃清，李成桂要建立自己的政权时，"复立王氏"这种建立在半岛范围内"忠"之伦理关系上的合法性依据便成了障碍。在高丽王朝的最后一年，威化岛回军的意义又开始发生变化，半岛政权与正统华夏王朝间的君臣关系被刻意凸显。只有利用传统天下观念及

① 朝鲜史臣. 朝鲜王朝实录·太祖实录：总书［M］.［出版地不详］:［出版者不详］.
② 尹根寿. 月汀集［M］. 首尔：景仁文化社，1996：372-373.
③ 郑麟趾. 高丽史［M］. 重庆：西南师范大学出版社，2014：1365.

天下秩序下中国的权威，将自身的行动与之直接挂钩，李成桂违背传统伦理的篡位行为才能多少获得些支持。于是，威化岛回军的意义便被阐释为"栩戴中国"。

此时，统治集团内部只剩下最后一股挑战势力——以宰相郑梦周为首的另一股文臣势力。李成桂直接用武力解决。《高丽史》一百十七《郑梦周传》："梦周忌我太祖威德日盛，中外归心。又知赵浚、南訚、郑道传等有推戴之谋，尝欲乘机图之……梦周诣太祖邸欲观变，太祖待之如初，太宗曰：'时不可失。'及梦周还，乃遣赵英圭等四五人要于路击杀之。"①在清除了几乎所有反对势力后，洪武二十五年七月十七日，裴克廉等人劝进曰：

> 国之有君，上以奉社稷……至恭愍王无子暴薨，其时权臣用事，欲固己宠，诈以妖僧辛旽子禑称恭愍王后，窃居王位十有五年。王氏之祀已废矣。禑乃恣行暴虐，杀戮无辜，至兴军旅，攻打辽东。惟公首倡大义，以为不可犯天子之境回军，禑乃自知其罪，惶惧辞退……以定扶立之策，言之则功在于社稷；举义回军，言之则泽加于生民……宜即王位，以副神人之望。②

威化岛回军的意义从最初的"清君侧"一转而为"首倡大义，以为不可犯天子之境"，明朝成为新政权合法性的直接来源。李成桂在取代高丽的第二天，便以都评议使司及大小臣僚闲良耆老的名义派知密直司事赵胖使明，申礼部曰：

> 窃谓小邦至恭愍王薨，无嗣，逆臣辛旽子禑为权臣李仁任等所

---

① 郑麟趾.高丽史［M］.重庆：西南师范大学出版社，2014：3583-3584.

② 朝鲜史臣.朝鲜王朝实录·太祖实录：总书［M］.［出版地不详］：［出版者不详］.

立。禑乃昏暴狂恣，多杀无辜，至兴师旅，欲向辽东。时右军都统使李［太祖旧讳］以为不可犯上国之境，举义回军。禑乃自知寡助，惶惧辞位……门下侍中李［太祖旧讳］泽被生灵……是一国大小臣僚闲良耆老军民等咸愿推戴……①

李成桂集团以所谓"举义回军"作为取代高丽王朝的理由，谋求"中国"天子的承认。朱元璋的反应是："我中国纲常所在，列圣相传守而不失。高丽限山隔海，僻处东夷，非我中国所治。且其间事有隐曲，岂可遽信尔？礼部移文谕之，从其自为声教。果能顺天道合人心，以妥东夷之民，不启边衅，则使命往来，实彼国之福也"②。但这对李成桂在国内政治效果的取得不构成决定性妨碍。

"尊中国""仗义回军"，还被作为最重要的功绩写入李成桂夫妇的碑文："当伪辛戊辰之岁，侍中崔莹，谋欲猾夏，以我太上王威望素著，授以节钺，俾往攻辽。太上王仗义还师……中外晏然，邦国永赖。"③金时习《读健元陵碑》亦称："仗义回军天祐德，存心事大物归昌。"④

在此语境下，与"尊中国"相悖的"攻辽东"便成了政治不正确，是胜利者给失败者贴的标签。李成桂便将其推翻高丽王朝的原因之一，归于"郑梦周尝以前者欲攻辽东"⑤。李方远发动政变，杀死世子李芳硕及其主要支持者郑道传后，亦称对方谋伐辽东。⑥"尊中国"无可置疑地成了王朝的立国之基，重臣权近上书曰：

① 朝鲜史臣.朝鲜王朝实录·太祖实录：元年条［M］.［出版地不详］:［出版者不详］.
② 明实录·太祖实录［M］.台北:"中央"研究院语言研究所，1962：3233–3234.
③ 朝鲜史臣.朝鲜王朝实录·太宗实录：四年二月己丑条［M］.［出版地不详］:［出版者不详］.
④ 金时习.梅月堂诗集［M］.首尔:景仁文化社，1996：116.
⑤ 明实录·太祖实录［M］.台北:"中央"研究院语言研究所，1962：3234.
⑥ 分别见《朝鲜王朝实录·太祖实录》太祖七年七月甲申条、《朝鲜王朝实录·定宗实录》定宗一年八月庚子条、《朝鲜王朝实录·太宗实录》太宗六年八月庚戌条.

　　凡诸侯之承国，必受命于天子……及至伪朝禑、昌之际，乃敢先立而后奏，失于常经。然禑之骄恶滔天，又有举兵攻辽之隙，而我太上王举义回军，翊戴中国，忠诚克著，帝心嘉赏，故置而不问……昌之父子，由是失国。当是之时，非我太上回军忠义之烈，则一国生灵之祸，岂可胜言也哉！①

追随李成桂的回军参与者，则成为"尊中国"的功臣。权近《送判中枢李公观察全罗诗序》："仗大义，赞神谋，卷甲回兵，以除僭乱，以尊中华。俾我一国生灵永世无患，其功烈固已卓卓矣。"② 由此，"尊中国"成为王朝的基本国策与主导性话语。对此，卞良季说得十分透彻：

　　臣窃谓君臣之分，如天尊地卑之不可紊也。则事大之礼，固不可以不谨矣……天下大矣，人民众矣。天命一人，以主天下。四海万国，朝聘会同，亿兆民庶，奔走服役，夫岂偶然哉……恭惟殿下天性卓越，圣学昭融，其于君臣之分，大小之势，洞若秋毫。一心臣事，人无间言……殿下执此之心，坚如金石，信如四时，无怠终始，以顺天命，以立人纪，以定民志。③

从朝鲜建国之日起，威化岛回军乃"仗义回军"以"尊中国"，便作为不容置疑的历史叙事，成为人们观念的一部分。越是随着半岛"中国化"的深入，相应的话语与意识形态便越加完善。朝鲜后期，国王正祖为太祖

---

① 朝鲜史臣.朝鲜王朝实录·太宗实录：六年八月庚戌条［M］.［出版地不详］：［出版者不详］.
② 权近.阳村集［M］.首尔：景仁文化社，1996：176.
③ 卞季良.春亭集［M］.首尔：景仁文化社，1996：89.

之子李芳雨所撰墓志铭云："洪武戊辰，太祖以右侍中，仍授右军都统使，率师攻辽。及次威化岛，倡义回军，以尊中国。"[①]

回军事件既被定性为"尊中国"，因而也被认为是半岛华夷转化的关键节点。前朝高丽则因"犯中国"而被打到了"夷狄"的位置，成为与北元这一"夷狄"政权勾结的犯逆者。

一句话，只有在"天下"这一更大的范围内，在半岛与"中国"具有的诸侯与天子的君臣伦理关系下，李成桂为"尊天子"而回军反戈一击的行为，才可被阐释为正义之举。崔慎记大儒宋时烈之语云："惟我太祖康献大王应天顺人，化家为国，正与宋朝相类。而威化回军，罔非出于攘斥胡元，尊崇大明之义"[②]。如此，朝鲜王朝的合法性便不必由内部的权力继承关系而来，而是在天下的范围内以天子的册封而取得。洪良浩曰：

> 而第自王氏之世，壤接靺鞨，媾连蒙元……檀箕之遗风，漠然不可见矣……我朝之兴，适会于皇明肇造区夏之时，锡号赐冕，视同内服。乾坤与之合德，神人为之夹助。于是乎我太祖大王……创业垂统，立经陈纪，斥佛老之异教，敷先王之大法……盖自东方生民以来，所未尝有。[③]

历史交替的种种细节与真相，早已被这套话语所掩盖，姜再恒曾感叹："至于禑、昌、恭让之时，事实又皆模糊不明，此尤慨然者也"[④]。尹根寿则讲："尝考宋史如章惇、蔡京、秦桧辈皆在奸臣传，其罪恶万端，后世所共称奸人也。至于《高丽史·奸臣传》中所载曹敏修、边安烈事行始终，

---

① 李蒜.弘斋全书 [M].首尔：景仁文化社，2001：253.

② 崔慎.鹤庵集 [M].首尔：景仁文化社，1997：270.

③ 洪良浩.耳溪集 [M].首尔：景仁文化社，2001：372.

④ 姜再恒.立斋遗稿 [M].首尔：景仁文化社，2000：176.

未见其有奸邪之状……焉足以服后世之人心，而亦岂直笔可信之史乎？且当立前王之子，乃穑之言……史臣以穑名儒，不敢加以奸臣之名，而只加于敏修而已，可发一笑。"①

（二）"尊中国"与"木子得国"

李成桂集团虽竭力尊明，但实际的对明关系却颇为不顺。朱元璋认定李成桂"顽嚣狡诈"②，拒绝册封。他甚至认定李成桂有攻辽企图，屡此下诏申斥。这使李成桂集团一系列做法的效果受限。与此同时，这种被精英阶层认可的由中华文化大传统而来的合法性话语，对广大下层民众而言，本来就缺乏影响力，统治集团还需用能被他们理解的方式，向他们进行说服与灌输。因此，李成桂集团在将威化岛回军解释为"尊中国"的同时，又使用各种手段，在民众共享之小传统的语境中彰显自身具有天命，于是便出现了对威化岛回军的如下记载：

> 回军渡鸭绿江，太祖乘白马，御彤弓白羽箭，立于岸，迟军毕渡，军中望见，相谓曰："自古以来未有如此人，自今以后，岂复有如此人？"时霖潦数日，水不涨，师既渡，大水骤至，全岛垫溺，人皆神之，时童谣有"木子得国"之语，军民无老小皆歌之。③

为了实现政权更迭，当时的舆论制造是多方面的。最能被大众理解，因而最有传播力的童谣、图谶以及关于神迹、异象的种种传言，成为重要手段。"木子得国"的谶语，是对威化岛回军意义的又一重添加。它只有在李成桂决意取代高丽王朝后才可能被造出，应与"尊中国"同步或稍后

---

① 尹根寿.月汀集［M］.首尔：景仁文化社，1996：372-373.
② 朝鲜史臣.朝鲜王朝实录·太祖实录：五年三月丙午条［M］.［出版地不详］：［出版者不详］.
③ 高丽史节要：早稻田大学藏本［M］.［出版地不详］：［出版者不详］.

出现。《朝鲜王朝实录·太祖实录》太祖元年七月十七日条系统记载了李氏当兴的各种征兆：

> 　　上在潜邸梦有神人执金尺自天而降，授之曰："庆侍中千兴清矣，而已老；崔都统莹直矣，而少戆；持此正国，非公而谁？"其后有人踵门献异书，云得之智异山岩石中，书有"木子乘猪下，复正三韩境。"又有"非衣走肖，三奠三邑"等语。使人迎入，则已去寻之不得。高丽书云观所藏《秘记》有"建木得子"之说，又有"王氏灭李氏兴"之语。终高丽之季，秘而不发，至是乃见。又有"早明"之语，人莫谕其意。及国号"朝鲜"，然后乃知"早明"即朝鲜之谓也。宜州有大树枯朽累年，先开国一年，复条达敷荣，时人以为开国之兆。①

到太宗朝修《太祖实录》时，童谣出现的时间又由回军之时被提前到"潜邸"时，同时还以李仁任、崔莹二人之言，将"木子得国"具体化为"李判三司（李成桂）须为国主"②。尽管在夺取政权的过程中，李成桂分别给李仁任、崔莹贴上了奸臣、逆臣的标签，但这并不能消除他们执政二十余年在民间形成的历史记忆。通过李、崔二人之口，将童谣、谶语落实，无疑更具说服力。同样，作为李成桂政敌而在文人群体中有巨大影响力的李穑，亦被利用为舆论制造的工具。《朝鲜王朝实录·太祖实录》卷一《总书》辛禑十四年戊辰条：

> 　　门下侍中李穑欲昌亲朝，又欲王官监国，自请入朝……及入朝，遇一官人于逆旅，语穑曰："汝国崔莹将精兵十万，李［太祖旧讳］执

---

① 朝鲜史臣.朝鲜王朝实录·太祖实录［M］.［出版地不详］:［出版者不详］.
② 《朝鲜王朝实录·太祖实录》卷一《总书》："敏修罔知所措，单骑驰诣太祖，涕泣曰……于是回军到鸭绿江……时童谣有'木子得国'之语，军民无老少皆歌之……侍中李仁任尝言曰：'李判三司须为国主。'莹闻之甚怒，而不敢言。至是叹曰：'仁任之言诚是矣。'……先是潜邸里有童谣曰：'西京城外火色，安州城外烟光。往来其间李元帅，愿言救济黔苍。'未几有回军之举。"

之易如捕蝇。汝国之民，李［太祖旧讳］罔极之德，何以报之？"①

这一故事营造出连中国人都认为李成桂应取代高丽建立新政权的舆论，证明李成桂取代高丽政权在"天下"的范围内具有合法性，其得国确为"天命所归"②，从而和"尊中国"产生了联系。李成桂"复行洪武年号，袭大明衣冠，禁胡服"的举动，以及朱元璋"及闻还军，即罢斋"，两者间隐隐形成对应关系，③暗示中国天子对李成桂"尊中国"的认可。李成桂健元陵志石文云：

> （崔）莹又不学，妄兴师旅，谋欲攻辽……我太祖与诸将议曰："以小事大，古今之通义。与其得罪上国，贻祸生民，岂若除去权臣，以安一国乎？"乃与诸将，仗义回军，执退莹……而恭让昏迷多忌，将谋不利……迫于群情，勉登宝位。遣密直臣赵胖，闻达朝廷，钦蒙

① 朝鲜史臣.朝鲜王朝实录·太祖实录：总书［M］.［出版地不详］：［出版者不详］.

② 同样，另一在民间有巨大影响力的高丽重臣庆千兴也被利用，以作为李成桂得国的预言者。史载："又太祖在潜邸，尝至侍中庆千兴之第，千兴迎入，使其妻出见礼，意甚至，且属其子孙曰：'吾之豚犬，惟公将庇之，烦公幸勿忘。'每待之，必尊异。太祖或因征讨出外，则复兴每告曰：'东韩社稷将归掌握，毋惮汗马之劳，克成镇国之功。'尝有相命师惠澄私谓其所亲曰：'吾相人之命多矣，无如李［太祖旧讳］者。'所亲问赋命，虽善，位极于冢宰耳。澄曰：'若冢宰，何足道哉？吾之所相者，君长之命也。其代王氏而必兴乎？'又三军搜于新京之地殿下，潜邸时亦往焉，有一麖出殿下，驰射，一矢而毙，诸王十余人方聚立高丘，见之惊骇，相顾曰：'人多言李氏将兴，得非斯乎？'又上王潜邸时，往侍中李仁任于其第，既出，仁任谓人曰：'国家将必归于李氏矣。'"（朝鲜史臣.朝鲜王朝实录·太祖实录：元年条［M］.［出版地不详］：［出版者不详］.）

③ 《高丽史》卷一百三十七《辛祸五》："太祖谓莹曰：'若此事变，非吾本心。然非惟逆大义，国家未宁，人民劳困，冤怨至天，故不得已焉。好去好去！'相对而泣，遂流莹于高峰县。李仁任尝言曰：'李判三司须为国主。'莹闻之甚怒而不敢言，至是叹曰：'仁任之言诚是矣。'……先是童谣曰：'西京城外火色，安州城外烟光，往来其间，李元帅愿言救济黔苍！'丙午，复行洪武年号，袭大明衣冠，禁胡服……时大明闻禑举兵，将征之。帝欲亲卜于宗庙，方致斋，及闻还军，即罢斋。"（郑麟趾.高丽史［M］.重庆：西南师范大学出版社，2014：4132.）

高皇帝圣旨，许更国号，以复朝鲜之称。①

如果说这是对由"尊中国"而来之合法性的标榜，那么由权近所撰健元陵碑文突出的则是由各种谣言、图谶所表征的合法性：

天眷有德，以开治运，必先现异，彰其符命……皆由天授，非出人谋。惟我太祖大王之在龙渊也，勋德既隆，符命亦著。梦有神人执金尺，自天降而授之曰……夏圭周梦，可同符矣。又有异人来门献书云……书云观旧藏秘记，有九变震檀之图，建木得子。朝鲜即震檀之说，出自数千载之前，由今乃验……今我朝鲜之诞兴也，盛德贞符，于古有光，是宜既得其位……与天地而久长矣。②

总之，在朝鲜王朝的正式文件中，以上所论童谣、谶语与"尊中国"的正式标榜一样，均被作为王朝合法性的依据而采纳。因此，在开国之后，有了这样的说法："大明受天命为天子，以临天下二十五年，我朝鲜亦受天命为诸侯，以保一国。天子乐天而恤小，我王畏天而事大，君臣相得，内外相孚，乐而同乐，忧而同忧"③。

① 朝鲜史臣.朝鲜王朝实录·太宗实录：八年十一月乙卯条［M］.［出版地不详］:［出版者不详］.
② 朝鲜史臣.朝鲜王朝实录·太宗实录：九年闰四月乙卯条［M］.［出版地不详］:［出版者不详］.
③ 周世鹏.武陵杂稿［M］.首尔：景仁文化社，1996：164.

第八章

结 论

一、政策与暴力

如同火山喷发、剧烈地震表明地球内部有剧烈运动一样，大规模的暴力往往是一个社会内部已经，甚至还将发生重大变动的预兆。自彻底臣服蒙古后，在元帝国强权的笼罩下，高丽人对元朝的认同呈现日渐深化之势，以至于元朝人有"国家大一统，臣际海内外……诸侯王尚帝室不一姓，王氏为最亲。境大最亲，以故事上之礼为最虔。朝廷每使至，彼奉承周旋，备微密罔懈虔也"[①]的认知。在无元帝国命令与认可的情况下发动重大军事行动，且这种军事行动还间接针对元帝国，这在从前是不可想象的。因此我们才说，作为高丽末期第一次重大暴力事件的"曹頔之乱"，是高丽与元帝国关系即将发生重大变动的征兆。

这次行动由未正式继位的忠惠王主导发动，其目标之明确、规模之庞大、组织之严密、支持势力之团结，在半岛认同严重分化的状态下，令人惊诧。"曹頔之乱"的发动，乃对元帝国秩序与权威的直接挑战，显示了元帝国在半岛实行的二元制[②]存在重大缺陷。如果说二元制在实行之初有其不得已，甚至积极的一面，起到了将高丽拉入元帝国秩序的作用，那么随着时间的流逝，其负面作用日益显现——它维持乃至"创造"了一个以

---

① 周璇.送李中父使征东序［M］//李谷.稼亭集.首尔：景仁文化社，1996，237.

② 所谓二元制，主要指在帝国之内，又维持了高丽的国家形式与既有体制，从而在半岛形成了一种二重君主关系与两种制度并存的格局——高丽人在半岛的范围内需效忠国王，服从本国既有的权力结构与体制。可在帝国的范围内，又必须效忠皇帝，服从帝国的权力与权威。

高丽国为范围，以高丽固有体制为根本利益的既得利益集团，阻碍了高丽人帝国认同的进一步发展，甚至"引导"这些人的认同发生反向变化。发展到最后，其最极端化的表现，便是与元帝国直接对抗，乃至彻底决裂。在"曹頔之乱"中，忠惠王一党对以曹頔为代表的那部分深度认同元帝国的精英的无情杀戮，不过是其初级阶段的表现而已。

然而，元帝国及其统治集团未认识到问题的严重性，更未能以此为契机，从根本上解决问题。虽然，巨大的冲击使他们直觉感到半岛正在发生不同寻常的变化，以至于对忠惠王的废黜还需使用欺诈与武力劫持的手段，但由于自身的衰落、政治的混乱、无能力、无担当以及远见的缺乏，元廷不仅未能对作为问题根源的既有体制与统治路径做出调整与改变，反而南辕北辙、抱薪救火——从忠穆王开始，在半岛实行了一系列以"绥靖"为特点，以关注与提升半岛民生与福祉为主要路径，但却违背元帝国根本利益，而有利于高丽自身认同凝集及自主性提升的措施。这直接导致了后续一系列暴力事件的发生，高丽从元帝国秩序中彻底脱离。

具体而言，在历史记忆日渐淡薄，"天下一家"的幻象看似仍能维持，但帝国的实力已日薄西山的时代环境中，元顺帝改变了帝国对高丽的惯常做法，不仅按照高丽精英阶层主流的意图，为半岛自身的利益任命了被认为可能"有为"的长君恭愍王，而且赋予了其前所未有的权力与行动自由。总之，他基本抛弃了帝国从前对高丽的强权控制策略，转而实行柔性的治理与收买政策，试图以此促进半岛人群对帝国的认同。为此，他还将奇氏一族作为强化半岛与帝国一体性的媒介，在元帝国与高丽王室既有的甥舅关系之外，再捆绑上一条血缘的纽带。然而，这种出于"善意"与"良好动机"的做法在效果上却适得其反。

元顺帝之所以对高丽实行空前柔性的绥靖政策，除他本人在政治上的幼稚与无能、对高丽有特殊情感、[①] 将高丽视为帝国的一部分、希望在半岛达成治理的原因外，高丽出身、握有巨大权力、对帝国后期政局具有重大影响力的奇皇后也起了关键性作用。鲁大维就讲："在元期间，恭愍王……与奇氏搭上关系。起初，奇皇后并不同意推举恭愍王为高丽国王候选人，但在1351年恭愍王即位的过程中，她却提供了关键支持……希望后者确保奇氏在高丽的地位。"[②]

作为高丽人，奇皇后出于天然情感，想为本国及本国人谋福祉，然而她与元顺帝均忽视了真实的人性与残酷的现实政治逻辑。事实上，与人们一般的认知不同，强权在一定程度上可以促进认同；相反，在绥靖政策下，政治权力、经济利益与自主性的赋予、种种特殊化的对待与优惠措施的实施，往往不是增进了认同，而是导致了认同的分化与弱化，因为它刺激着特定群体为攫取更多权力与利益而不认同的动机，形成了一种导致认同分割与分化的反向激励机制，实际在培植离心与反噬势力。

因此我们看到，元顺帝越是释放善意，显示柔性，恭愍王的政治野心就越大，越会升级其政治行为，不断触碰并拉低元帝国的底线，最终以武力从元的帝国秩序中脱离。在这种大环境之下，就连本来已高度认同帝国的一些人也改变了他们的立场，开始与元帝国离心离德。元顺帝没有认识到，他实行的种种柔性政策，成了高丽政坛野心家一逞其志的机会。恭愍王为了提升王权，一定会以彻底改变与元帝国的关系、从元帝国秩序中实质性离脱为目标，但这又是元顺帝所不允许的，因而也注定了绥靖政策的失败。

---

① 据李至刚《耽罗志略》记载，面对红巾军的进攻，元顺帝甚至打算往耽罗（今韩国济州岛）避难。对这一问题的具体分析，可参考冈田英弘.从蒙古到大清［M］.台北:（台湾）商务印书馆，2016.

② 鲁大维.帝国的暮光:蒙古帝国统治下的东北亚［M］.李梅花，译.北京:社会科学文献出版社，2019:119.

总之，一旦帝国统治者的政策与行为使帝国不再像帝国，帝国便失去了往日的光环与权威，在人们心目中的地位会随之坍塌，距分崩离析的时刻也就不远了。这是由帝国的本质与体制决定的。

以奇氏一族为代表的高丽国内的"天下派"势力，是恭愍王达成目的的直接障碍，其目标的实现必须以清除该派精英为前提。元顺帝的绥靖政策，既使恭愍王获得了前所未有的权力，又为其实施这类行动提供了绝好的条件。王权已掌握了高丽精英阶层的命运，他们的生杀予夺均系于王权之手，他们当然要认同国王与王国，而非皇帝与帝国。

具有讽刺意味的是，在当时的情境中，皇帝与帝国才是国王与王国的真实后盾，如没有皇帝与帝国的支持，恭愍王是不可能有如此巨大的能量的。在元顺帝对高丽实行绥靖政策之前，高丽大臣与国王是比肩事主的关系，国王对大臣只有任免权，而无生杀权，大臣们往往直接和帝国联系，甚至还可联名上书皇帝，要求废黜国王。但在帝国一味地实行绥靖政策后，情况发生了根本性改变。恭愍王只需依靠由个别外戚、嬖幸、燕邸随从组成的小集团，就策划、运作并实施了数次重大政治事变，在矛盾深刻、关系错综复杂的统治集团内部几乎未遇阻力，因为大臣们知道或以为，皇帝与帝国一定会支持恭愍王，至少不会有积极的作为。这就是所谓"奇辙之乱"的真相。①

安东尼·史密斯将前民族时期的族裔共同体区分为"水平的（lateral）"和"垂直的（vertical）"两类。"水平的"共同体乃贵族式的，共同体意识局限于上层阶级内部，能通过联姻、战争等方式与邻近族群的上层阶级联合乃至融合，并可在地理上延伸。"垂直的"共同体是大众化的，共同体意识建立在独特的历史文化上，能够跨越阶层边界，但具有较强的排他

---

① 因此，我们不能同意闵贤九教授对事件之"反元的改革政治"的定性。[闵贤九.高麗恭愍王의 反元의 改革 政治에 대한一考察 [J].震檀学报, 1989（68）: 50.]

性，很难在水平方向上扩展。"位于'水平共同体'与'垂直共同体'交叉点上的，正是'族群精英'这个'结构性角色'：在水平方向，不同族群的精英阶层通过结盟、联姻、宗教等关系联合起来，共同构成一个覆盖整个帝国的统治阶层；在垂直方向，在各族群内部，精英阶层又通过各自的方式统治着本族群的广大民众。"[①]

以蒙古帝室与高丽王室之婚姻关系为首的各种制度性安排是一种水平式的连接，而高丽王国自身体制、文化与社会结构的维持，则是垂直连接。由元顺帝绥靖政策促发的"奇辙之乱"，基本打断了元与高丽之间的水平式连接。在此之后，高丽政权着意强化垂直连接，以进一步从水平式连接中脱离。在这一过程中，高丽王朝自身也覆灭了。因为问题的另一面是，经过元朝上百年的统治，与帝国的水平式连接已成为高丽政权得以存立的基础。切断这种连接，等于切断了支撑自身的支柱。这也是恭愍王在"奇辙之乱"后又在形式上回归帝国体制的内在原因。

所谓"辛旽之变"，是恭愍王生前发动的最后一次政治大清洗。恭愍王对辛旽的任用，源于他对世家大族的深刻不信任。他要利用辛旽这一"方外之人"对该集团进行打击。辛旽是一个"局外者"，对既有体制内所有"局内人"的利益均构成威胁，遭到了他们的一致反对——这有些像美国前总统特朗普在其第一任期，遭到民主党与共和党建制派的共同反对一样。辛旽没什么社会基础，他惠及的群体是社会下层这样的无力阶层，唯一能依靠的就是诡诈多疑的恭愍王个人的信任。一旦失去了这种信任，他就没有了存立的余地。辛旽在末世乱局中做出了成绩，基本完成了恭愍王交付的任务，但却因为在此过程中成长为另一股政治势力而被恭愍王忌惮，最终在恭愍王的阴谋诡计下被清洗。

---

① 王娟.族群精英与近代中国的边疆秩序—以民国时期的康巴精英格桑泽仁为个案［J］，社会学研究，2019（2）：197；史密斯.民族认同［M］.王娟，译.南京：译林出版社，2018：65–68.

从后见之明的角度看，辛旽执政本是高丽王权最后一次重新挽回威信，甚至实现某种程度"中兴"的机会，可由于恭愍王狡诈、猜忌的性格，这种"振作"之举几乎注定是一个失败的结局。这一失败，基本宣告了高丽王朝的死刑，因为它在人们心目中的形象彻底倒塌了，没有几个人再会如辛旽那样为它真心付出、努力与牺牲。相反，恭愍王的一系列恶行，使王朝只剩下一个没有灵魂的空壳，精英们只是在其中争权夺利而已。高丽王朝已如一座纸糊的大厦，那层窗户纸只是在等待合适的机会被人捅破而已。

总之，恭愍王在元的绥靖政策下一次又一次地冒险成功，使他的为政越发肆无忌惮，不断对本国官僚集团进行整肃，最终削弱，直至瓦解了支撑高丽国的基础。结果是他本人被弑，其子与其孙虽先后被立为王，但又先后被废，甚至被指为反逆而遭到屠戮，高丽王朝几乎是兵不血刃地被朝鲜王朝所取代。

二、文本与书写

如何认识和理解高丽末期出现的一系列暴力与叛臣现象？这些暴力活动的真相如何，意义何在？叛臣们的真实形象、他们的作为及他们在历史进程中的地位又是如何？所有这些，在史料有限的情况下，都必须从分析与解读历史文本及其书写开始。

在元帝国衰落时，利用历史机遇，走出帝国秩序，在使本国成为独立自主政治体的基础上，让自身成为名副其实的王者，是高丽王权的内在冲动。然而，选择怎样的路径才能实现目标？在元帝国不主动放弃控制权，而半岛内又有大量元帝国的追随者的情况下，阴谋与暴力似乎就成了不二之选。以这种方式对元帝国的挑战不可能一次成功，而其反复发动，又使高丽王权的权力欲膨胀，野心增大，其内心的阴暗日益加深，品行也越发卑劣。越是以阴谋暴力手段清除对手，越是自感树敌太多，周遭全是危险，因而也就越要周期性地肃清，直至身死国灭。可是，在传统的伦理上，君权始终居于顶点，即使是为了日后对君主制与君主权威的维持，对历史的记述也需在"是君非臣"的原则下进行。如此，在官方的历史书写中便出现了一批又一批的叛臣，所有的罪责都必须归到他们头上。

本书首先从分析《高丽史》的史源与笔法开始，揭示出其"是君非臣"和"多避忌"的特点。接着，又分析了本书涉及的第一个重大事件"曹頔之乱"。用同样的方法，本书分析了"赵日新之乱"背后可能的真相，指出赵日新不是如史料所呈现的那样，处于恭愍王的对立面，恰恰相反，他是恭愍王的心腹之一，为其冒险行事。具体而言，到了恭愍王时期，元帝国日益走下坡路，恭愍王欲趁此机会摆脱帝国秩序的羁绊，强化王权，赵日新便成了他的一颗重要棋子。

通过对"奇辙之乱"的分析，我们发现，关于这一事件的历史文本有一个不断被修饰同时又不断被制造的过程。最初，由于时间仓促，考虑不周，制造的文本有诸多破绽。在一次又一次的交涉过程中，这些自相矛盾、难以自圆其说的破绽逐步被剔除，相关文本日益完善。这一工作主要是通过细节的添加、删除、覆盖、取代等方法进行的。越是早出的文本，细节越丰富，漏洞越多；越是后出的文本，细节越模糊，漏洞越少。历史的真相便因文本不断被修饰而留下的痕迹，隐隐约约地显露了出来。治史者需通过对各种不同文本的比对，撕开遮蔽历史的幕布，让真相的光芒透露出来。

在接下来对所谓"金镛之乱"的分析中，我们之所以认定恭愍王才是主谋，金镛不过是执行者，主要也是借助了对史臣"笔法"的分析。史臣们在执行官方交付的书写任务的同时，受情感与责任心等内在因素的驱使，在歪曲与遮蔽历史真实的书写过程中，尽可能地保留了一些关于事件真相的线索与信息。

为了能够同时完成两种相互矛盾的任务，他们采取了以表层书写完成官方任务，以里层书写保存历史真相的方法。这是"以掩饰的方式揭露"。两种书写在同一过程中进行，后世读者可以通过对表层与内里两个层面的剥离，看到一个不同于表层书写的另一个版本的故事。这就如多层的壁画，只有揭开看似庸常的表层之作，内里的杰作才能绽放光彩。

在修史受到权力干预的环境下，作为历史事实的"记录者"，之所以必须采用这类笔法：一方面，因为某些重大、敏感事件，与当时的政治原则、社会伦理，甚至基本人性相违背，真实的记述必然会撼动政府与最高权力者的合法性，[①] "史"的书写因此而具有了明确的"任务"与功能属性，必须在权力者的要求下，通过对历史真相的掩盖、扭曲等方式为他们粉饰、开脱，凸显他们在历史事件与过程中的正当性、合理性。另一方面，秉笔直书的传统，对历史当事者的同情等因素，又使书写者尽力将关于事件真相的信息与线索保存下来。这也使修史工作成为一个充满张力的创作过程，他们必须通过特定笔法，进行多层次书写，历史书写与历史文本因此而具有了立体性。在看似粗陋低劣的表层作品之下，才是更加精美的作品。其实，那种粗陋的表层，才是真正的杰作，也必须是杰作，因为只有这样才能既确保书写者自身的安全，又能将历史真相保存下来。

这种多层、立体历史书写的高超技艺，不足为人道，难以为人知。后世史家多不明此理，只以表层书写为根据，浮泛地谴责恭愍王的昏聩与金

---

① 在中国历史上，最著名的大概就是崔浩之狱了。关于此，可参见田余庆.《代歌》《代记》和北魏国史：国史之狱的史学史考察［J］.历史研究，2001（1）.

镛的奸邪①，过于小看了恭愍王的能力，夸大了金镛的责任。透过史料的表层叙事，借助对史臣笔法的分析，我们才能看到与表层书写不同的内里书写，历史的真相就在这里。总之，史臣的这类笔法，虽为后人解读史料带来了困难，但如不运用这类笔法从事书写实践，有关历史真相的信息就可能彻底消失。如何参透这类笔法，发掘出其背后的信息，不仅是在考察史学者的基本功力，而且具有方法论的意义。

本书还使用同样的方法，对所谓"辛旽之变"进行了分析。成三问《重试对策》："本朝……惩高丽大臣之专政，大小之事，悉取裁决，政府不能自断……臣闻：……恭愍之朝，妖僧辛旽，擅用威福，一日黜名望大臣十余人，以至矫杀柳淑，使勋旧暗哑而饮恨。自是以后，屡起大狱，殆无虚岁，其大臣之困厄，何可胜言？"②显然是受修史者表层书写的影响所致。而闵贤九教授认为，《高丽史》的作者们只要有可能，就会对辛旽进行不利的书写，③忽视了他们为保留乃至透露历史真相采取的特殊笔法。本书的写作，在一定程度上为辛旽洗刷了污名，还他以清白。

在最后对威化岛回军事件的分析中，我们指出，意义的添加与转换，是特定历史书写所欲达成的另一目的。恭愍王以来不断劣质化的政治环境，是威化岛回军事件发生的基本历史背景，"攻辽东"则为事件的发生提供了契机。事件发生后，随着政治形势的变换，其意义被不断添加并发生转换。

---

① 朝鲜时代的史学家崔溥便评论说："生杀威福，人主之大柄，非人臣所得而专也。安有人臣擅杀大臣于宫门，而君不知之乎……王之昏暗不明，何如是之甚耶？"（崔溥. 锦南集［M］. 首尔：景仁文化社，1996：414.）又云："镛以阴谲小人，从王于元……镛亦擅杀诸元帅，凶谋毕露。王虽知之，尚不加罪……兴王之变，欲行大事，罪逆已极，王不能明正其罪，姑从末减窜逐而止。及既诛之，王犹未忘，为之泣下，何也……为人君者，可不戒哉！"（崔溥. 锦南集［M］. 首尔：景仁文化社，1996：415.）

② 成三问. 成谨甫集［M］. 首尔：景仁文化社，1996：203.

③ 闵贤九. 辛旽의 執權과 그 政治的 性格（下）［J］. 歷史學報，1968（40）：58.

　　具体而言，恭愍王以来越来越深刻化的精英分裂与政治不信任，使"清君侧"成为回军事件得以成功策动的口号，它针对的目标主要是首相崔莹。在出兵辽东前，崔莹对所谓林、廉之党进行了极为残酷的整肃。威化岛回军这一军事政变虽获成功，但由于主将曹敏修囿于传统的政治伦理及出于个人私心，拥立被废的祸王之子昌为王，这对回军诸将的身家性命构成威胁，引发了更严重的政治危机。李成桂等九功臣发动第二轮政变，打到曹敏修，废昌王。为给这一行动寻找根据，他们又将回军的初衷阐释为"立王氏"，将祸、昌父子诬为辛氏子孙，打为伪朝。所谓"复立王氏"，乃事后的"追加"，回军当时根本没有将恭愍王子孙诬为辛氏的设想。

　　在高丽末期恶劣的政治环境中，这并未完全解决危机。在一系列的政治过程中，李成桂集团逐渐认识到，只有取代高丽王朝以自立，才能从根本上解决问题。高丽王朝的虚弱，也使他们看到了成功的可能性。于是，"尊中国"便被阐释为威化岛回军的新意义。总之，随着政治事态的升级，威化岛回军的话语内涵及意义赋予也在不断变化。

　　从辛祸王开始，高丽政局就逐渐形成一种模式：以世家大族为首的文臣势力和恭愍王以来崛起的武人势力共同执政，他们彼此交叉形成各种文武结合的集团，彼此竞争：一般是武人在前台，文臣在后台；武人出力，文臣出智；武人提供军事支撑，文臣提供社会支持与名分上的合理性。李仁任虽然具有半国王的权力，但他的持续执政是以崔莹的支持为基础的。他与其他各派的政治斗争，最终取决于崔莹所掌握的绝对优势的武力。崔莹信服李仁任，可以与他进行较好的合作，可崔莹是其他人无法驾驭，难以与之合作的。因此，当李仁任致仕，林坚味上台，政局就破裂了。

　　李仁任执政以来文臣与武将的这种结合模式，贯穿了朝鲜建国的整个过程。李成桂的胜利，就很好地利用并整合了这种模式，最终使从前的武将为文臣（大族）服务，转换为文臣为武将服务，武将出身的他成为半岛新的王者。但半岛仍是以世家大族为首的贵族性社会，朝鲜王朝实行的政治也必须是以儒学为根基的文治，这就容易再次以走入天下秩序的方式，实现半岛的重新整合，半岛终于走出了恭愍王以来的混乱局面。

另外，《高丽史》定性的那些叛臣，多为认同元帝国及其秩序之人。他们之所以被认定为叛臣，不过是在"走出帝国"的过程中，站在了主导这一过程的王权的对立面。因此，在以王权为中心的历史叙事中，史臣以其书写，将"叛臣"之名加到了他们头上。就历史本身而言，占《高丽史》巨大篇幅的《叛臣传》，其实就是由最后取得成功的"叛臣"集团（建立朝鲜王朝的李成桂集团）主导而成，这是一个十分奇特的现象。

三、走出帝国

如果说忠烈王、忠宣王、忠肃王三朝的历史，是一部不断进入蒙古人主导的帝国、融入帝国秩序的历史，那么本书所涵盖的历史时期，则是高丽政权开始与元帝国离心离德，并最终实质性地脱离元帝国的时期。

帝国秩序在高丽的逐渐坍塌，由帝国内含的矛盾，特别是为维持统治所必须的强权的衰弱、平衡的被打破以及帝国各种制度的初衷与目的、帝国的根本利益、维持帝国的关键性因素，随着时间的长久流逝，被看似良善实则无能的最高统治者所遗忘，从而导致的政策、观念及力量对比变化等多种因素造成的。总的来看，缺乏强大的观念与意识形态支撑，缺乏在同一性制度与文化基础上进行的社会与族群整合，帝国内的众多人群没有深厚的共同历史与文化认同基础，是帝国与帝国秩序的巨大缺陷。

帝国秩序下的认同主要来自权力与资源的分配，是一种建立在强制与利益导向基础之上的认同，而非建立于族群同一与文化同质性，有共同血缘意识与强大观念体系支撑基础上的认同，因而是脆弱的。如果不再能从帝国得到相应或可预期的资源，而帝国又已弱化，不敢轻易使用强制手段与武力，或武力已不足以维持其庞大、沉重的身躯，且这种状况外显，相关迹象被人感知时，帝国边缘各群体的本土认同就会逐渐超过帝国认同，帝国的分崩离析便不可避免了。由于帝国以强力捏合与维持的特性，其崩坍必然引发一系列的武力冲突，并且是这种武力冲突的结果。

就高丽与元帝国的关系而言，从忠惠王时期开始的一次又一次以武力对决为主要表现形式的政治冲突，其实质就是在元帝国强权衰落的背景下，高丽精英群体的观念与认同状况开始发生变化，半岛开启了从帝国脱离的过程。如果说从忠烈王到忠宣王时期，高丽政治的突出特点是走出王国，进入帝国；那么，从这一时期开始，则逐渐出现了王国走出帝国的征兆。如果说上一个过程主要由王权和部分本国精英（特别是从下层崛起的非传统精英）出于不同的目的，在不同的方向上，有意无意地推动，那么这一过程的主导势力则主要是高丽王权及其支持者。

进入帝国秩序的几十年间，在高丽内部形成了一个数量庞大、权势显赫的认同帝国、把自身利害与帝国捆绑的群体。由此，走出帝国的过程，就不可避免地成了一个反复清洗的政治过程，中间充斥着种种无法暴露于阳光之下的阴谋与杀戮。然而，这一时期的历史书写乃在官方控制之下，以王权为中心，为论证王权的合理性而进行，大量历史事实或被隐匿不记，或被刻意歪曲，充斥着伪造与谎言。但与此同时，中华文明语境下的"良史"传统与"秉笔直书"的修史原则，仍影响着史臣们的观念与行为，他们在可能的条件下，通过特定的修辞、笔法，传达或保存了一些关于历史真相的信息。这就使作为高丽国史最终完成形态的《高丽史》具有了立体性——在符合官方要求的表层书写之下，存在着传达真相信息的内里书写。

总之，在高丽脱离帝国的过程中，从前在帝国的强权与秩序下勉强凝聚起来的各种势力，及由他们构成的王国架构被一步步摧毁，几乎每隔几年就会进行统治集团内部的大清洗，最终消灭了几乎所有高丽王国的支持者，高丽王朝因此而被历史吞噬。高丽政权脱离帝国的过程，成了一个为人驱除的过程——为朝鲜王朝这一崭新政权的成立扫除了障碍，准备了条件。

具体到脱离帝国这一过程本身，元朝对半岛实行的强权政治，以高丽国王为代理人，以半岛传统精英为安定半岛的基石，又以新兴精英对之进行牵制。其中，国王与传统精英是特殊主义的化身，帝国必须对他们进行有效控制。然而，当帝国走上衰落轨道后，作为政治白痴而又对半岛充满好感的元顺帝，采取了通过实行优惠政策，收买人心，特别是对高丽国王大幅赋权，重用传统精英，以在半岛达成治理为目标的一系列措施。他一改帝国政府从前以中心地带的利益为目标，对半岛实行控制的政策，取而代之的是以边缘而非帝国为重心的怀柔政策。这就使"特殊主义"压倒了"一般主义"，在失去强力制约后，国王与传统精英群体的离心倾向快速增强。在元顺帝的"柔性治理"路径与绥靖政策下，恭愍王野心膨胀，不断以各种手段试探元帝国的底线，谋求进一步扩张权力，获得更大的政治自主。而帝国的软弱，使他的这些冒险大都得逞。这就进一步激发了其野心，强化了其离心倾向。

恭愍王及其支持者的首要目标是清除半岛内以帝国为认同中心的新兴精英，这就是所谓"赵日新之乱"发生的内在逻辑。在半岛这一帝国的边缘地带，当高丽从蒙古的帝国秩序中脱离，新兴精英群体便失去了存在的条件，但没有哪一个权力阶层能全身而退，他们作为一个阶层的消失，经历了一个极为血腥的过程。恭愍王从元帝国脱离的初次尝试失败了，可无能、无识也无力的元帝国与元帝国政府并未因此而改变对高丽的基本政策。这使恭愍王集团在稍作蛰伏之后，又进行了类似尝试，且程度越来越激烈，直到从元的帝国秩序彻底脱离。

高丽自进入帝国秩序后，长期在二元制中被撕裂，政治动荡不定，民生憔悴。而认同的分化，又使高丽人失去了凝聚中心，一旦脱离了帝国秩序，内部便四分五裂，一轮又一轮的残酷斗争上演，最终几乎所有支持高丽政权的力量在内耗中消失殆尽，旧王朝被新王朝（朝鲜）所取代。从另一个角度讲，从忠惠王到恭愍王再到朝鲜建国的反复清洗，虽然使高丽王朝失去了几乎一切支持基础，最终灭亡，但这一过程也可看作一个政治整合的过程，经过几十年的内部整合，半岛又逐渐恢复了平衡。

总之，帝国有巨大缺陷。作为帝国存在条件之制度上的二元制与文化的多元状态，使帝国强权抹除各种政治、文化与族群界限，进而广泛、深入、全方位整合的功能受到了限制，各地域，特别是帝国边缘地带的传统体制、文化与族群认同在一定程度上得以保留，帝国成了一个由权力捏合而成的马赛克，一旦武力衰弱或失去了使用武力的意志与意识，帝国便面临离心现象，最后不可避免地走向了崩解。

四、回归"天下"

历史的悖论在于，从帝国秩序中脱离后，高丽政权在失去外部约束的同时其内部也碎片化，最终导致政权的崩溃。这也使建立新政权的政治势力认识到外部约束的重要性。因此，朝鲜的建国过程，既是一个与蒙古人的帝国秩序彻底切割的过程，又是一个再次进入以华夏王朝为中心之"天下秩序"的过程。半岛政权之所以必须再次走入天下秩序，一个主要的原因在于，蒙古帝国秩序内百余年的历史，造成半岛政权不能如从前的新罗或前期的高丽那样于合法性上自存自立，只能尊奉中国，从一个外在的更高层级，更"普世"的政治体系中取得合法性。

如果从长时段进行观察，高丽灭亡的首要推手是恭愍王，接着就是崔莹，最后才是李成桂。他们的不同在于，恭愍王与崔莹主观上是要强化王权与王国，客观上却在不断摧毁王朝的基础。在大厦将倾之际，李成桂挺身而出，给王朝以最后的致命一击。

高丽末期激烈政争的现实表明，在精英阶层碎片化、斗争手段极端化、政治风气恶劣化的既有框架内，光靠既有的"大族化"路径，是无法实现社会、精英阶层，乃至社会的整合的，还必须有共同的意识形态上的连接，及与此相应的新的政治氛围。这需要从更高的层次、更大的框架去寻找与实现。这就是以"中国"为中心的天下秩序。因此，以朱子学为信仰的精英们逐渐集结到宰相与军队统帅李成桂的麾下，支持他取代高丽王朝，建立新政权，彻底摆脱百年帝国遗产的束缚，回到"天下"及相应的文化与意识形态环境中。

朝鲜王朝是带着长期在帝国秩序中的经验与记忆重回天下秩序的。在此特殊的历史背景下，东亚历史上最为典型的"宗藩关系"建立了。以意识形态与文化同质性为基础的模范宗藩关系的成立，也可视为被蒙古征服的历史性后果之一。蒙古的征服及高丽人在帝国秩序中认同的变化，及由此形成的认知与深刻的历史记忆，是明与朝鲜在全面高度认同基础上建立起典型"宗藩关系"最为重要的一个原因。只不过，在天下秩序、华夷之辨的主导性观念下，这一事实被刻意隐去了。

明朝虽然不是元那样的强权帝国，但在帝国记忆、意识形态等种种因素的加持下，它对半岛的新政权及广大民众而言，亦足以起到替代元朝的作用。可以说，长久在帝国强权及其体制与秩序中的经历，使高丽人作为一个族群，全方位地被帝国塑造，其中又主要表现于两方面：

权威：半岛王权在人们的观念与心理世界，不再是具有当然合法性的最高统治者，最高的权威与统治者只能是远在中国但又实质性对他们行使着权力，发挥着作用（至少他们在心理上这样认为）的皇帝，本国王权只有经过皇帝册封才具有合法性。韩国学者称这种现象为册封权的实质化，其本质就是由帝国强权形成的心理强制效应。

认同：权威的变化导致王国与王权不再是半岛人认同的中心。在帝国长久的强权统治及帝国秩序潜移默化的作用下，半岛人的认同发生了转移，由王国转移到帝国。高丽国王之帝国代理人的角色，已从一种既存事实深化为被人们普遍视为天经地义的观念。理学的传入及其被普遍接受，又使这种状况得以强化。

在此情势下，新罗及高丽前期那种半岛政权得以自立的观念与认同基础不复存在。正因如此，高丽实质性地脱离帝国，就如从暗无天日的地下骤然曝晒于阳光之下一样，在松了一口气的同时，很快便瓦解了。这也可以解释，在所谓的"奇辙之乱"以后，恭愍王为什么要向元上表陈情，在形式上重新回到帝国的怀抱。他在隐约之中，已经意识到了外部约束是王国赖以存立之基本条件的事实。然而，时代正在发生巨变。在当时的中原大地，"驱除鞑虏，恢复中华"的运动迅猛发展，华夷之辨的观念复兴成为时代潮流，且不可阻挡地传到了半岛。可在帝国时代成长起来，带着对元帝国深厚感情与历史记忆的高丽统治集团的主导性群体，迟迟不愿拥抱新的时代潮流，接受大陆新崛起的华夏王朝，实现政治认同的转型，而是首鼠两端，反复无常，甚至决定联合北元，出兵辽东，与明决战，最终被历史抛弃。代之而起的朝鲜王朝，从建政之初，就将自身的命运（特别是合法性）与明朝相捆绑，经过不懈努力，终于进入以华夏为中心的天下秩序，成为明朝最忠实的藩属国。

蒙古的帝国秩序与以华夏王朝为中心之天下秩序的根本区别在于：帝国对被纳入其秩序的族群与政治体直接实行强权统治，[①] 实质性地改变了这些地区的权力结构（特别是权力与权威上的来源），从而亦改变或被预期

---

① 赫尔弗里德·明克勒引多伊尔的说法："帝国统治的一个显著特点在于，在其内部和外部事务之间并没有一条明晰的界限。"（明克勒. 帝国统治的逻辑：从古罗马到美国 [M]. 程卫平，译. 北京：社会科学文献出版社，2021：64.）

改变了相关地区的利益结构，因而也改变了认同结构。如果说帝国秩序是由权力到观念，天下秩序则是由观念到权力——在传统的天下秩序中，中国及其君主被认同，虽亦需以军事实力为基础，但主要是基于观念、文化与意识形态的一致性。中国皇帝对周边政权具有的，是一些主要限于象征性领域的权力。这些权力是"虚"的，体现于各种礼仪，而非实质性控制。

　　总的来看，在天下秩序下半岛政权与华夏王朝的宗藩关系，以蒙古帝国时期为界，可划分为两种不同的形态。蒙古帝国之前为其前期形态，之后明与朝鲜王朝的关系为其后期形态。在前期形态中，中国及其君主的权威与影响力均有一定的限度，册封权是一种形式上的虚化权力，不能对半岛政权产生实质性影响，半岛政权的合法性主要还是来自传统。从某种程度上看，中国王朝的册封不过是维持双方关系的一种纽带。可在后期的宗藩关系中，中国王朝及其君主具有了至高无上的权威，册封几乎成了半岛政权唯一的合法性来源，中国皇帝对半岛亦有了近乎实质的影响力。一方面，是由朝鲜建国的特殊性，及由此导致的合法性问题所致；另一方面，是元帝国百年统治造成的历史记忆、政治及心理惯性的结果。从这个角度看，后期天下秩序中的宗藩关系，是帝国记忆下的宗藩关系。这也是半岛政权在走出帝国之后，又必须进入天下秩序的原因之一。他们想象中的这个"天下"，在一定程度上与他们记忆中的元帝国是重合的。

后 记

本书是我研究高丽与中国古代法制关系的一个副产品，是我作为一个史学生徒，既出于兴趣，同时也为检验自身"功力"、展示"技艺"的一个作品。

初稿完成之际，正是2020年11月第一个星期美国大选跌宕起伏之时。即使远距离浮光掠影地观察，仍深有感触。特朗普的横空出世，是美国及当今世界结构及观念潮流发生重大变动的体现。他代表白人下层民众（红脖子）与建制派精英斗争的失败及再次崛起，是历史上的常见现象。

精英阶层如果长期脱离民众，只顾追求自身利益，最终一定会被清算。这是由精英阶层的"整体性愚昧"，或"内在困境"决定的，几乎是一种历史宿命。有人讲，人类最大的历史教训就是从不会吸取历史教训。今人胜于古人，不过是"现代人"的狂傲与幻想。现代社会精英阶层的"整体性愚昧"，和古代并无二致。公众号"西西弗评论"的作者说："旧中国的核心问题是……怎么让他们（精英阶层）兼顾大多数普通人的利益……精英阶层制定对自己最有利的制度，肆无忌惮地侵犯普通老百姓的利益而不自省。最终老百姓忍无可忍揭竿而起，用暴力对抗压迫，玉石俱焚。精英阶层完全不觉得自己是有错……（现在）很多中国的精英阶层没有意识到，他们所期待的，才是会毁灭他们的。他们所厌恶的，才是保护他们的。"不论我们是否同意他的观点，但他观察到的现象，其实就是本书所揭示的精英阶层的"整体性愚昧"现象或"内在困境"问题。

对照我们的研究对象，特朗普与辛旽有些许相似，因为他同辛旽一样是圈外人，因缘际会夺得高位，被圈内人合力排挤与打击。这也是历史上常见的现象。资源就那么多，圈内人按默认的规则分配，你的出现打破了利益格局，当然要和你拼命。近些年的美国政治光怪陆离，使国人关于美国政治文明的神话近乎破产。如关于威化岛回军的种种言说一样，这些神话也是经反复加工被建构起来的。

就高丽末期的情况而言，由精英阶层的"整体性愚昧"导致的政治风暴一波接一波，直到既有精英几乎全部毁灭，然后系统重启。在美国，特朗普的冲击应该只是帝国崩解过程中的第一波，除非有决定性的逆转性事件发生，否则大趋势应不会改变。在全球性帝国衰败，乃至走向崩溃的巨大时代变局中，我们一定要以美为鉴，把握好中国、中华民族与中华文明前行的航向。

从历史上看，不论多好的制度，最终都免不了崩坏的命运，因为时代在变化、人群在变化、人们的观念在变化、社会的结构与利益格局也在变化。在内外环境的变化与冲击下，以习惯乃至成文法确立的核心制度及其精髓会逐渐流失与变质，并最终崩坏。

另外，良好制度的运行，有其前提条件：稳定的同质性共同体。也就是说，要有自身文明与民族的支撑。在这样的共同体中，人们有血缘与文化上的牢固纽带，容易在一些最基本与核心的问题上形成共识。可是，当历史上的高丽遭遇蒙古帝国及帝国秩序的崩溃，以及当下美国遭遇全球化的挑战后，一个共同性的问题出现了：共同体逐渐崩塌，人们的共识消失，撕裂和斗争越来越成为常态，社会两极化，最终因无法调和而走向武力对决。

有人为未来的世界担心，预言不会更好，只会更糟，他们还担心美国会不会"拉美化"，中国会不会"美国化"。无论哪种化，都意味着族群与文明的沉沦。长久的和平、生活的富足，使当代人的耐受力更差、意志力更弱，甚至在道德上出现了以进步为名的堕落，在"智力"上也出现了"退化"。我们是否有能力应对未来的挑战？

本书的结局是光明的，因为半岛在脱离帝国之后，又进入了以中国为中心的"天下"，实现了和平。我们对高丽后期一连串暴力事件的分析，其实揭示了这样一个事实：在历史当事者看来最为混沌、黑暗的时期，往往就是历史窗口开启的时期。因此，我始终认为，历史的循环往复不是万劫不复，我们要对自己的族群与文明抱有信心。真正可怕的是如众多科幻电影"预言"的那样，有一天某种文明统治全球，人类连历史循环的机会都不会再有，其思维方式与发展路径被彻底锁死。到那时，人类才真的永远沉沦。我们不能排除这种可能性，所以我们要坚守自己的文明，坚持华夏民本主义的立场，坚持自己族群与文化的主体性。

本书的史料和注释是由我指导的研究生魏娟、李施妍、刘双月、孙海龙、黄璐、范重阳等同学查找与核对的，在此一并表示感谢！

张春海

2024年2月29日于句容宝华镇